사랑에 독해져라

현실에 흔들리는 남녀관계를 위한
김진애 박사의 사랑 훈련법

사랑에 독해져라

김진애 지음

다산북스

사랑에 독해져라

·

사랑도 훈련이다

·

사랑으로 성장하라!

사랑에 독해져라

"사랑에 대한 책을 쓰겠다!"고 하니까 반응이 묘했다. 일단 의외라는 표정이 압도적이었다. 눈동자들이 흔들렸다. 의심의 눈초리도 비쳤다. 그러고는 '어떤 사랑?' 하는 질문이 들어왔다. 세상을 구원하는 사랑, 인류 보편적인 사랑에 대해 쓰려는 거냐고 당연히들 생각했다. "아니, 남녀 간의 사랑을 쓰려고 하는데"라고 답을 하면 갑자기 말들이 꼬이기 시작했다.

왜? 나는 남녀 간의 사랑에 관심이 없을 줄 알았나? 내가 남녀관계에 대해서 쓴다는 게 그리 의외인가? 내가 쓰기엔 너무 가벼운 주제라 생각하나? 아니면 사랑이란 너무도 중요한 주제라서 내가 쓰기엔 역부족이라는 뜻인가?

초기 반응이 지난 후에는 흥미로운 전개가 펼쳐지기 시작한다. "이런 상황에 대해 써보면 좋겠다" "이러이러한 거 써주세요" "이런 상황에선 어떻게 해야 하나요?" "이런 것도 이야깃거리가 될까?" 등. 그러다가 급기야는 자신의 사랑 스토리, 다른 사람들의 사랑 스토리를 털어놓는다. 고민을 담고 있음은 물론이요, 아련한 꿈도 배어나온다. 여전히 꿈꾸는 사랑, 실망한 사랑, 잃어버린 사랑, 잊어버린 사랑, 어쩌지 못하는 사랑, 구원받지 못한 사랑, 치명적인 사랑, 버림받은 사랑, 저버린 사랑, 저주받은 사랑 등 별의별 케이스들이 등장하기까지 한다.

"그래, 사랑에 대해서 우리 얼마나 관심이 많니?" "가지가지 고민이 많기도 하구나!" "사랑에 이렇게 미련을 못 버려?" "다 쓸모없는 건데……" "다 끝났는데……" 같은 대화들이 오가다가, 결론 비슷한 말이 나온다. "그래, 김진애가 쓰면 뭔가 색다른 사랑 얘기가 될 수도 있겠는데?"

현실이라는 것, 사랑이라는 것

내가 쓰는 사랑 이야기가 얼마나 색다를지는 잘 모르겠다. 사랑이라는 것만큼 사람마다 일가견을 가지고 있는 주제가 어디 있는가? 모든 사람이 사랑에 대해서 오만가지 감정을 넘나든다.

모든 사람이 사랑에 대해서 가지가지 직접 경험과 가지가지 간접 경험을 갖고 있다. 모든 사람이 알게 모르게 자신만의 사랑론을 가지고 있다. 그러니 내가 쓰는 사랑론이 뭐 그리 색다르겠는가?

이 책을 쓰는 전제만큼은 확실히 해야겠다. 그래야 이 쉽고도 어려운, 단순하고도 복잡한, 빤한 것 같으면서도 절대 빤하지 않은 사랑이라는 주제에 대해서 감히 글을 써내려갈 수 있을 것 같다. 나는 '현실 사랑법'에 대해서 쓸 것이다. 풀어 쓰자면 '현실 속에서 사랑하는 법'이다. 메시지로 풀어본다면 '현실에서 사랑하라!'다.

'현실'이라는 말을 들으면 금방 떠오르는 게 있을 것이다. 진흙탕 같은 것, 복잡한 것, 고달픈 것, 고통스러운 것, 결코 아름답지 못한 것, 결코 순수하지 못한 것이라는 이미지다. 생활, 돈, 일, 취직, 결혼, 이혼, 아이, 집 같은 주제들이 떠오르는 건 물론이다. 매일매일의 생활을 어지럽히는 수많은 변수들이 떠오르고, 그것들이 얽혀서 생기는 첩첩산중의 딜레마들이 떠오른다. 현실이란 참으로 골치 아픈 존재다.

게다가 이 현실이라는 말에 '적'이라는 말을 붙여서 '현실적'이라 하게 되면 더 골치 아프다. 현실적이라는 말의 이중적인 의미 때문이다. 한편으로 '계산적, 타협적'이라는 이미지가 떠올라서 은근히 기분이 나빠진다. 손익을 계산하고, 이해를 따지고, 주고받고, 적당히 눈감아주고, 입을 다물고, 묵묵히 참고 등 그리 유쾌하지 않은 상황들이 떠오르는 것이다. 그런가 하면 '현실적이 되어야 한다'는 강박도 작용한다. '현실을 알아야지, 실용적이 돼야지, 모르고 당하면 안 되지, 세상은 녹록치 않잖아, 손해를 줄여야지' 같은, 무시해버리기에는 너무도 '현실적'인 이슈들이 떠오르는 것이다.

'사랑'이라는 개념은 '현실'보다는 '이상'에 더 가깝다. 전형적으로 이상과 현실 사이에서 방황하게 되는 주제가 사랑이다. '이러저러함에도 불구하고, 그럼에도 불구하고, 그 많은 장애에도 불구하고 조건을 따지지 않고, 온갖 난관을 뚫고 행하는 것이 사랑'이라는 개념에는 '무조건적인 사랑'에 대한 이상론이 깔려 있다. 그런데 현실은 어떠한가? 현실에서 무조건적인 것이 하나라도 있는가 말이다. 그러니 사랑에 대해서 현실적이라는 잣대를 들이대면 어쩐지 찜찜해지지 않을 수 없는 것이다.

게다가 사랑이란 '빠진다'라는 운명적인 의미로부터 헤어날 길이 없다. 언제 어떻게 누구와 눈이 맞을지, 눈에 콩깍지가 쓰일지, 운명의 장난에 놀아날지, 열병에 빠질지, 광풍에 휩싸일지, 폭풍을 맞을지 모르는 것이다. '사랑에 빠진다'라는 표현은 아마도 'fall in love'라는 영어 표현에서 수입된 말이고, 하물며 서구에서도 운명적으로 사랑에 빠진다는 개념은 근대기에 와서나 대중화되었음에도 불구하고 사랑에 대한 이 운명적 낭만주의는 못 말리는 중독성이 있다. 사랑을 이상화하는 심리 자체가 운명적일지도 모른다.

사랑에는 빠져야 하고 빠지고 싶은 반면, 현실이란 이미 빠져서 허우적대는 상황이니 어떻게든 빠져나오고 싶다. 현실이란 빠져나와야 할, 감당해야 할, 이겨내야 할, 헤쳐가야 할, 풀어내야 할 대상이고, 사랑이란 빠져야 할, 구해내야 할, 지켜내야 할 대상이라면, 이 상반된 개념을 어떻게 이으란 말인가? 현실과 사랑은 이렇게도 잇기가 정말 힘들다. 구조적인 문제이자 본질적인 문제다. 현실에서 사랑하기란 '거의' 불가능한 과제일지도 모른다.

생지옥 같은 괴로움 속에서 살지는 말자

'현실에서 사랑하기'라는 과제가 그렇게도 어렵다면, 조금 더 좁혀서 풀어보면 어떨까? 간단하게 '생지옥 같은 괴로움 속에서 살지는 말자'로 정의해보자. 이 책을 써내려가는 나의 직접적인 주제이기도 하다. 이렇게 풀어보면 금방 이해가 될 것이다.

사랑이라는 미명하에 생지옥에서 살지 말고, 사랑에 대한 집착 때문에 생지옥에서 살지도 말고, 겁이 나서 사랑을 피하는 생지옥에서 살지도 말고, 사랑이 끝날까 봐 두려워하는 생지옥에서 살지도 말자. 알면서도 생지옥에 빠지지 말고, 생지옥인지도 모른 채 남아 있지 말고, 헤어 나올 방법을 알면서도 빠져나올 용기가 없어서 생지옥에 남아 있지도 말자.

인생을 살면서 수많은 괴로움들에 부딪히지만, 그중 가장 힘든 것이 사랑 때문에 생기는 상황인 것 같다. 돈 문제, 커리어 문제, 가족 문제, 건강 문제 등은 다 힘들지만 이윽고 풀어낼 수도 있다. 그런데 사람과의 관계 때문에 생기는 문제가 제일 힘들고, 그중에서도 사랑의 관계 때문에 생기는 문제가 가장 힘들다. 왜 그럴까? 사랑은 자칫 실망, 불안, 좌절, 증오로 돌변하기 때문이다. 내 맘대로 되지 않고, 계획할 수가 없고, 포기하기도 쉽지 않고, 잊기란 너무도 힘든 것이 사랑이기 때문이다.

끈끈하고, 촉촉하고, 맺고 끊기가 분명치 않고, '도돌이표'가 되기 십상이며, 심지어는 속된 표현으로 '도로아미타불'까지도 되어버리는 것이 사랑이다. 괜찮은 줄 알았는데 어디선가 불협화음이 나고, 조금 삐걱대나 싶었는데 어느덧 걷잡을 수 없이 어긋나다가 어느새 돌이킬 수 없는 나락으로 빨려든다. 그런가 하면 순식간에 지옥에서 구원되는 듯싶게 천국이 펼쳐지고, 순식간에 판타지가 리얼리티가 될 수 있다는 꿈에서 절대 벗어날 수가 없는 것이 또 사랑이다. 복잡하고 미묘하고 단순하고 흥미롭고 도전적인 과제이자, 살아 있는 한 절대로 끝나지 않거니와 죽을 때까지 익혀가야 하는 과제가 사랑이다.

그러니 사랑에 대한 자신의 감정, 생각, 개념, 원칙, 철학, 태도, 자세, 행동지침, 방법, 전략, 전술 등을 세우는 일은 절대적으로 필요하다. 깨우치고, 익히고, 다듬어가고, 숙성시키며 사랑하기의 체질을 몸에 익혀야 한다. 이것이 바로 '현실 사랑법'일 것이다. 사랑은 명사(名辭)지만 사랑하기는 동사(動詞)다. 현실에서 사랑하기란 명사를 동사로 실행해나가는 과정이다. 그 과정을 온몸으로 밟아보자.

자신의 사랑론을 찾아가는 여정

이 책은 여섯 개의 장으로 구성돼 있다. 자신의 '사랑론'을 세우고 실천해가는 과정이 인생을 배워가며 자라는 과정이라 여기고 그 과제들을 하나하나 들여다보자. 하나의 과제를 만날 때마다 우리는 망설이고 괴로워하고 좌고우면하면서 자신의 엉클어진 감정에 빠지기 쉽다. 그럴 때마다 그 엉킨 타래를 살금살금 조심스럽게 그러나 시원시원하게 객관화시켜보자. 자신의 사랑을 객관화하는 습관을 자꾸 연습하다 보면 어느새 자신의 현실 사랑법도 튼튼해져 있을 것이다. 이것이 훈련의 과정이다. 사랑도 훈련이다. 독하게 훈련해보자.

첫 장에서는 사랑이 당신에게 얼마나 중요한가를 가늠해보자. 이는 곧 남녀관계를 어떻게 정의하느냐, 그리고 얼마나 중요하게 여기느냐에 대한 의문이다. 사랑과 남녀관계는 어떤 함수

관계일까? 당신은 사랑을 정말 중요하게 여기는가? 한때 중요했다가 사라지는 것으로 보는가? 왜 우리는 그리 사랑 타령을 하는가? 남녀관계가 되면 왜 사랑은 흔들리는가? 남녀관계의 여덟 가지 현실적인 기준으로 섹스 · 스킨십 · 돈 · 살림 · 말 · 지혜 · 시간 · 공간에 대해 짚어보자.

둘째 장은 '이 사람인가?'라는 근본적인 의문에 대해서다. 즉, '내 짝을 어떻게 변별할지'에 대한 것이다. 인생 내내 우리를 끊임없이 시험에 들게 하는 의문이다. 사람을 선택한다는 것이 남녀관계의 시작이자 끝일지도 모른다. 이 사람이 그 사람인가? 나의 반쪽인가? 나의 운명인가? '러브 오브 마이 라이프(love of my life)인가? 다른 대안은 없는 건가? 끊임없이 떠오르는 이 회의는 과연 올바른 건가, 좋은 건가, 건강한 건가? 왜 우리는 이 시험에서 결코 벗어나지 못하는 걸까? 나의 제안이라면, 짝을 변별할 때 최고나 최적이 아니라 기본이 되는 '바닥선'을 체크해보라는 것이다. 그 바닥선으로부터 남녀관계는 자라고 그 바닥선이 궁극적으로 남녀관계를 지켜주기 때문이다.

셋째 장은 '헤어지는 법'에 대한 공감에 대해서 다룬다. '헤어짐'에 대한 서로의 생각을 맞춰보는 것 역시 짝을 변별하는 좋은 방식이라고 나는 믿는다. 사별이건 결별이건 생이별이건 우리는 헤어짐에서 벗어날 길이 없다. 그런데도 왜 우리는 사랑에서 헤어짐을 비정상적인 상황으로 여기는가? 왜 헤어짐을 그리 겁낼까? 왜 우리는 헤어지는 법에 대해서 솔직하게 토로하지 못할까? 물리적 헤어짐이 곧 끝장이 아니라는 사실을 받아들이기 왜 그리 어려울까? 어떤 헤어짐의 방식을 지향하느냐에 따라 남녀관계의 기본이 더 튼튼해질 수 있다고 나는 믿는다.

넷째 장에서는 진흙탕 같은 현실 속에서 남녀관계를 지속 가능하게 하는 여덟 가지 훈련 방식을 생각해보자. 남녀관계의 생지옥에 떨어지지 않으려면 끊임없는 사전 방비가 필요하고, 거기에는 이른바 묘수와 비법도 작동한다. 사실을 말하자면, 이건 '상식'의 문제이기도 하다. 남자에게 주고 싶은 충고, 여자에게 주고 싶은 충고가 있다. 속물적이라고 비웃지 말고 통속적이라고 치부하지 말고 자신의 비법을 만들어보자. 나의 충고를 꼭 받아들일 이유는 없다. 아주 잘 듣는 당신만의 요령이 있다면 그에 충실하면 될 것이다. 이러한 훈련을 할 때, 남자 여자의 차이보다는 인간으로서의 공통점이 더 크다는 것, 그리고 남자 여자의 차이보다 개인의 차이가 더 크다는 두 가지 사실을 유의하자. 자신의 커플에 맞는 요령을 스스로 만들라는 뜻이다.

다섯째 장은 '남녀관계가 흔들릴 때' 어떤 태도를 갖느냐에 대한 것이다. 흔들림은 언제 어디서 올지 모른다. 흔들림 자체가 문제가 아니라 흔들림을 어떻게 다스릴 것인가가 관건이다. 흔들림을 느낄 때, 파국을 예감할 때 우리는 어떻게 해야 하는가? 어떤 선택을 내리기 위해서 쓸 수 있는 방법에는 어떤 것들이 있는가? 궁극적인 결론은 정답은 없다는 것이다. 선택은 당신의 몫이다. 나는 그 선택을 안 하더라도 당신은 그 선택을 할 수 있다. '어떤 선택도 오케이'임을 담담하게 받아들여보자.

여섯째 장은 '사랑의 로망'에 대한 것이다. 사랑에 대한 로망을 잃지 않는 법이라고 할까? 세상에 넘치는 사랑 타령이 때로 질리고 때로 지겹기조차 하지만, 사랑에 대한 우리의 로망은 절대로 끝나지 않는다. 평생 '연애'의 감정을 갖고 살고 싶지 않은가? 우리는 인생의 각종 '에피소드들'의 유혹을 어떻게 견딜 것인가? 사랑에는 기이함이 없다. 당신만의 사랑 방식을 창의적으로 상상하라. '로코'는 '멜로'보다 강하다는 것이 나의 설이다. 당신만의 로맨틱 코미디 작법을 마스터해보라.

독자가 이 책을 읽으면서 '자신의 사랑 이야기'를 되짚어보기를 바란다. 사랑에 대해서는 누구에게나 비밀이 있다. 트라우마, 난관, 실패, 상처, 걱정, 우려, 불안, 집착, 환상 등 사랑에 대한 당신의 비밀은 무엇인가? 어떻게 남녀 간의 사랑이라는 존재를 깨달았으며, 사랑에 대해 어떠한 로망을 키워왔으며, 현실과 그 로망은 어떤 관계이던가? 로망이 깨진 자리에 현실 사랑법이 싹 트던가? 남녀 간의 사랑에 대해서 점점 더 회의적이 되는가? 회의에도 불구하고 또 다른 믿음이 자라는가? 자신의 '사랑 이야기'란 인생 공부의 중요한 주제 중 하나다.

사랑은 그렇게 끝나지 않는다

현실 속에서의 사랑이 그리 복잡함에도 불구하고, 한 가지만은 확실하다. 사랑이라는 주제는 우리 모두를 설레게 한다. 나 역시 사랑이라는 말을 입에 올리는 것만으로도 설레고 사랑에 대해 글을 쓴다는 생각만으로도 설렌다. 이 책을 쓰는 나의 심리 상태다.

어쩌다 내가 사랑에 대해 책을 쓰겠다는 생각을 감히 하게 됐을까? 살면서 언젠가 사랑에 대해 쓸 생각을 하기는 했었다. 그 언젠가가 자꾸 미루어졌을 뿐이다. 사실을 말하자면, 글로 쓸 만큼 사랑에 절박하지 않아서였기 때문일 것이다.

그러다가 계제가 왔다. 『사랑은 그렇게 끝나지 않는다』라는 제목의 소설을 읽을 때였다. 줄리언 반스라는 영국 작가가 쓴 에세이다. 몇 년 전에 그의 소설 『예감은 틀리지 않는다』를 읽고 소설에 대한 내 오래전 사랑을 다시 불러냈던 적이 있다. 한동안 소설에 별로 빠져들지 못해서 아쉬웠는데 갑자기 소설 사랑이 불같이 찾아들었던 기억이 생생하다.

『사랑은 그렇게 끝나지 않는다』를 읽고 있는데, 갑자기 사랑에 대해 쓰고 싶다는 갈망에 불이 붙었다. 왜 그랬을까? 부러웠을까? 한 사람과 한 사람이 빠져들 수 있는 관계는 얼마나 깊을 수 있는지에 대해 감동했던 걸까? 궁금했던 걸까? 남녀의 사랑이 얼마나 길게 갈 수 있을까에 대한 호기심이 작동했던 걸까? 어떤 사람에게는 '끝나지 않는다'에 방점이 찍힐 것이고, 어떤 사람에게는 '그렇게 끝나지 않는다'에 방점이 찍힐 것이다. '끝나지 않는다'와 '그렇게 끝나지 않는다'의 차이는 무엇일까?

현실 사랑법을 쓰는 나의 사랑은?

이쯤에서 나 자신의 '현실 속 사랑'에 대해서 솔직해봄 직도 하다. 그런데 진실이라면, 누구도 자신의 사랑에 대해서 100퍼센트 솔직할 수는 없다는 것이다. 현실 사랑이든 상상 사랑이든 마찬가지다. 어떠한 사람에게든 사랑에 대해서는 감추고 싶은 또는 얘기하기 어려운 비밀이 있기 마련이다. 우리가 다른 이들의 사랑 고민을 듣고도 쉽게 어떤 판단을 내리기 어려운 이유이기도 하다. 특히 1:1의 진행형 남녀관계에 대해서는 더욱 그렇다.

나는 1:1의 진행형 남녀관계 중에 있다. 대학 1학년 때부터 진행되어온 관계다. 누구에게나 그러하듯이 우여곡절, 산전수전, 오르막 내리막이 다 있다. 그 사연들을 시시콜콜하게 쓰지는 못하겠지만, 내가 주인공인 남녀관계로부터 나 자신이 가장 큰 영향을 받는 것은 당연할 것이다.

나를 싱글로 아는 사람들이 많다. 싱글이 아니라면 적어도 '돌싱(돌아온 싱글)'정도는 되어야 한다고까지 한다. "아직도 이혼을 안 했다니, 배신이야!"라고 부르짖는 여자 후배들도 많고, "지금이라도 늦지 않았어!"라며 부추기는 여자들도 많다. 재미있는 현상이다. 그런가 하면 남자 후배들은 "남편에 대해서만은 싫증을 안 내시는 모양이지요?" 농담을 하곤 한다. 내가 결혼을 한 자체가 불가사의라고 하는 남자들도 있다. 독립적인 성향인 내가 어떻게 결혼이라는 남녀관계를 이토록 오래 지속하고 있느냐며 기적이라고 얘기하는 사람들도 적지 않다.

나는 대가족에서 자랐다. 나를 가족관계와 무관한 사람이라 여기는 사람들이 많으나, 가족이란 눈에 보이지 않는 그야말로 거대한 뿌리다. 우리 집만 1남 6녀의 딸부잣집인 것이 아니라 큰집, 작은집까지 딸들이 무성한 것이 우리 집안 내력이다. 당연히 나는 '언니' 역할을 많이 했다. 셋째 딸이지만 큰딸 역할을 하고, 막내며느리이지만 큰며느리 역할을 하는 것은 이런 배경 탓일지도 모른다. 수많은 조카들에게 나는 큰이모, 큰고모 역할을 하는데, 커리어 상담보다 사랑 상담과 관계 상담이 언제나 더 어렵다.

한편 사회생활에서 나는 남자들에게 '선배' 역할을 많이 하게 된다. 일하는 분야 자체가 남자들이 무성한 분야이기 때문이리라. 가끔 신기하다 싶을 정도로 남자들이 나에게 속을 털어놓는다. '도대체 얼마나 외로웠던 거야?' 싶기도 하다. 사실 남자들은 같은 남자들에게 속을 잘 털어놓지 못한다. 남자들의 감정 능력이 모자라기도 하거니와 소통 능력, 공감 능력은 더 떨어지기 때문이다. 그래서 나는 남자들, 특히 남자 후배들의 이야기를 즐겨 잘 들어준다. 나는 그것을 '고해성사'라 부르고, 모든 선배 여자들이 후배 남자들에게 해주어야 하는 의무로 여긴다. 어느 시점이 되면 커리어뿐 아니라 남녀관계에 관한 주제도 나오기 마련이다. 남자들이 사랑에 관심이 없다고? 절대 그렇지 않다. 나는 남자들이 얼마나 속으로 허한지, 허해 하는지, 얼마나 사랑을 갈망하는지 절절히 느끼고 있다.

커리어와 사랑은 관계가 없다고? 그렇지 않다. 밀접한 관계가 있다. '정·반·합'의 작용은 아주 미묘하다. 그 미묘한 작용을 잘 파악하고 생생한 자극으로 받아들이면 삶은 훨씬 더 풍부해진다. 물론 커리어 자체도 훨씬 더 근사해질 것이다. 인생의 실제적 길이가 자꾸 길어지는 만큼, 새로운 커리어의 자극을 찾는 데 창조적일 필요가 있다. 사랑, 남녀관계란 무한한 상상력의 원천이기도 하다.

분명한 사실은, 남녀관계란 남자에게도 여자에게도 다 힘들다는 것이다. 누구에게나 어느 누구란 새로 읽기 시작하는 책과 같다. 그 책을 고르기도 쉽지 않고, 그 책을 읽어가는 데에 시간이 걸리거니와, 글뿐 아니라 행간을 읽을 수 있어야 하고. 책의 구조를 파악해야 하고, 저자의 철학을 파악해야 하고, 저자의 심리를 알아채야 한다. 리듬을 탈 때까지 수십 쪽을 읽는 수고를 감내해야 하고, 자신의 생각과 저자의 생각을 맞춰봐야 하고, 어떤 결론에 이르게 될지 추리해야 한다. 새로 시작하는 남자, 새로 시작하는 여자는 '서로'라는 책을 읽으며 기대와 불안 사이를 넘나든다.

남녀관계의 흥미로움은 그 관계를 통해서 서로의 지도를 그려가는 과정에 있을 것이다. 전인미답의 세계를 발로 딛고, 손으로 더듬고, 냄새를 맡고, 온 오감을 동원하면서 개척하고 모험하는 과정을 통해 자기만의 지도를 그려가는 것이다. 그 지도는 주어지지 않는다. 당신이 그리는 것이다. 당신이 얼마나 호기심 있게, 얼마나 부지런하게, 얼마나 열정을 가지고, 얼마나 끈기 있게 탐험하느냐에 따라 남녀관계에 대한 당신 고유의 지도를 달리 그리게 될 것이다.

사랑의 비밀은 뭘까?

'도대체 저 사람의 사랑은 어떤 것일까? 어떤 비밀을 감추고 있을까?' 사람을 볼 때 나는 이런 것들이 궁금해진다. '나는 진정으로 사랑하고 있는 걸까? 나는 사랑에 제대로 빠져봤던 걸까? 내가 감추고 있는, 내가 드러내지 않고 있는 사랑의 비밀은 무엇일까?' 나 자신에 대해서도 궁금하다.

스스로 나 자신을 평가해보자면, 나는 감상적인 사랑에 대해서 쓸 재목은 못된다. 말하자면 로맨틱하게, 센티멘털하게, 멜랑

콜리하게, 비장하게, 운명적인 톤으로 사랑이라는 주제를 그릴 재목은 못 된다는 뜻이다. 그렇다고 내게 사랑에 대한 감상이 없겠는가? 그럴 리가 없다. 사랑은 근본적으로 우리의 감정에서 비롯되는데 어떻게 감상이 없을 수 있겠는가? 다만, 그 감상에 빠져 허우적대지는 않으려 할 뿐이다.

'무엇 무엇과 같은 사랑'이라는 표현이 무척 많다. 노래에서, 시에서, 영화에서, 소설 속에서 자주 등장하는 표현들이다. 솜사탕 같은 사랑, 봄날 같은 사랑, 열병 같은 사랑, 광풍 같은 사랑, 꽃 같은 사랑, 낙엽 같은 사랑, 바람 같은 사랑 등 하나같이 어떤 감정을 담은 말이다. 나에게는 '전쟁 같은 사랑'이란 말이 그렇게 깊이 다가왔다. 가수 임재범의 노래, 「너를 위해」에서 나오는 표현이다. 한 번도 그렇게까지 생각해보지는 않았는데, 그야말로 생생하게 다가오는 표현이었다.

사랑하기란 전쟁 같은 것이라서 무섭고, 생명을 걸어야 하고, 승부수를 던져야 하며, 자칫 파괴로 치달을 수 있음이라. 현실에서 사랑하기란 그렇게도 어려운 것이리라. 그러나 사랑을 통해 우리가 이룰 수 있는 것은 얼마나 많으랴. 사랑에 독해져보자!

구하리 텃밭에서

김 진 애

차례

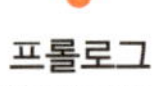

누구에게나 비밀은 있다

사랑에 대해서는 누구도 100% 솔직할 수 없다

누구에게나 비밀은 있다. 당신이 감추고 있는 비밀은 어떠한 것인가? 열등감? 집착? 두려움? 트라우마? 증오심? 거짓말? 큰 실수? 실패? 남에게 상처 준 일? 남에게 상처받은 일? 학력? 경력? 병? 출생지? 고향? 아픈 가족사? 부끄러운 가족사? 출생의 비밀? 실연? 이혼? 출산? 아이? 범죄? 재산? 연봉? 성적 취향? 성격? 버릇? 그리고 물론, '사랑'이 있다.

왜 비밀로 하는가? 약함을 드러내기 싫어서, 자존심 다치기 싫어서, 상처받을까 봐, 도질까 봐, 두려워서, 괴로워서, 또 다른 실패로 이어질까 봐, 무시당할까 봐, 미움받을까 봐, 남들이 이상한 눈으로 쳐다볼까 봐, 자신이 무너질까 봐, 인정받지 못할까 봐, 사랑받지 못할까 봐 등 우리가 비밀을 감추는 이유는 수없이 많다.

그 비밀을 얼마나 오랫동안 지니고 있을 수 있을까? 마음의 서랍 속, 장롱 속, 창고 속에 깊숙이 숨기고 자물쇠로 꽁꽁 잠가둘 수 있기는 하다. 하지만 문제는 있다. 사람이란 비밀을 감추고 싶어 하면서도 다른 한편 비밀을 털어놓고 싶어 하는, 이중적인 욕구를 가진 존재다. 인간이 가진 근본적인 양심, 양식, 또는 진실 욕구 때문인지는 모르겠으나, 사이코패스나 소시오패스가 아닌 이상 대부분의 사람이 그렇다. 특히 가까운 사람에게는 더욱 감추고 싶은 마음만큼이나 털어놓고 싶은 마음도 든다. 비밀이 있다는 사실 자체가 불편한 것이다. 자신을 온전하게 드러내고 훌훌 털어버리고 새로 시작하고 싶은 마음이 든다.

비밀 중의 비밀은 사랑에 대한 비밀일 것이다. 사랑 때문에 생긴 비밀, 사랑에 얽힌 비밀은 가장 개인적인 비밀이자 마음속 가장 깊은 곳을 건드린다. 그런데 사랑 때문에 생긴 비밀은 다른 비밀보다 좀 더 미묘하고 복잡하다. 감추고 싶은 욕구가 드러내고 싶은 욕구보다 강하다. 사랑의 비밀을 깊이 감추는 이유는 궁극적으로 자기애와 자존심 때문일 것이다. 다른 어떤 것보다도 사랑은 자존심을 높이고 또 자존심을 꺾는다. 사랑 받으면 자존심이 높아지고 사랑에 다치면 자존심이 꺾이는 것이다. 그래서 사랑에 대한 비밀은 차라리 비밀로 간직하는 것이 낫다고 여긴다. 괜히 드러냈다가 상처를 다시 헤집고 또다시 다치게 될까 봐 두렵기 때문이다.

애틋하고 은밀한 사랑, 순수하고 곱디고운 아름다운 사랑 이야기라면 혼자서 고이고이 간직하는 것이 좋을지도 모르겠다. 하지만 사랑에 대한 비밀에는 아름다운 것만 있지 않다. 오해, 배신, 상처, 비극, 참극 등 아픈 이야기들이 훨씬 더 많다. 그리고 그 이야기들은 아프기 때문에 더욱 감추고 싶어진다.

감추고 싶은 비밀 때문에 마음이 아픈 사람은 이렇게 생각해 보자. '비밀이 없을 것 같은 사람'은 대체로 별 매력이 없는 사람이기 십상이다. 인간적인 매력이 떨어지는 것이다. 비밀은 사람을 매력적으로 만들어주고, 신비롭게 만들어주고, 분위기를 조성해주고, 때로는 치명적인 유혹의 단서가 되기도 한다. 비밀이 없는 사람은 인생의 쓴맛, 인생의 깊은 속, 인생의 어두운 면을 모를 것 같기도 하다. 인생의 달콤한 맛만 알고 있는 사람, 항상 밝기만 한 사람, 속물적인 욕구에만 사로잡혀 있는 사람은 인간적인 매력이 뚝 떨어진다. 그러니 자신이 감추는 비밀이 있다면 걱정만 할 일은 아니다. 그 비밀이 나의 인간성에 고유의 색깔을 부여하고 있을지도 모르니 말이다.

또 이렇게도 생각해보자. 그 비밀이란 어쩌면 대수롭지 않은 것일 수도 있다. 비밀로 감추려는 자체가 오히려 자신에게 계속 상처를 주는 것인지도 모른다. 비밀로 안고 있다는 사실 자체가 끊임없이 어깨에 짐을 얹으면서 가뜩이나 무거운 인생을 더욱 무겁게 하는 것이다. 자신이 안고 있는 비밀이 어떠한 성격인지를 파악하게 되면, 스스로 분별할 수 있는 능력이 생기고, 이렇게 되면 드디어 현실에서 진정으로 사랑할 수 있는 역량이 커질지도 모른다.

중요한 것은 자신의 체험이고 그 체험에 대한 자신의 느낌이다. 당신은 사랑에 대해 어떠한 비밀을 안고 있는가? 당신은 사랑

에 대해서 얼마나 솔직할 수 있는가? 누구도 100퍼센트 솔직할 수는 없다. 적어도 남들 앞에서는. 그러나 자신에게는 솔직할 수 있지 않을까?

로망과 현실 사이에서, 사랑 학습

우리 대부분은 사랑에 대한 별다른 학습 없이 사랑이라는 상황을 맞게 된다. 사랑이라는 감정은 예고 없이 찾아오는 것이다. 이때의 감정이란 대체로 '로망'일 것이다. '사랑에 대한 로망'을 품고 있으면 어떠한 자극에 의해 머릿속에 있던 로망이 가슴속의 로망으로 바뀌는 것이다. 그것이 에너지 왕성한 시절에 느끼는 사랑의 감정일 것이다.

나는 '이 남자'를 발견했을 때, 전혀 내 스타일이 아니라고 생각했다. 그랬던 남자가 나의 남자로 다가오는 것은 놀랍고도 즐거운 느낌이었다. 사람에 대해서 알아가는 즐거움의 시간들이 이어졌다. 진정 통한다고 느꼈던 순간들의 기억은 지금 떠올려도 신기할 정도로 싱싱하다. 이 남자와 길디긴 연애를 했고, 길디긴 유학 기간을 같이 보냈고, 또 그보다 훨씬 더 길디긴 결혼 생활을 같이해왔고, 지금도 여전히 같이한다. 산전수전을 다 겪으며 역사를 공유해온 사이자, 인생의 감동적인 순간들을 같이했던 사이고,

괴로웠던 시간들을 같이 버텼고, 지금도 매일매일 일어나는 온갖 사건들과 과제들을 같이 풀어내는 사이다.

우리 커플은 서로 무척 다르다. 하지만 그러면서도 서로 공유하고 있는 기본 바탕이 있다. 물론 티격태격할 때가 한두 번이 아니고 아웅다웅하는 적도 많다. 아이들이 우리가 이혼할까 봐 걱정할 정도로 엄청나게 싸운 적도 많고, 친정에서 우리가 갈라설까 봐 걱정할 정도로 적나라한 논쟁을 서슴지 않은 적도 많고, 서로 보기 싫어한 적도 있고, 길거리에서 대판 싸운 적도 있고, 타지에 여행까지 가서 싸운 적도 있다. 서로 지루해하고 재미없어하는 권태기에 빠진 적도 당연히 있다. 어느 한쪽이 깊은 슬럼프에 빠진 적도 있고, 둘이 한꺼번에 슬럼프에 빠진 적도 있다. 일상의 스트레스는 우리 둘을 항상 에워싸고 있다고 해도 과언이 아니다.

내가 사랑에 대해 가졌던 로망과 이 남자와의 연애와 결혼이라는 남녀관계의 현실은 과연 서로 어떤 작용을 했을까? 로망을 현실로 만드는 과정이 남녀관계일까? 로망이 현실로 추락하는 과정이 남녀관계일까? 로망과 현실이 타협하는 과정이 남녀관계일까? 로망은 로망대로 두고 현실은 현실대로 살아가는 것이 남녀관계일까?

비밀로 하다가 언제 생지옥이 열릴지 모른다

우리 커플의 남녀관계가 어느 정도의 위기로 치달았는지까지 100퍼센트 솔직하게 얘기하지는 못하겠다. 결별을 하지는 않았으니 위기라 보려 들지 않을지도 모르겠다. 하지만 실제로 어떠한 남녀관계든 그 속에는 수없는 위기들이 있다.

나는 다른 커플들의 위기를 수없이 접하기도 했다. 뉴스와 예능을 어지럽히는 유명 인사들의 경우는 나와 먼 이야기라 치더라도 가깝게 지내는 친구, 가족, 친척, 선배, 후배, 동료, 이웃들이 겪는 위기들을 직간접적으로 접하게 되면 무척 심란해진다. 언니의 결별 과정은 그 연애 과정을 목격하면서 로망을 키웠던 나에게 솔직히 여러 가지 면에서 충격이었다. 딸 여섯인 우리 집의 막내가 이혼 과정을 겪을 때는 내가 직접 그 곤혹스러운 중재 역할에 나서기도 했다. 이외에도 결별의 위기를 맞은 커플의 과정을 나는 수없이 목격했고, 같이 힘들어했고, 같이 이겨나가려 노력했다.

그중 나에게 가장 괴로웠던 경우는 이상하게도 시부모 커플의 위기였다. 나는 드디어 말씀드리고야 말았다. "어머니, 이혼하세요!"라고 말이다. 친정 엄마에게는 바로 못 할 말도 시어머님께는 할 수 있다는 것이 신기할 정도다. 시어머님이 나를 얼마나 좋아하시는지는 잘 모르겠으나 적어도 나를 꽤 믿는다고 생각하는 편이라 드릴 수 있었던 충언이었을 게다.

시부모님과 한집에서 살았던 적은 없지만 항상 같은 아파트 단지 내에 살았다. 그러다가 '세가족집'이라는 다세대주택을 짓고 나서는 드디어 아래위층으로 살게 되었다. 나는 무척 기대가 컸다. 시부모님이 독립적인 성향이신지라 의탁할 일이 많을 것 같았고, 재정적으로 여유 있는 편이시니 먹거리 살림도 풍성해질 듯했고, 아이들이 어렸으니 집을 비우는 걱정을 덜해도 되겠고, 부모님 뵈러 길거리 오가는 시간도 절약할 수 있겠고, 좀 더 연세 드시면 약한 부모님을 보살피기도 좋을 것 같았고, 두 분 금슬이 좋으니 아이들도 배울 바가 많을 것이라 생각했다.

그런데 오산이었다. 이 70대 커플은 심각한 지경에 이르고 있었다. 오십 년을 같이 살아오며 두 분의 갈등이 쌓이고 쌓여 파국의 지경까지 이르게 된 건지, 새로운 사건들이 연이어 터진 건지, 우리와 아래위로 살게 되었기 때문인지 모르겠지만, 두 사람 사이의 비밀이 드러나기 시작한 것이었다. 오래 쌓인 불신, 오래 쌓인 불만, 오래 쌓인 갈등이 적나라한 모습으로 드러난 것이다. 딸들의 표현에 의하면, 할아버지의 이마엔 '고독'이라고 쓰여 있고, 할머니의 이마엔 '싫다'라고 쓰여 있었다. 설마 이토록 심각할 줄은 몰랐다.

한 커플의 관계 문제란 주변에 얼마나 큰 스트레스를 주는지 모른다. 옆에서 보는 우리들도 괴로우니, 정작 본인들은 그 생지옥에서 얼마나 괴로우셨겠는가? 그래서 나는 별별 제안들을 다 했다. 상담을 받아보시면 어떨까, 먼 거리 별거를 하시면 어떤가, 아예 집을 두 개로 리모델링해서 따로 사시면 어떤가? 어느 것도 통하지 않았다. 그러다가 나온 말이 "어머니, 이혼하세요!"였던 것이다. '황혼 이혼'이 쉽지 않은 것은 안다. 하지만 왜 그토록 미워하면서 같이 살아야 하나? 왜 그 미움의 감정을 곱씹고 또 곱씹어야 하나? 왜 후회의 감정으로 이 귀중한 현재의 시간을 허비해야만 하나? 이미 관계가 멈춘 사람들, 더 이상 주고받을 수 있는 한 조각의 감정조차 없는 사람들이 왜 같이 살아야 하나?

시부모 커플의 상황은 우리 커플에게도 꽤 영향을 미쳤다. 처음에는 우리 둘 다 배신감에 사로잡히기도 했다. 왜 우리에게 비밀로 하셨던 걸까? 체면이 그렇게 중요했던가? 자존심이었을까? 위선적이지 않은가? 쇼윈도 커플로만 사셨던 건가? 만약 진즉부터 당신 아들에게 비밀로 하지 않았더라면, 당신 며느리에게 솔직히 털어놓았더라면 두 분은 훨씬 더 자유로워지지 않았을까? 다른 해법을 찾을 수 있지 않았을까? 나 자신에 대해서도 반성했다. 진즉 털어놓는 분위기를 만드는 데 역할을 했어야 했는데 그렇게 못했던 것을 자책했다. 비밀로 감추고 있었기에 그 괴로움은 더했고, 그래서 한이 쌓였고, 한번 터지니 걷잡을 수 없는 상황이 되고, 그래서 생지옥이 되어버렸던 것은 아닐까 하면서 혼자서 발등을 찧었다.

시부모 커플은 결국 아무런 변화를 모색하지 못했다. 그 상황이 또 아프다. 화해하지 못하는 남녀관계로 끝내기에 인생은 너무 아깝지 않은가? 우리 커플은 처음 시부모 커플의 비밀을 알게 되었을 때 받았던 충격에서 벗어난 후 확실히 달라졌다. 서로에게 좀 더 털어놓고 얘기하게 되었다. 은밀한 감정에 대한 이야기를 하지 않던 남편도 좀 더 솔직해졌다. 나도 주변의 남녀관계에 대해서 좀 더 관심을 쏟으려 노력하게 되었다. 이 책을 쓰게 된 것도 그 관심의 일환일 것이다.

그래요, 서로 구원해줘요!

우리 자신이 이루고 있는 남녀관계는 알게 모르게 다른 사람에게도 영향을 미친다. 우리는 모두 자신의 남녀관계에 의해서 영향을 받고 있기 때문이다. 자존심이 흔들리고, 긍정의 마음이 흔들리고, 존재의 보람을 느끼지 못하고, 살아 있는 즐거움을 잃어버리면 결국은 우리의 심성에 영향을 미친다. 우리의 심성은 우리의 행동에 나타나고 종국에는 다른 사람에게도 영향을 미치게 된다.

'지옥도(地獄道)'에는 팔열지옥(八熱地獄)과 팔한지옥(八寒地獄)을 합쳐서 무려 열여섯 가지의 지옥이 있다고 한다. 인간이 저지르는 죄악이 그렇게도 종류가 많다는 말인가? 그렇다면 살아서 빠지는 '생지옥'은 몇 가지나 될까? 누구도 생지옥을 분류해놓지 않은 것을 보면, 생지옥은 지옥도에 나오는 지옥의 종류보다 훨씬 더 많을 것임에 분명하다. 남녀관계 때문에 생지옥에 빠진 사람들이 얼마나 많은가? 폭력의 생지옥, 공포의 생지옥, 증오의 생지옥, 학대의 생지옥 같은 무시무시한 생지옥은 물론이거니와 배신의 생지옥, 무시의 생지옥, 냉대의 생지옥, 무관심의 생지옥, 모욕의 생지옥, 굴욕의 생지옥 등은 살아가기 너무 힘들게 만드는 생지옥들이다. 마음의 병을 깊게 만드는 생지옥들이다. 남녀관계로 인해 생지옥에 떨어지지는 말자. 비밀로 하다가 마음의 병을 만들지는 말자.

어떠한 생지옥이 앞으로 열릴지 모르면서도 사람들은 여전히 로망을 잃지 않고 짝을 찾는다. 이 사실이 안심이 되기도 한다. "결혼 안 하고 사는 것도 괜찮은 삶이야!" 명절이면 이런 말로 다 큰 조카들에게 인기 있는 이모, 고모 노릇을 했지만, 꽤 늦게까지 싱글로 남아 있던 조카들도 이제는 다 짝을 찾았다. 젊을 때 결혼하는 친구들에게는 "축하한다, 이제 고생길이 열렸네" 하면서 쓴소리를 마다하지 않지만, 늦결혼을 하는 친구들에게는 축복을 아끼지 않는다. "그래, 좋지? 서로 믿고, 서로 나누고, 서로 기대고, 서로 안아주고, 같이 놀고, 같이 일하고, 같이 고생하고, 언제나 같이해!"

알뜰가게에서 우연히 만난 처자가 있다. 비정규직 사회복지사로 일하면서 생활비를 더 벌려고 가게 알바를 뛰는 친구였는데 30대 후반으로 보였다. 가끔씩 기분 좋게 마주치곤 했는데, 2년쯤 지난 어느 날 갑자기 결혼한다는 이야기를 꺼냈다. 고등학교 동기동창인데 이혼남이라고 했다. 동창회에서 우연히 마주쳤다가 관계가 발전되었단다. 그 남자는 이 여자가 첫사랑이었다는데, 예전엔 말을 못 꺼냈고 이제 와서야 그 비밀을 고백하더란다. 결혼하고 제주도에 가서 살 거라고 했다. 마치 영화 속 스토리처럼 엎치락뒤치락 흥분 가득한 사랑 이야기를 들으니 어찌나 유쾌했던지 모른다. "그래요, 서로 구원해줘요!" 나는 덕담을 했다. 그렇다. 남자 여자는 서로가 서로를 구원해주는 것이다.

바로 이 희망의 한 가닥 때문에 남자 여자는 서로에게 끊임없이 끌리는 것일 게다. 고통스러운 파국을 겪고도 또 다른 사랑을 꿈꾸는 것일 게다. 사랑의 로망을 현실 속에서 이루고 싶다는 바람이 없으면 살맛이 나지 않기 때문일 게다. 그래서 사랑에 대한 자신의 비밀을 마음속에 깊이 담아두는 것일 게다.

이 사람이 감춘 비밀은 뭘까?

모든 사람에게는 비밀이 있다. 비밀이 없을 리 없다. 누구든 완벽하지 못한 인간이기 때문이다. 희망, 꿈, 콤플렉스, 성향, 부족함, 결점, 과거 잘못, 사랑 등 그 비밀은 하나같이 사연이 있다. 그 사연을 소중하게 생각하자. 비밀이 있다는 자체가 문제가 아니라 그 비밀을 감추는 것으로 인해 마음의 병이 생기는 것이 문제일 뿐이다.

사랑을 한다는 것은 남녀가 각기 안고 있는 비밀을 같이 열어볼 수 있다는 뜻이다. 모든 비밀을 털어놓을 필요는 없지만 마음의 치유가 필요한 비밀을 털어놓을 수 있을 때 그리고 그 사연을 공유할 수 있을 때 두 사람은 비로소 깊이 통한다. 우리가 안고 있는 비밀 이야기, 부끄러운 이야기, 감추고 싶던 이야기, 바라던 이야기들을 어떻게 공유할 수 있을지 궁리해보자.

이 사람이 감춘 비밀은 어떤 것일까? 내가 감추고 있는 비밀은 어떤 것일까? 우리가 이 비밀을 서로에게 털어놓을 수 있을까? 그렇게 비밀을 털어놓아서 우리는 더 가까워질 수 있을까? 우리가 같이 안고 살아가는 우리들만의 비밀은 어떤 것이 될까?

사랑은 로망이지만 사랑하기는 현실이다.
자신의 사랑 이야기를 되짚어보라.
비밀을 나누며 우리는 사랑을 키운다.

1장

사랑, 그 이상의 남녀관계

지속되는
사랑의 기준

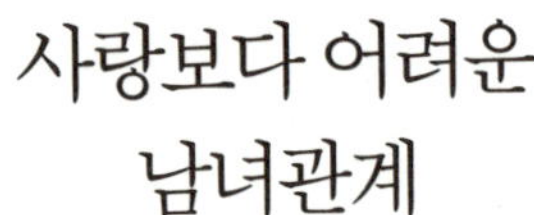

사랑보다 어려운
남녀관계

+ 나는 지금 사랑하고 있는가?

+ 나는 사랑을 원하고 있는가?

+ 나는 사랑을 꿈꾸고 있는가?

+ 나는 사랑에 아픈가?

+ 나는 사랑을 후회하고 있는가?

+ 나는 사랑에 대해 생각할 때가 있는가?

+ 나는 사랑 때문에 아픈 적이 있는가?

+ 나는 사랑이 가득함을 느낀 적이 있는가?

사랑이란 아주 아주 오래된 주제다. 한 남자 한 여자가 만나
서 우여곡절 끝에 맺어지는 이야기, 한 남자 한 여자가 지극히 사

랑함에도 불구하고 우여곡절 끝에 헤어지는 이야기, 한 남자 한 여자가 티격태격하다가 눈이 맞는 이야기, 한 남자 한 여자가 두근두근 첫사랑에 눈뜨는 이야기, 한 남자 또는 한 여자가 사랑에 끙끙 앓는 이야기, 한 남자 한 여자가 오매불망 서로를 그리워하는 이야기 등 인류는 온갖 종류의 사랑 이야기에 설레고, 가슴 졸이고, 뜨겁게 달아오르고, 기뻐하고 또 슬퍼하면서 사랑 이야기를 지어왔다. 사랑 이야기라면 해피엔딩도 좋고 새드엔딩도 좋고, 요즘 유행하는 '열린 엔딩'도 좋아하는 것이다.

사람들이 사랑 이야기에 열광하는 진짜 이유는 무엇일까? 그 자체가 아름다워서일까, 그 자체가 흥미진진해서일까, 그 자체가 극적이기 때문일까? 궁극적인 이유는 단 한 가지일 것이다. 사랑 이야기란 언제나 '내가 주인공이 되는, 나의 이야기'가 될 수 있는 가능성을 안고 있기 때문이다. 그래서 감정이입이 되는 것이다. 아주 자연스럽게 내 경험과 대조하고, 내 바람을 점검하고, 나의 과거에 비추어보고, 나의 현재를 돌아보고, 나의 미래를 꿈꾸어볼 수 있는 인간 공통의 주제가 사랑이다.

게다가 남녀 간의 사랑은 다른 어떤 사랑의 종류보다 복잡하다. 다른 종류의 사랑들이 조건 없는 사랑이거나 선택할 수 있는 사랑이거나 꺼지지 않고 길게 타는 사랑이거나 또는 상처가 덜 남는 사랑일 수도 있는 데 비해서 남녀 간의 사랑은 아주 강렬하고 또 치명적이다. 불꽃이 일고 활활 타오를 때는 어느 근사한 영화 제목 그대로 '지상에서 영원으로(from here to eternity)'일 것 같다가, 불꽃이 꺼지면 '우리가 사랑하긴 했던 걸까?'라는 의문과 함께 싸늘하게 식어버린 잿더미만 남는 경우도 허다하다. "사랑이 어떻게 변하니?" 하는 말이 절로 나올 정도다. 대체 남녀는 왜 이러는 걸까?

남녀관계가 사랑이라는 것만으로 이루어지지 않는다는 것을 우리는 잘 알고 있다. 사랑으로 시작하지만 사랑 그 이상의 것 또는 사랑 그 이하의 것까지 포함하는 관계가 남녀관계다. '남녀관계'라는 말 자체가 그다지 마땅치는 않지만, '한 남자와 한 여자가 맺을 수 있는 온통의 관계'를 표현하는 것으로 받아들여보자. 길게 가건 짧게 가건, 결혼이라는 제도로 얽히건 동반자 관계건, 사랑이라는 단계를 넘어서 남녀관계 단계로 넘어가면 여러 가지 이슈들이 얽히기 시작한다. 남녀관계란 모든 종류의 사랑을 포함할 수 있으며 또한 모든 종류의 세속을 끌어안는 관계인 것이다.

물론 남녀관계에 대한 정의는 개인적으로 다를 수 있다. 실제로 다를 것이라고 나는 생각한다. 하나의 정의가 있는 것도 아니고 정답이 있는 것도 아니다. 하나의 답, 정답이 있다고 생각하면 외려 스트레스다. 그 답을 맞추느라, 그 정답에 맞춰 사느라 얼마나 피곤해지겠는가? 사람이 하나하나 다르듯 한 남자 한 여자가 맺는 관계는 무한하게 다양해질 수 있는 것이다. 얼마나 큰 즐거움인가? 우리는 우선 남녀관계에 정답이 없다는 사실을 받아들이는 것에서부터 마음을 여는 게 좋을 것이다. 그래야 나 자산이 어떠한 정의를 내리고 있는지에 대해서 잘 살펴볼 수 있다.

나로서는 남녀관계를 이렇게 정의한다. 남녀관계란 '섹스와 스킨십과 돈과 살림과 말과 지혜와 시간과 공간을 함께하는 관계'다.

+ 섹스

+ 스킨십

+ 돈

+ 살림

+ 말

+ 지혜

+ 시간

+ 공간

물론 우리는 철학적으로 남녀관계를 정의할 수도 있다. 남녀관계란 '사랑, 친밀함, 우정, 애정, 아낌, 돌봄, 섬김, 정성, 성의, 예의, 존중, 신뢰, 연민, 성실, 책임감, 그리고 권한까지 공유하는 관계'라고 말이다. 남녀관계란 '몸, 마음, 정신, 영혼을 나누는 관계'라고 말이다. 남녀관계란 '과거와 현재와 미래를 공유하는 관계'라고 말이다. 이러한 철학적 정의들은 물론 좋다. 우리의 남녀관계를 더 높게, 더 근사하게, 더 아름답게, 더 뜻깊게 만들어줄 수 있다. 다만 나는 여기서 좀 더 현실에서의 실천적 정의를 하고 있을 뿐이다.

우리는 사랑과 남녀관계를 구별할 수 있어야 할 것이다. 아니, 적어도 우리는 사랑의 기준, 남녀관계의 기준을 생각해야 할지도 모른다. '남녀관계는 절대적으로 필요한가? 남녀관계를 이룰 것인가? 우리의 남녀관계는 어떠한 것인가? 이 남녀관계를 지속해야 할 것인가?'까지, 살면서 시시때때로 떠오르는 의문에 대해서 우리 나름의 답을 찾기 위해서 말이다.

남녀관계는 관계에 관한 것이자, 한 남자 한 여자에 대한 것이다. 한 남자 한 여자의 끌림의 시간은 순식간이지만 관계의 시간은 오래간다. 설령 길게 안 가더라도, 그 남녀관계에 담겼던 온갖 이야기들이 우리의 삶에 흔적을 남긴다. 한 남자 한 여자 간의 관계의 문화를 어떻게 자라게 할 것인가? 남녀관계라는 현실 속에서 어떻게 사랑을 이어갈 것인가? 우리 인생의 중요한 과제다.

물론 이런 관계가 꼭 남녀 사이에만 일어나는 것은 아니다. 주옥같은 러브 송들을 부른 영국의 유명한 팝스타 뮤지션, 엘튼 존이 2014년 말에 결혼을 했다. 그의 나이 예순일곱, 결혼 상대는 21년 동안 같이 살아온 동성 파트너다. 나는 그가 이십여 년 전 동성애자임을 커밍아웃했던 것도 놀라웠고, 영국에서 '동반자 관계(civil partnerships)법'이 통과되자마자 바로 동반자로 등록을 했던

것도 놀라웠고, ‘동성결혼법’이 통과되자마자 바로 결혼을 한 것
도 놀라웠다. 도대체 무엇이 이들을 묶어주었기에 이들은 그 오
랜 세월 동거를 했으며, 법적으로 동반자가 되었으며, 궁극적으로
결혼까지 하게 되었는가?

거개가 이성애자인 사람들의 이혼율은 급증하고 결혼율마저
떨어지는 이 시대에 왜, 어떻게 그들은 관계를 유지해왔고 더 공
고히 하려는 걸까? 의문이 들지 않는가? 한 사람과 한 사람이 결
혼이라는 제도 속으로 걸어 들어가는 것은 무슨 이유 때문일까?
서로를 독점하고 싶어서인가? 서로를 잃고 싶지 않아서인가? 사
랑의 증표를 확인하려는 걸까? 같이하는 삶이 그렇게 좋아서일
까? 사회의 인정을 받고 싶어서일까? 너와 내가 이룬 관계의 절
대적인 존재감을 확인하고 싶어서일까?

오랜 시간을 쌓아온 결합, 지속되는 관계야말로 가장 이상적
인 관계일지도 모른다. 오랜 시간을 통해 검증되고, 온갖 산전수
전을 다 겪고 나서도 여전히 같이하고 싶어 하는 관계, 우리의 남
녀관계가 그렇게 될 수 있다면 얼마나 좋겠는가?

사랑으로 시작하지만,

사랑 그 이상의 것 또한 사랑 그 이하의 것까지

모두 포함하는 관계가 남녀관계다.

'결혼'보다 '남녀'가 먼저다

: 결혼이라는 제도

내 주변에는 '싱글', '돌싱'들이 많다. 친구, 동료, 선배, 후배, 친척, 남녀 가리지 않는다. 언제 이렇게 싱글들이 많아졌던가 싶을 정도인지라 아직 결혼 생활을 하고 있는 사람들이 무색해질 지경이다. 그중에서도 자발적 싱글들은 슬쩍슬쩍 공격을 해온다. "결혼이라는 제도는 곧 없어질 제도야. 결혼이라는 거추장스러운 옷을 벗어버리면 새로운 세계가 열리는 거야. 아직 이혼을 안 하다니, 배신이야! 더 늦기 전에 자유를 찾아봐!" 공격과 격려의 레퍼토리는 많기도 하다. 자유롭고 충만하게 사는 사람일수록 발언의 수위는 높아진다. 남녀관계를 유지하고 있는 내가 반성이라도 해야 한단 말인가, 모자람이라도 느껴야 한단 말인가?

자유로운 사회의 대표 격인 프랑스의 관계 문화는 우리를 깜짝 놀라게 할 때가 많다. 하기는 대통령조차 공공연하게 연애하고 결혼이 아닌 동거를 택하는 문화이니 오죽하겠는가? 내가 미국에 유학갔을 때 처음 봤던 영화가 프랑스 영화였는데, 케임브리지의 예술극장 같은 분위기의 재개봉 영화관에서 본 「사촌들」이었다. 남녀가 친척의 결혼식에서 만나는데 그들의 배우자들은 만나자마자 열심히 바람을 피우며 이들에게 상처를 안긴다. 이들은 그 결혼식 이후 천천히 서로를 알아가며 가까워진다. 두 남녀가 서로에게 끌리면서도 주저하면서 잠자리를 함께하는 단계까지 가는 과정이 참으로 유쾌하게 인간적이다. 영화는 열린 결말로 끝난다. 어디까지 받아들이고 어디까지 허용되고 어디까지 남녀관계가 진화할 수 있는지 보는 사람들에게 판단을 맡긴다.

이 영화를 봤던 당시 결혼 3년 차였던 우리 부부는 영화관을 나온 후 영화에 대해서 한마디도 나누지 않았다. 흥미롭지 않은가? 결혼에 대해 회의하고 싶지 않고 남녀관계에 대해 의심하기 싫었던 시절이어서 그랬던가?

이 시대의 프랑스 영화는 어떤 관계 문화를 보여줄까? 최근 「사랑의 유효 기간은 3년」이라는 영화를 킬킬 거리면서 봤다. 21세기 젊은이들의 사랑 이야기이니 오죽 자유분방하겠는가? 고민은 예전이나 지금이나 똑같지만, 풀어가는 방식은 진화하고 있다. 결혼 3년 만에 쓸쓸하게 이혼을 당한 남자가 '사랑은 3년만 간다'는 그 유명한 호르몬 설로 베스트셀러 책을 썼지만 새 애인에게는 비밀로 한다. 아니다 다를까, 그 사실을 알고 화가 난 여자는 "그래? 너는 그렇단 말이지!" 하고 떠나가버린다. 사랑에 빠진 남자는 여자를 다시 찾으려 필사적인 노력을 한다. 사랑에 대한 기대, 배신, 증오, 불신, 자기혐오와 함께 새롭게 끓어오르는 연애 에너지까지 리얼하면서도 로맨틱하게 그린 이 영화에서 남자가 사랑에 빠져 허우적대는 모습은 귀엽기까지 하다.

결혼을 조롱하는 것 같기도 하지만 그렇다고 남녀관계를 무시하는 것도 아니고, 이혼을 독려하는 것도 아니지만 그렇다고 이혼을 비정상적으로 보는 것도 아니고, 섹스를 중요하게 여기지만 섹스만이 전부는 아니고 등 여하튼 프랑스 사람들은 희한하게 열려 있다. 한 가지 면면하게 흐르는 주제라면, '결혼보다는 언제나 남녀 간의 사랑이 먼저'라는 것이다. 이들의 열린 관계 문화가 새로운 트렌드를 만들어갈까? 우리 문화도 닮아가려나?

결혼을 하면 좋은 점들은 분명히 있다. 그 좋은 점들을 헤아려본 적이 있는가? 그중 여덟 가지만 꼽아보자.

+ 섹스파트너 고르기에 신경 쓸 필요가 없다
+ 시간이 절약된다. 집 밖에 다닐 일이 줄어든다.
+ 돈이 절약된다. 반으로 줄어들진 않지만 최소 30퍼센트는 준다.
+ 안쓰러워하는 남들의 시선을 받지 않아도 된다.
+ 아이 낳고 키우기를 격려받을 수 있다.
+ 법적으로 양육권, 재산권 등 내 권리를 보장받는다.
+ 믿을 수 있는 내 편이 생긴다.

그렇다면 결혼하는 것의 나쁜 점들도 헤아려봤는가? 나쁜 점들도 만만치 않다. 마찬가지로 그중 여덟 가지만 꼽아보자.

+ 한 사람만을 바라보고 살라고 한다.

+ 나에게 의지하는 사람의 존재가 부담스럽다.

+ 가족을 보살펴야 한다는 책임이 무겁다.

+ 화끈한 사랑은 끝나고 지루한 관계가 이어진다.

+ 모험은 줄어들고 제약은 커진다.

+ 혼자만의 시간을 갖기 어렵다.

+ 관계망이 복잡해진다.

+ 자유, 적어도 자유에 대한 환상을 잃어버린다.

그렇다면 결혼의 위험한 점들을 헤아려본 적은 있는가? 위험한 점들도 만만치 않게 많지만 여기서 거론하지는 말자. 딱 한 가지만 들자면, '헤어지기가 무척 피곤하다'는 것이다. 단칼에 자를 수도 없고, 열패감에서 헤어나기도 어렵고, 배신감에서 벗어나기도 어렵고. 일말의 자책감을 갖지 않기도 어렵기 때문이다. 바로 이 점이 결혼이라는 제도 속으로 걸어 들어가기를 무섭게 만드는 가장 큰 이유일지도 모른다.

여하튼 결혼이라는 제도를 통해 궁극적으로 보장받는 것은 남녀관계의 지속성이다. 그런데 바로 이게 문제다. 결혼하면 남녀관계가 부부관계로 바뀐다. 부부관계가 되면 남녀관계를 사회적으로 보장받는다. 그런데 보장을 받으면서 긴장감이 사라져버린다. '이제 내 꺼, 이제 니 꺼'라는 확신이 들면 아슬아슬한 맛이 사라지는 것이다.

'부부관계'라는 말은 종종 '섹스관계'를 에둘러 표현하는 말로 쓰이기도 한다. "부부관계가 어떤지요?"라는 말은 속칭 속궁합이 어떠한가라는 뜻을 간접적으로 묻는 것이다. 부부란 제도적으로 섹스를 합법적으로 허용받는 관계이자 아이를 낳아 기를 책임과 권리를 부여받는 관계다. 그런데 '부부관계'라는 말을 들으면 기분이 어떤가? 안심이 되는가? 안정감이 드는가? 그런 감정만 든다면 아직은 초보 부부일지도 모른다. 어쨌거나 이것만큼은 다들 공감하지 않을까? 부부관계라는 말보다는 남녀관계란 말이 좀 더 설렌다는 것을.

'결혼'이라는 제도적 틀에 기대지 않고도 '한 남자 한 여자 사이의 관계'를 이어갈 수 있을까? 결혼이 없이도 남녀관계는 당연히 맺을 수 있다. 우리 사회의 성적 개방성, 관계 개방성이 진화하는 속도를 보면 이런 변화는 예상 외로 빨라질 수 있다. 통계청의 '2014년 사회조사'에 의하면 국민 41퍼센트가 결혼을 필수라고 여기지 않는다고 한다. 게다가 30대에서는 무려 51퍼센트가 이렇게 여긴다고 한다. 지난 십여 년 동안 크게 늘었다. '결혼을 하지 않는 것이 좋다'는 비율이 2퍼센트라고 하니 그나마 아직 다행이라고 할까?

적어도 그 장점과 단점, 그리고 위험을 알고 결혼이라는 제도 속으로 걸어 들어가자. 그리고 제도가 보장해주는 부부 이전에 맺었던 남녀의 속성을 잊지 말자. 우리는 결혼 이전에 남녀관계를 맺은 것이다. 결혼이 남녀관계를 보장해주지는 않는다.

제도가 보장해주는

부부관계에 안주했다가는

당신의 남녀관계는 위기로 치닫는다.

'아이'보다 '부부'가 먼저다
: 사랑하지 않는 핑계

남녀관계를 부부관계로 변하게 하는 것은 결혼이고, 부부관계가 더 이상 남녀관계가 아니게 만드는 것은 '아이의 존재'인 경우가 대부분이다. 남녀가 부부로 변한 것도 모자라 이제 부부가 부모가 되면서 역할 구조가 완전히 바뀐다. 남녀가 부부가 되고, 부모가 되고, 가족이 되는 것이다. "가족끼리 어떻게?"라는 농담 아닌 농담이 생길 정도로 가족이라는 틀은 남녀관계의 짜릿짜릿함을 사라지게 하고 부부관계에 대한 아련한 기대감조차 파괴해버리는 경우가 많다. 아이가 태어난 후 종종 엄마가 겪는 우울증이나 아빠가 겪는 소외감이 이런 심리를 대변한다.

물론 아이를 낳고 키우는 것은 인생의 가장 큰 기쁨 중의 하

부부도, 자식도 서로 독립된 개체다.
'아이' 먼저 이전에 '부부'가 먼저다.
부부 사이, 남녀 사이의 건강한 관계를 회복하는 게 먼저다.

나다. 아이를 낳는 그 순간에 느끼는 희열은 그 어떤 것에도 비하기 어렵다. 마치 자신이 조물주가 된 것 같은 축복을 느낀다. 아이 키우기란 단순히 키우는 게 아니라 자라는 아이의 눈으로 세상을 다시 한 번 살아보는 것과 같다. 아이와 함께하며 생기는 그 수많은 깨달음의 순간, 배움의 순간, 통하는 순간, 사랑의 순간에서 느끼는 기쁨이란 너무나 생생하다. 부부만 있을 때는 미완의 가족 상태라 봐도 좋다. 아니 아직 가족이 아닐지도 모른다. 영어에서도 '패밀리(family)'란 아이가 있어야 쓰는 말이다. 아이가 생기면서 새로운 역학이 생기고 가족의 틀이 완성되는 것이다.

하지만 집에서 아이가 항상 먼저가 될 수는 없다. 어른의 보살핌이 없으면 생존 자체가 불가능한 어린 아이 시절에는 물론 언제나 '아이를 돌보는 게 가장 먼저'다. 하지만 이윽고 아이는 독립적인 개체가 되고 스스로 결정권을 행사하는 주체가 된다. 부모란 아이가 스스로 크게 도움을 주는 역할이자 그 과정을 함께 즐거워하는 존재다.

아이에 대한 집착은 잘못된 사랑 때문이다. 좋은 말로 '자식 사랑, 교육열, 내리사랑'이라고 하지만 방향이 잘못된 사랑이다. 부모 역할에 치여서 부부 중심이 되지 못하거나, 부부 역할에 치여서 남녀 중심이 되지 못하는 것은 정말 불행이다. 왜 아이가 먼저가 될까? 여기에는 어떤 심리가 작용하는 걸까?

+ 왜 아이를 자신의 분신으로 생각하는가? _'아바타' 심리

+ 왜 자식을 통해서 자신의 못 이룬 꿈을 이루려고 하는가?

  _대리보상 심리

+ 왜 아이를 끝없이 보살피려고 하는가? _존재감 입증 심리

+ 왜 아이를 제 품에 끼고 있으려 드는가? _소유욕

+ 왜 아이를 제 뜻대로 설계하려 하는가? _컨트롤 욕구

+ 왜 자신의 허전함을 아이를 통해 채우려 하는가? _사랑 결핍증

+ 왜 아이를 앞세우는가? _공격 심리

+ 왜 아이를 핑계 삼는가? _방패 심리

아이가 먼저인 집을 보면 나는 많이 언짢아진다. 그런 경우를 직접 목격하게 되면 더욱 언짢아져서 속에서 열불이 날 정도다. 두 가지 점에서 그렇다. 첫째, 그 부부를 위해서 절대로 안 좋고, 둘째, 그 아이들을 위해서는 더욱 절대로 안 좋기 때문이다. 아이가 먼저인 집은 자연스럽지 않다. 어딘가 불안하다. 어느 누구도 진정 독립하지 못한다. 어느 누구와도 건강한 관계가 성립되기 어렵다.

'아이 먼저' 행동은 대개 엄마로부터 시작되고 아빠에게로 전염된다. 엄마는 몸으로 아이를 창조했고, 엄청난 고통으로 아이를 출산했고, 잠을 설치며 아이를 돌봤고, 이후에도 아이의 삼시 세끼와 입성과 공부를 보살피며 아이의 곁에서 가장 오랜 시간을

보낸다. 그러니 엄마에게는 '아이 먼저'라는 생각이 더 들 수 있다. 이미 어른인 아빠보다 어린 아이가 먼저인 것은 당연할지도 모른다. 하지만 왜 아이들이 스스로 커가도록 하지 못하는가? 왜 때로는 방해까지 하는가?

'맹모삼천'이나 '신사임당상'을 권유하는 것도 모자라, '치맛바람'이라는 조어를 만들어내고, 그것도 모자라 '엄친아, 엄친딸(엄마 친구 아들, 엄마 친구 딸)'이라는 말로 불가능한 아들·딸의 허상을 만들어놓고, 온갖 완벽한 스펙을 쌓기를 강요하며 아이들을 세뇌시키려는 세태는 정말 문제다. 아이들을 위해서라고 하지만 부모의 이기심이나 공명심 때문에 빚어지는 현상이며, '가문의 영광'이라고 하는 잘못된 허상이 작용해서 생기는 현상이고, 그 깊은 속에는 부부 사이의 공허함이라는 깊은 문제가 자리하는 현상이다.

그중에서도 부부의 공허한 관계는 가장 큰 변수다. 부부 사이에 남녀관계가 꾸준히 이어지지 못하면 마음이 텅 비고, 그 텅 빈 공간에 자리할 무언가가 필요해진다. 아이는 가장 손쉬운 대체 대상이 될 수 있다. 부부 사이에 남녀관계가 꾸준히 이어지지 못하면 솔직히 할 일이 대폭 줄어들기도 한다. 시간 자체도 비게 되는 것이다. 그 남은 시간을 쏟아부을 수 있는 대상으로 아이를 택하는 것이다. 게다가 아이는 자신을 닮았다. 그러다가 위에서 열거한 심리들이 작동하는 것이다. 아이를 자신의 분신으로 생각하는 '아바타 심리', 못 이룬 자신의 꿈을 대신 이뤄보겠다는 대리 보상 심리, 아이를 끝없이 보살핌으로써 자신의 존재감을 입증하려는 심리, 어릴 적처럼 아이를 품에 끼고 싶어 하는 소유욕, 마음대로 만들고 싶어 하는 컨트롤 욕구, 아이를 통해 사랑의 결핍을 채우려는 심리, 아이를 앞세워 상대를 공격하려는 심리, 아이를 핑계로 삼는 심리 등 다 건강하지 못한 심리다. 남녀가 사랑하지 않는 이유를 아이로 핑계를 삼지는 말자.

한 통계에 의하면 결혼을 하고 나면 행복지수는 남녀 공히 는다고 한다. 행복지수 만점을 10점으로 봤을 때 남자가 약 2.5점 늘고 여자가 약 2.2점 는다니, 결혼은 확실히 인생의 행복한 사건인 모양이다. 남자의 행복지수가 좀 더 느는 것을 보면 결혼이 남자에게 평안함을 주는 것도 사실인 모양이다. 문제는 2년 후다. 여자의 행복지수는 2년이 지나면 다시 결혼 전으로 돌아간단다. 결혼이 환상이었음을 깨닫는 여성들이 그만큼 많다는 것이리라. 그런데 흥미롭게도 아이가 생기고 나면 행복지수는 다시 올라간다고 한다. 상대 대신 아이를 사랑의 대상으로 택하게 되는 이유를 알 만도 하다.

본질을 직시하자. 남녀관계에서 아이란 필수불가결하지 않다. 우리 문화는 남녀가 만나면 아이는 당연히 가져야 하는 것으로 상정하나 꼭 그렇지 않다는 것이다. 아이를 갖고 싶어도 못 갖는 불임 때문이 아니더라도 스스로 아이를 택하지 않는 남녀들도 많다. 요즘처럼 아이 키우는 데 돈이 너무 많이 들어서 '아이 낳을 수 있는 귀족, 두 아이 낳을 수 있는 귀족'이라는 말까지 나오는 세태에서 아이를 선택하지 않는 커플은 점점 늘어갈 것임에 분명하다.

만약 아이 키우기에 대한 철학이 건강해진다면, 만약 아이와 부모 사이의 관계에 대해서 건강한 상식이 자리 잡는다면, 만약 '아이 먼저'가 아니라 '부부 먼저, 남녀 먼저'라는 가치관이 우리 사회에 뿌리내린다면, 아마도 아이 낳기에 대한 무서움도 좀 줄어들지 않을까? 내가 쓴 『한 번은 독해져라』에서 부모자식 간의 건강한 관계의 기준을 쓴 적이 있는데 여기에 옮겨본다.

+ 서로 독립된 개체로 대한다.
+ 서로 다를 수 있음을 전제한다.
+ 서로 각자의 선택을 존중한다.
+ 부모란 자식의 홀로서기를 지켜봐주는 존재다.
+ 나를 잠깐 동안 보살펴주는 존재가 부모다.
+ 각기의 독립성이 서로의 관계를 보전한다.
+ 부모 자식은 마음으로 이어지는 상호관계다.

이렇게 되기 위한 조건 중의 하나가 부부 사이에 남녀관계를 회복시키는 것 아닐까? 내가 농담처럼 하는 말이 있다. "부부가 먼저인 집이 되어야 아이들이 외로워하고, 외로워해야 빨리 독립해요!" 나는 우리 부부가 독립적인 성향이고 평소 남녀관계에 대해서 그다지 로맨틱한 이야기를 하지 않는 편이기 때문에 혹시나 딸들이 남녀관계에 대해서 부정적이지나 않을까 싶었는데, 의외로 짝을 빨리 찾아내는 걸 보고 솔직히 부모의 입장으로서는 안심이 되었다. 아이들이 짝을 찾으면 부모로서는 일단 심적, 정신적, 시간적, 물질적 부담이 크게 줄어든다. 무슨 문제가 생긴다면 이 아이들은 우리들보다 자기 짝을 먼저 찾을 게 분명하기 때문이다. 그 시절 내가 그랬듯이 말이다. 아이들도 부모보다 '짝이 먼저'가 되는 게 자연스럽다.

물론 이 이론이 항상 적용되는 것은 아닐 것이다. 부모에 대한 실망 때문에 짝을 빨리 찾을 수도 있고, 충분히 맛보지 못한 사랑에 대한 갈망 때문에 짝을 빨리 찾을 수도 있을 것이다. 하지만 부모가 남녀로서 둘만의 이야기, 둘만이 갖는 은밀함, 둘만이 갖는 끈끈한 연대를 갖고 있음을 느끼는 아이들은 '짝에 대한 로망'을 크게 키우지 않을까?

아이는 '흘러가는 가족'이지만
짝은 그 이전에도 그 이후에도 함께하는 존재다.
아이들이 짝을 잘 찾도록 당신의 짝을 소중히 여겨라!

'일'보다 '사랑'이 먼저다?
: 타이밍을 놓치는 위험

그렇다면 일과 사랑 사이에는 어떤 우선순위가 있을까? 일보다 사랑이 먼저인가? 아니면 사랑이 일보다 먼저인가? 이 의제는 고민해볼 만하다. 커리어를 추구하는 이 시대 남녀들의 고민이 만만치 않기 때문이다. 치열한 생존경쟁과 살벌한 약육강식이 벌어지는 커리어의 세계에서 어떻게 살아남고 어떻게 이어가고 어떻게 성공하느냐가 의식을 온통 사로잡고 있다. '일은 필수, 사랑은 선택'이라는 말이 나올 정도로 커리어에 대한 집념이 강하다.

'워커홀릭'으로 알려져 있는 내가 이런 말을 하는 게 어색해 보일지는 모르겠으나, 이토록 커리어 집념이 강한 트렌드가 바람직한 것인지 모르겠다. 때로는 지나치다는 생각도 든다. 물론 이해 못 할 바는 아니다. '위기의 일자리' 상황이 워낙 심각하다. 먹고살기 자체가 힘든 것이다. 취업이 안 될지도 모르고, 제때 승진 못했다가 밀릴지도 모르고, 실직할지도 모르고, 재취업이 안 될지도 모르고, 조기 은퇴를 강요받을지도 모르니 보통 문제가 아니다. 일을 통해 자신의 꿈을 펼치고 자아를 성취하려는 욕구가 무척 강한 세대이기도 하지만, 커리어에 대한 집착은 실패에 대한 두려움을 넘어 거의 공포의 수준에까지 이른 게 아닌가 할 정도다.

하지만 다른 한편, '일의 성공'이 곧 '인생의 성공'은 아니라는 인식도 커지고 있다. 왜 커리어에 목을 매야 하느냐, 왜 꼭 하나의 커리어에만 매달려야 하느냐, 인생이 길어짐에 따라 2모작, 3모작도 가능한데 왜 '해야 하는 일'만 하고 살아야 하느냐, '하고 싶은 일'을 할 수 있는 방법은 무엇이냐 등 새로운 삶의 방식을 모색하는 욕구들도 분출한다. 인생에는 일만이 아니라 다른 중요한 것들이 엄청나게 많건만 왜 커리어에만 집중해야 하느냐, 새삼 의문하는 것이다. 이러한 트렌드 속에서 사랑, 가족, 대안적 삶의 방식에 대한 모색이 활발해지는 현상은 아주 바람직하다.

내가 가장 많이 받는 질문 중의 하나가 "일과 가정을 어떻게 양립시켰나?" "커리어우먼으로서 커리어와 사랑 사이의 균형을 어떻게 잡았나?" 하는 것이다. 사실 이런 질문에 정답이란 없다. 항상 잘 듣는 묘수도 없다. 내가 통상적으로 하는 답은 "닥치면 그냥 다 하게 돼 있어요" 또는 "절실하면 뭔가 방법이 찾아져요" 같은 것이다. 하지만 나름대로 자신의 원칙을 세워놓는 것은 필요하다.

나의 짝과 나는 오랫동안 연애를 하면서 일종의 묵계가 있었다. 주로 커리어에 대한 것이었다. '서로 도움이 되지는 못할지언정 방해가 되지는 말자. 하고 싶어 하는 것을 못 하게 하지는 말자. 각기 홀로 서자' 등. 하지만 구체적인 사항까지 다 만들어놓을 수도 없었고 또 미리 다 예측할 수도 없었다. 막상 현실 상황에 부닥치니까 실전 요령들을 어떻게 세워야 할지 그때마다 쉽지 않은 일이었다.

커리어와 사랑은 성격이 다르다. 커리어란 근본적으로 '경쟁'이 전제되고, 남녀관계란 근본적으로 '협력'이 전제된다. 커리어란 아무리 협력을 하더라도 '혼자'서 하는 것이고, 사랑하기란 둘이 '같이'하는 것이다. 그렇다면 커리어와 사랑, 두 활동의 공통점은 무엇일까? '몰입이 필요하다는 것 그리고 24시간 작업이라는 것'이다. 관건은 이 차이점과 공통점이 엮어내는 가능성과 딜레마 가운데에서 어떻게 현명한 방법을 찾을 것인가다.

경쟁은 살벌하고 믿을 수 없지만, 협력은 평안하고 믿을 수 있다. 커리어의 경쟁이 우리를 피곤하게 만든다면, 남녀관계의 협력은 우리를 쉴 수 있게 해준다. 하지만 커리어란 결국 혼자 해야 하는 일이기 때문에 '둘 중 누구의 커리어가 먼저인가?'라는 질문에 부닥치는 상황이 꼭 오기 마련이다. 커리어와 사랑의 공통점, 즉 몰입이 필요하고 24시간 작업이라는 공통 특성 때문이다. 물론 24시간 계속 일하는 것은 아니지만 24시간 중 몰입이 필요한 시간에 몰입할 수 있는가, 문제가 터졌을 때 출동할 수 있느냐, 말하자면 '언제나 대기할 수 있느냐'란 만만한 과제가 아니기 때문이다. 24시간 내내 사랑만 하는 것은 아니지만 남녀관계란 바랄 때, 필요할 때, 원할 때 같이 있어줘야 성립된다.

게다가 가장 큰 문제가 있다. 커리어 몰입이 필요한 시기와 사랑 몰입이 필요한 시기가 대개 겹친다는 사실이다. 10대는 아직 좀 여유가 있다고 하더라도 20대에는 이 문제가 본격적으로 시작되고, 30대와 40대로 넘어가면 풀어나가야 할 과제들은 더욱 많고 복잡해지니 훨씬 더 풀기 어려워진다. 연애야 거리낌 없이 시작한다 하더라도, 특히 지속을 전제로 하는 남녀관계를 선택할 때에는 이 딜레마가 떠오른다. 하기는 바로 이런 걱정 때문에 연애조차 시작하지 못하는 남녀들도 적지 않다. 고민해야 할 일이 한두 가지가 아닌 것이다. 세 가지 방향으로 짚어보자.

첫째, 누구의 커리어가 먼저인가?

대개는 우리 커플처럼 "다 중요하지요. 각기 자기 일을 해야 하는 게 당연하거니와, 외벌이는 불안하니 맞벌이를 지원해줘야 지요"라고 답할 것이다. 하지만 그게 어디 그리 쉬운가? 학창 시절에 훗날이 너무도 기대되던 친구가 결혼 후 자신의 커리어를 포기하고 완전히 배우자 서포터 역할만 하는 걸 보고 "그 친구 참 아까워!" 하며 안타까워했던 경험이 있을 것이다. 여자일수록, 일찍 결혼이라는 제도 속으로 걸어 들어간 친구들일수록, 배우자의 사업이 클수록, 배우자의 노동력이 절대적으로 필요한 일을 할수록, 배우자가 속칭 잘나가는 출세 가도를 달리는 경우일수록 이런 상황이 많이 생긴다.

물론 여자들만 이런 것은 아니다. 남자들의 경우도 먹고사는 일을 하느라 자기가 하고 싶은 일을 못 하는 경우가 90퍼센트 이상은 될 것이다. 생활이 된다는 이유로 본인이 원치 않았던 일을 하는 경우는 부지기수고, 본인이 원치 않음에도 불구하고 할 수 없이 가업을 이어가야 하는 경우도 있고, 일단 '커리어 사다리'를 탄 이상 올라가는 도리 외에는 없다는 사람들도 있다. 그래도 어떤 경우든 남자들은 커리어 자체를 포기하지는 않는다.

그러다 보니 한쪽이 커리어를 아예 포기하거나 항상 양보하는 처지에 놓이는 상황이 왕왕 생긴다. 언젠가 폭발할 개연성이 높은 폭탄을 안고 사는 셈이다. 왜 커리어에서 일정한 성공을 거두고 나면 남녀관계가 깨지는 경우가 많을까, 의문해본 적이 있는가? 꼭 유명 스타들의 사례를 거론하지 않더라도 이런 사례는 부지기수다. 그동안의 고생을 뒤로 하고 편히 살게 되었건만 왜 이제 와서 헤어질까? 아이들이 크기를 기다렸던 걸까? 참다 참다 이제는 더 못 참겠다는 걸까? 물론 성공한 사람이 한눈을 파는 경우도 있지만, 그동안 양보하고 포기해왔던 사람이 더 이상 못 참겠다고 하는 경우도 많다. '이제 나의 길을 가야겠다, 포용하지 못하겠다면 갈라서자, 더 이상 계속 기다리는 삶, 혼자 하는 삶을 계속 할 수 없다'고 절규하게 되는 시점이 오는 것이다.

둘째, 지금은 누구에게 더 힘을 실어줘야 하는가?

첫째 질문에 '둘 다 중요하다'라는 답을 하는 사람들이라면, 이 둘째 질문으로 치환시키는 것이 좋다. 타이밍을 놓치지 않기 위해서 어느 시점에 누구에게 더 힘을 실어줄 것인가에 대한 합의를 하는 것이다. 물론 쉽지 않지만, 쉽지 않기 때문에 더 협력하는 것이다. 남녀관계의 전제가 '협력'이라는 사실이 아주 소중해지는 대목이다.

커리어에 집중하느라 전혀 남녀관계에 신경을 못 쓰는 타이밍도 있기 마련이다. 자기 시간이 자기 시간이 아닌 사람들이다. 큰 조직에서 일을 하는 사람, 호흡이 빠른 일을 하는 사람, 팀워크로 일해야 하는 사람, 상명하복의 위계가 철저한 조직에서 일하는 사람, 프로젝트 마감에 걸려 집중이 필요한 사람 등이 자칫 남녀관계를 위기 상황으로 몰고 가는 사람들이다.

관건은 '지금'에 대한 두 사람의 해석이다. 충분히 이해할 만한가? 지나치게 계속되지는 않는가? 중간 중간 호흡을 조절하고는 있는가? 커리어에 몰입을 하더라도 여전히 나와의 관계를 더 우선적으로 여기고 있는가? 경고 신호를 감지하는가? 옐로카드, 레드카드를 내놓으면 정신을 차리긴 하는가? 원칙을 세우는 것도 중요하지만 서로의 반응을 민감하게 살펴야 하는 사안들이다.

셋째, 커리어 변화에 대해서 어떤 태도를 보일 것인가?

여자나 남자나 인생의 어느 시점에서 커리어를 바꾸고 싶어 하지 않는 사람은 이 세상에 하나도 없을 것이다. 쳇바퀴 같은 일에 질려서, 더 이상 하고 싶지 않은 일을 해야 하는 것에 질려서, 더 이상 해야 하는 일에 온통 매이는 것에 질려서, 더 이상 하고 싶은 일을 하지 못하는 게 한스러워서 변화를 모색하는 것이다. 물론 현재의 커리어에 한계가 와서 변화를 모색하는 경우도 많다. 이러할 때 당신은 당신의 선택에 대해서 또한 짝의 선택에 대해서 어떤 태도를 보일 것인가? 변화란 곧바로 불안정을 가져오고 자칫 위험조차 초래할 수 있을 텐데, 당신은 반대할 것인가 아니면 이윽고 성원할 것인가?

이런 상황에서 남녀관계의 뿌리가 얼마나 튼튼한지 드러날지도 모른다. 얼마나 깊은지 얼마나 얕은지, 얼마나 단단한지 얼마나 푸슬푸슬한지 알게 될지도 모른다. 평소에 우리는 짝을 완전히 믿을 수 있는 내 편으로 생각하지만, 그 '내 편'이라는 것이 어떤 의미인지 다시 생각해보게 되는 것이다. 나의 짝은 나의 선택보다 우리의 관계 유지를 앞세울지도 모른다. 나의 짝은 '나의 선택과는 다른, 둘의 선택이 되어야 한다'고 생각할지도 모른다. 나의 짝은 나의 생각을 돌려놓으려고 갖은 애를 쓸지도 모른다. 이런 상황에서 당신은 어떤 선택을 할 것인가?

커리어와 사랑의 균형 문제는 평생 동안 시시때때로 모습을 바꿔가면서 과제로 떠오르고 우리에게 수많은 복잡한 질문들을 던진다. "남녀가 같은 분야의 일을 하는 게 좋으냐, 다른 분야의 일을 하는 게 좋으냐? 동업을 해도 괜찮으냐? 협업을 할 수 있느냐? 같은 분야에서 일을 한다면 성격이 같은 일을 해도 괜찮은가? 아니면 성격이 다른 일을 선택하는 게 좋은가? 급여가 적더

라도 시간적으로 안정적인 일을 택해야 하는 것이 아닌가? 스트
레스가 심한 직종이라면 일을 바꿔야 하는 것이 아닐까? 이번에
는 내가 양보하는 게 맞지 않을까? 이번에는 당신이 양보해야 하
는 게 아닌가? 내가 선택한 이 길을 과연 우리가 같이 걸을 수 있
을까?" 이 모든 질문에 당신은 어떻게 답할 것인가?

커리어보다 사랑이 먼저라고?

+ 꼭 그렇지는 않다.

+ 아니, 꼭 그렇지는 못하다.

+ 아니, 꼭 그래야 할 필요는 없다.

사랑보다 커리어가 먼저라고?

+ 꼭 그렇지는 않다.

+ 아니 꼭 그렇지는 못하다.

+ 아니, 꼭 그래야 할 필요는 없다.

사랑과 커리어는 같이 갈 수 있나?

+ 물론이다. 두 사람의 시간 속에 잘 배치하면 된다

+ 조건이 있다. 어느 한 쪽이 양보해줘야 한다.

+ 아니다. 근본적으로 사랑과 커리어는 양립하기 어렵다.

우리는 한 가지 답만 가지고 있지는 않다. 경우의 수에 따라 이 모든 답을 넘나든다. 인생의 단계에 따라 다른 답을 선택할 수도 있고, 어떤 남녀관계의 상황이냐에 따라서 다른 답을 선택할 수도 있다. 한 가지 답으로만 자신을 몰아가지 말자. 커리어보다 사랑이 먼저일 수도 있고, 사랑보다 커리어가 먼저일 수도 있고, 사랑과 커리어가 같이 갈 수도 있다.

커리어에 대한 요즘 젊은이들의 불안은 충분히 이해할 만하다. 사랑은 다시 올 수도 있을지 모르지만 커리어는 지금 당장에 나의 모든 것을 투입하지 않으면 잃을지도 모른다는 불안이다. 이런 관점으로 본다면 '커리어는 필수, 사랑은 선택'일지도 모른다. 하지만 누가 아는가? 그 커리어란 지금 당장은 너무도 중요해 보이지만, 인생을 길게 보면 그리 중요하지 않을지도 모른다. 사랑은 또 올지 몰라도, 이 사람과의 사랑은 다시 오지 않을지 모른다. 서로의 커리어를 격려하는 관계, 그것이 진정한 남녀관계다. 부디 '타이밍의 묘'를 살려보라!

커리어가 사랑을 망가뜨려서도 안 되지만
사랑이 커리어를 망가뜨려서도 안 된다.
서로의 커리어를 격려하는 관계, 그것이 남녀관계다.

언제나
남녀관계가 먼저다

"남녀관계가 튼튼해져야 우리 사회가 건강해진다!" 나는 가끔 이렇게 얘기하곤 한다. 이런 말을 하면 "아니 답지 않게 무슨 보수적인 발언인가?"라는 비판을 들을 때도 있고, "아니, 남녀관계가 무슨 사회운동인가?"라는 비판을 들을 때도 있다. 체제 유지를 위해서 결혼과 아이 낳기를 장려하고 이혼을 불허하는 국가주의적 사고 아닌가, 남녀 간의 숭고한 사랑을 어떻게 사회 문제와 엮느냐 하는 반론인 것이다. 나는 웃는다.

그런데 진짜로 나는 이렇게 생각한다. 집안 문제의 대부분이 부부가 현실 속의 사랑을 하지 않을 때 심각해진다. 아이 교육에 그리 매달리는 것도, 아이의 미래에 집착하는 것도 남녀 간의 관계가 허전하기 때문에 더 심해진다. 이혼율이 높아지는 것을 격정할 것이 아니라 '현실 사랑법'을 배우지 못한 남녀가 사랑하지 않으면서도 그대로 주저앉아 살면서 서로를 괴롭히는 상황을 더 걱정해야 할 일이다. 남녀가 일상적으로 반복하는 불화가 오히려 아이들의 소외감, 방황, 가정 폭력 등 더 큰 가정 문제들을 낳기 때문이다.

남녀관계가 건강한 사람들은 일하는 의욕도 높아진다. 심리적 안정감 덕분이리라. 성적 충족감, 자존감이 높이지는 것은 물론이다. 물론 하나보다 둘을 위한 책임감이 높아지기 때문이기도 할 것이다. 조직을 위해 일하는 게 아니라 자신과 가족을 위해서 자발적으로 일하고 싶어지는 것이다. 사랑이 커리어를 도와주는 경우가 이럴 때 만발한다.

물론 실패한 사랑, 깨진 남녀관계 덕분에 엄청난 작업을 창조해낸 이들도 있다. 사랑 에너지가 높은 만큼이나 깨진 사랑의 에너지도 높은 모양이다. 이 세상의 많은 위대한 사랑 이야기들이 맺어진 사랑보다 결국 맺어지지 못한 사랑을 그린다. 이 세상의 모든 인간적 갈등을 그린 이야기, 말하자면 질투, 배신, 복수에 관한 많은 이야기가 깨진 사랑, 흔들리는 남녀관계로 인해 생기는 상황을 그린다. 하지만 위대한 창조 작업을 하려고 부러 사랑에 실패하고 남녀관계를 흔드는 사람은 설마 없지 않겠는가? 오히려 이렇게 생각해야 할 것이다. 깨진 사랑의 슬픔, 깨진 남녀관계의 아픔은 깊은 흔적을 남기지만, 인생에 생생한 에너지를 준다고. 또한 사랑에 완벽하게 빠져보고 남녀관계에 완벽하게 충실해봐야 실패의 슬픔과 아픔을 제대로 맛볼 수 있다고.

남녀관계가 너무도 중요함에도 불구하고 남녀관계를 왜곡시키는 문화는 너무도 많다. 우리 사회의 지나친 출세주의, 조직주의, 가문주의, 성공주의, 돈 지상주의, 권력 지상주의들이 그것들이다. 아니, 닭이 먼저인지 달걀이 먼저인지, 남녀의 관계가 튼튼치 못해서 그런 척박한 문화가 극성을 부리는지도 모른다.

오해는 하지 말자. 남녀관계가 튼튼하다고 해서 흔들리지 않는다는 것은 결코 아니다. 우리가 인생 곳곳의 갈림길에서 흔들리듯이 남녀관계는 끊임없이 흔들린다. 돌부리에 넘어지고 장애물에 채이고 바람에 흔들린다. 살랑대던 미풍이 언제 찻잔 속 태풍이 될지, 언제 평지풍파가 되고 언제 폭풍으로 변할지 모르는 것이 남녀관계다. 하지만 언제나 남녀관계가 먼저다. 사랑이 먼저다. 사랑하기가 먼저다. 현실 속에서 사랑하는 법을 배우자.

언제나 남녀관계가 먼저다.
경쟁과 협력 사이에서, 로망과 현실 사이에서
어떠한 남녀관계를 이어갈 것인가?

2장

정말,
이 사람인가?

내 짝을
변별하는 법

관계의 '바닥선'을 판단하는
8가지 기준

'생각'이란 녀석은 참으로 깨씸하다. 끊임없이 회의를 불러오니 말이다. '이 길이 아니라 그 길을 가야 하는 것 아니었을까? 이 일이 아니라 저 일을 해야 하는 것 아니었을까?' 같은 의문쯤이야 그러려니 할 수도 있다.

그런데 '이 사람인가?' 하는 의문에 이르면, 참으로 괴로워진다. 사람에 대해서 이런 의문을 한다는 게 찜찜한 것이다. 너무 재는 것 아닐까, 너무 까다로운 것 아닐까, 너무 따지는 것 아닐까 하는 생각이 들면서 의문을 하는 나 자신이 싫어지고, 너무 회의주의에 빠지는 것 아닌가 싶기도 하다. 앞에 있는 사람에게 미안해지고, 사람에 대한 믿음을 배신하는 게 아닌가 하는 자책감마저 드는 것이다.

하지만 우리는 '이 사람인가?' 하는 의문에서 벗어날 길이 없다. 이 의문은 비단 연애할 때만 생기는 것이 아니다. 결혼을 결심할 때만 생기는 것도 아니다. 동거를 선택할 때만 생기는 것도 아니다. 결별을 고민할 때만 생기는 것도 아니다. 이혼을 고민할 때만 생기는 것도 아니다. 살면서 문득문득 회의가 드는 것이다. '정말, 이 사람인가?'

'미래를 알 수 있다면 얼마나 좋을까?' 우리는 부르짖곤 한다. 불안이 싫어서, 확신이 들지 않아서, 선택하기가 너무도 힘들어서 하는 말이다. 1년 후, 3년 후, 5년 후, 10년 후, 20년 후, 30년 후가 걱정되는 것이다. 그때도 이 사람이랑 함께하고 있을까? 갈라서진 않았을까? 갈라서진 않았어도 속을 끓이며 생지옥처럼 살고 있는 건 아닐까? 이런 고민 자체가 들지 않게 하는 사람은 아예 아무 부담이 안 되는 사람이니 걱정할 게 없다. 문제는, 사실 거의 모든 사람이 한 번쯤은 이런 고민을 들게 한다는 데에 있다.

'이 사람은, 아니다'라는 결론을 얻기란 상대적으로 쉬운 편이다. 가슴으로 끌리지 않고 머리로 당기지 않는 사람을 판별하기란 애써 노력하지 않아도 이윽고 결론에 이르게 되기 마련이다. 그런데 '이 사람이다!'라는 판단을 내리기란 참으로 어렵다. 그렇게 확신할 수 있는 경우가 얼마나 될까? 아마도 '이 사람인지도 몰라. 그런가, 아닌가?' 하는 게 대부분의 경우라는 것이 맞을 것이다. 전공이나 진로를 택하기 위해 'O · × · △' 표를 그리며 체크리스트를 만들어볼 때, '아니다'라는 선택에 대해서는 금방 '×××'를 그리지만 'OOO'를 그리며 '이거다' 하게 되기란 어려운 것이나 마찬가지다. 하물며 사람 일이니, 더욱 모르겠는 것이다.

결국은, 모른다. 우리는 많은 경우 잘 모르고 사랑을 선택한다. 100퍼센트 미래를 안다면 선택을 한다는 것 자체가 무슨 의미가 있겠는가? '열 길 물속은 알아도 한 길 사람 속은 모른다'라는 속담은 진리다. 물론 그 사람이 그럴듯하게 과장하거나 감춰서 속아 넘어가는 경우도 있겠지만, 사람 일이라서 우리는 다 알수가 없다. 왜? 첫째, 사람이란 그 어떤 상황에 부딪쳤을 때 비로소 진면목이 드러나기 때문이고, 둘째, 사람은 계속 변하고 진화하기 때문이며, 셋째, 사람의 속이란 워낙 넓고 깊기 때문이다.

모르고 하는 선택은 때로 저주가 된다. 첫째 이유 때문일 것이다. 그 상황에 부딪쳐볼 때가 되어서야 그 사람의 본색을 파악하게 되는 것이다. "설마 이럴 줄 몰랐다, 그때는 전혀 몰랐다, 이렇게 변할 줄은 몰랐다. 이렇게 허무하게 깨질 줄은 몰랐다, 이런 사람일 줄 상상도 못했다"라는 말이 자주 나오는 것을 보면 사람에 대해 잘 모르고 하는 선택이란 저주 쪽으로 기우는 경우가 많은지도 모른다.

하지만 모르고 하는 선택 자체가 축복이 될 수도 있다. 다 알면 선택 자체를 절대로 하지 않게 될 테니, 적절히 모르는 게 약일 수도 있다. 또한 누가 아는가? 이렇게 근사한 사람일 줄 몰랐을 수도 있다. 그 상황을 맞닥뜨려보니까 잘 몰랐던 이 사람의 '천사 표' 본질이 등장할지도 모른다. 모르고 했던 선택을 축복으로 만들 수 있는 가능성도 있다. 바로 둘째 이유, 즉 사람은 계속 변하고 진화한다는 사실, 그리고 셋째 이유, 사람의 속이란 넓고도 깊다는 사실 덕분이다.

우리는 최대한 축복이 될 수 있는 선택, 가능하면 저주로 빠지지 않을 만한 선택을 하고 싶다. 그래서 선택의 기준이 필요하다. '왜 이 사람인가?'에 답할 수 있는, 기댈 수 있는, 믿을 만한 그 어떤 기준이다. '이 사람인가?' 하는 의문은 결코 피할 수 없는 것이니 만큼 자기 나름대로의 이유를 댈 수 있으면 우리의 선택에 대해 덜 불안해질 수 있는 것이다.

짝을 선택하면서 무엇을 보는가? 매력? 장래성? 안정성? 가능성? 변수들은 수없이 많다. 성격, 성향, 취향, 취미, 장점, 단점, 강점, 약점, 머리, 감정 능력, 감정 조절 능력, 멋, 맛, 스타일, 체력, 건강, 얼굴, 몸매, 표정, 말소리, 웃음소리, 우는 모습, 버릇, 재산, 경제 능력, 역량, 일, 교육, 경력, 집안, 과거, 꿈 등. 그런데 이 모든 것을 하나하나 따져봐야 하는 건가? 이런 항목들은 나름 중요할지 모르지만, 이런 식으로 세세하게 구분해서 기준을 세우는 것은 바보 같은 짓이다. 사람에 대해서 정량적으로 세울 수 있는 기준은 없기 때문이다.

그렇다면 어떤 기준이 좋을까? 나는 "바닥선이 무엇인가?"라는 질문을 권한다. '바닥선(bottom line, 직역하면 바닥선이지만 의역하자면 이것저것 따져봤는데 이게 결론이라는 뜻이기도 하다)'이라는 말도 좋고 '최저선'이라는 말도 좋다. 또는 '최소 기준'이라고 해도 좋고 '근본 가치관'이라 해도 좋다.

대체로 사람들은 '최상, 최고, 최적'을 택해야 한다고 생각하지만, 사실 절대적으로 따져봐야 할 것은 '최소한의 기본'이다. '바닥'이 어디인지 알아야 하고 '기본'이 무엇인지 알아야 하고 '바탕'이 어떤 모양인지를 파악해야 하는 것이다. 왜 그런가? 첫째, 그 바닥선 아래로 더 떨어지지 않을 거라 기대할 수 있다. 둘째, 그 바닥선은 시작하는 출발선이 될 수 있다. 셋째, 그 바닥선부터는 더 올라갈 일밖에 없다. 넷째, 사람은 끊임없이 변하지만 바닥선만큼은 잘 변하지 않는다.

'썸'을 타건, 간을 보건, 연애를 하건, 교제를 하는 중이건 간에 '이 사람인가?'라는 의문을 하는 남자 여자는 상대의 바닥선뿐 아니라 자신의 바닥선에 대해서 생각하고, 파악하고, 분석하고, 판단하고, 분별하고, 종합하고, 결론을 내리는 과정을 밟아나간다. 감정보다는 이성이 작동하는 과정이다. 물론 이 과정에서도 감정적 판단 역시 상당 부분 작용한다. 우리의 이성이란 감정과 함께 움직이며, '이 사람인가?' 같은 심정적 의문에 대해서는 더욱 주관적인 이성적 판단이 작동하기 때문이다.

그럼 어떤 바닥선을 어떻게 체크해봐야 할까? 이 장에서 우리는 남녀관계의 기준으로 제시한 여덟 가지, 섹스·스킨십·돈·살림·말·지혜·시간·공간의 문제와 관련해서 나와 너의 바닥선을 어떻게 점검할 것인가에 대해 생각해볼 것이다. 어떤 질문을 해야 하는가? 어떻게 직접적으로 또는 간접적으로 이 사람의 근본을 헤아려볼 것인가? 이는 남녀관계의 여덟 가지 기준을 공유할 수 있을 만한 사람인가를 분별하는 작업이다. 우리는 서로에게 맞는가? 맞춰갈 만한가? 우리는 길게 갈 수 있는가? 우리는 깨지지 않을 수 있나?

이런 것을 뭉뚱그려서 표현하는 우리 문화의 전통적 개념이 있다. 바로 궁합이다. 궁합(宮合), 참 얼마나 근사한 말인가? '우리 각자는 우주의 한 조각, 즉 궁(宮)을 차지하고 있고, 또 다른 한 조각을 찾아 합(合)을 이룬다'는 뜻이니 말이다. 사람의 생년월일, 즉 사주(四柱)가 궁의 합을 품고 있다는 설을 믿건 안 믿건, 그 뜻만은 무척 의미심장함을 인정하지 않을 수 없다. 다만 우리는 남이 해주는 사주풀이에 기대하는 것이 아니라 우리의 합리성, 체험, 분석력, 판단력, 분별력, 통찰력을 통해 너와 나 사이에 어떠한 궁합이 가능한가를 체크해보는 것이다.

상대의 바닥선을 어떻게 확인할 것인가? 나의 바닥선을 어떻게 확인할 것인가? 너와 내가 공유할 수 있는 바닥선을 어떻게 확인할 것인가? 섹스·스킨십·돈·살림·말·지혜·시간·공간을 따라가면서 다음의 근본 질문을 던져보자!

+ **섹스** 섹스메이트로 즐겁고 소울메이트로 성장할 수 있는가?
+ **스킨십** 너와 나의 마음·정신·영혼의 접속이 이뤄지는가?
+ **돈** 경제파트너로서 성실하며 재산파트너로서 공정한가?
+ **살림** 우리의 공동 프로젝트는 무엇이 될까?
+ **말** 우리의 가치관은 서로 공명하는가?
+ **지혜** 너와 나는 서로 거울 역할을 하게 될까?
+ **시간** 우리는 계속 같이 놀고 싶어 할까?
+ **공간** 우리는 같은 공간에서 부대낄 수 있을까?

이런 질문의 바탕에는 다음과 같은 근본 의문들이 깔려 있다. 너의 좋은 점은 무엇이고 나쁜 점은 무엇인가?(성격) 너의 강점은 무엇이고 약점은 무엇인가?(능력) 너의 장점은 무엇이고 단점은 무엇인가?(기질) 네가 하고 싶어 하는 것과 하고 싶어 하지 않는 것은 무엇인가?(성향) 너의 우선순위는 어떤 것인가?(가치관) 너는 어떤 상황을 어떤 태도로 대하는가?(태도) 너는 어떤 일을 할 수 있는가?(역량) 너와 나의 꿈은 어디에서 만나는가?(소망) 너는

'왜 이 사람인가?'
우리는 최대한 축복이 될 수 있는 선택,
가능하면 저주로 빠지지 않을 선택을 하고 싶다.

어떤 이야기를 들려줄까?(감성) 물론 여기에서 '너'를 모두 '나'로 바꿔볼 수 있음을 독자들은 금방 깨달을 것이다. 우리는 너에게 질문하면서 나에게 질문하는 것이다.

각기 답하기 쉽지 않은 질문들이다. 상대를 까칠하게 들여다보는 질문들일 수도 있다. 하지만 아주 중요한 점이 있다. 이런 의문을 하는 가운데 어쩔 수 없이 자신의 본질도 들여다보게 된다는 사실이다. 가치관, 성향, 취향, 소망, 콤플렉스, 장점과 단점, 강점과 약점 같은 것들이 온전히 드러난다. 성적 취향, 돈에 대한 생각, 일에 대한 생각, 가족에 대한 생각, 교육에 대한 생각, 정치에 대한 생각, 집에 대한 생각, 성공에 대한 생각, 과거 경험에 대한 생각 등도 이윽고 드러난다. 결국 이렇게 묻는 그 과정에서 무엇보다도 자신이 성숙해지는 것을 느끼게 될 것이다. 상대의 성장 여지를 가늠해볼 뿐만 아니라 자신의 성장 여지를 가늠해볼 수 있는 것이다.

궁극적으로 '너와 나는 같이 자랄 수 있을까?'라는 의문에 대한 자신의 판단을 갖게 된다. 한 사람의 성장이 다른 사람의 성장으로 이어진다면, 얼마나 근사한 화답인가? 그런 화답을 기대하면서 상대의 바닥선과 자신의 바닥선을 흥미롭게 점검해보자.

섹스 · 스킨십 · 돈 · 살림 · 말 · 지혜 · 시간 · 공간을
공유할 남녀관계를 맺을 만한지

너와 나의 바닥선을 점검하라!

흥미롭게 또 진지하게.

첫째, 섹스
: 소울메이트인가, 섹스메이트인가?

섹스는 남녀관계의 기본이다. 기본 중의 기본이다. 짝을 맞춰
보는 데 있어 가장 중요한 항목이 아닐 수 없다. 남녀 사이에서 섹
스는 절대적이다. 몇백 년 전에 로미오와 줄리엣이 만났을 때도
바로 섹스에 돌입했으며, 춘향과 몽룡이 만났을 때도 바로 섹스
에 돌입했다. 내가 아직 섹스라는 존재를 제대로 몰랐던 시절에
고전 영화 「로미오와 줄리엣」을 보고 충격을 받았던 기억이 난다.
로미오는 신화에 나올 만한 꽃미남이라 그럼직했는데, 줄리엣은
청순하기 이를 데 없는 얼굴에 어찌 그리 가슴이 풍만하던가? 게
다가 둘의 침실 장면에서는 공연스레 나 혼자 얼굴을 붉혔다. '아,
그렇구나!'

『춘향전』은 열녀상과 권선징악을 그리는 이야기라고 알고
있다가 원전을 알고 나면, 특히 판소리를 듣고 나면 그 성적 묘사
에 깜짝 놀라게 된다. 솔직하고 대담하게 원초적 본능에 충실하
다. '아, 이래서 남녀상열지사(男女相悅之詞)라는 말이 생겼구나!'라

는 생각이 저절로 든다. '남자와 여자가 서로 기쁘게 한다'니 참으로 멋진 표현이 아닐 수 없다. 이 말은 조선의 사대부들이 남녀 간의 정감을 담은 고려가요를 빗대어 썼던 말이라 하니 우리 문화에 '운우지정(雲雨之情)' 묘사의 전통이 무척 깊은 것임을 알 수 있다. '남녀상열지사'나 '운우'라는 우리말은 '섹스'라는 생물적인 어휘보다 얼마나 의미심장한가?

섹스의 존재를 알고 난 후에 또는 섹스의 희열을 알고 난 후에 이 세상이 완전히 달라 보이는 경험을 한 적이 있을 것이다. 이 세상이 섹스라는 것에 의해 뒤덮여 있고, 영향을 받고, 전개되는 것을 깨달았던 순간이 기억나는가? 실제의 첫 경험만큼이나 놀라운 정신적 충격의 순간이었을 것이다. '아, 세상을 좌지우지하는 것은 바로 섹스구나!'

하지만 일상에서 우리는 섹스라는 말을 거의 쓰지 않는다. '섹스'라는 말은 영화나 소설이나 드라마나 예능이나 광고나 대중잡지에서나 나오는 말이다. 실제 남자 여자 사이에서는 그렇게 적나라한 어휘를 쓰지는 않는다. 기껏 '섹시하다'라는 말을 입에 담는다 하더라도 '섹스'라는 말까지는 좀 그런 것이다. 이 남자, 이 여자를 '섹스메이트'라고 부르다니 그건 너무 저속하다고 느껴지는 것이다. 그래서 우리는 대신에 '소울메이트(soulmate)'라는 말을 쓴다.

'소울메이트'란 '영혼의 동반자'라는 뜻인지라 입에 담기 훨씬 더 수월하다. 멋있게 들리고 의미 있게 느껴지기도 한다. 하지만 남녀관계에서의 소울메이트란 섹스메이트라는 뜻도 내포한다. 한 남자, 한 여자가 사랑에 빠질 때는 몸과 영혼이 같이 작동하면서 날아오르는 느낌과 깊어지는 느낌이 동시에 가능해지는 것이다. 섹스와 소울은 같이 간다. 남녀관계에서 섹스의 기쁨 없이 소울메이트라고 확신하기란 불가능하다. 소울메이트의 가능성을 느끼거나 기대하는 단계일 뿐이다. 물론 불행하게도 또는 다행스럽게도, 환상적인 섹스메이트라고 해서 곧 소울메이트가 되는 것은 절대로 아니다.

이렇게 중요한 것인데도, 옛 사람들은 섹스에 대한 궁합을 맞춰보지도 않고 짝을 잘도 정했다. 세 가지 전제 때문이었을 것이다. 첫째, 섹스는 번식에 필요한 것이지만 대개 어떠한 남녀든 섹스의 기쁨에 대해서 눈을 뜰 것이라는 전제다. 둘째, 법도에 의한 관계가 다른 어떤 남녀관계의 속성보다 우세하다는 전제다. 셋째, 여자들의 섹스 욕구는 약하고 수동적이며 남자들의 섹스 욕구는 강하고 공격적이라는 전제다.

세 가지 전제 모두 틀렸다는 것을 지금의 우리들은 잘 안다. 첫째, 섹스의 기쁨을 체득하지 못하는 남녀들이 의외로 많거니와 그러한 사람들의 공허함은 무엇으로도 채우지 못하며 그래서 방황하게 되고 종종 파국으로 치닫는다. 둘째, 남녀관계는 법도로써만 지속되지 않으며 법도로 누르다가 종국에는 비극적 결말로 깨지는 상황이 많다. 셋째, 남성 여성에 대한 차별이 여전히 존재함에도 불구하고 섹스에 대한 금기는 여성 남성을 막론하고 깨졌다는 것이다(물론 그렇지 않은 문화권도 있기는 하다). 세월은 달라졌다. '혼전 순결'을 강조하는 대신에 '안전한 섹스'를 가르치고, '혼외 정사'를 단죄하던 간통법이 '개인의 성적 결정권 존중'이라는 명분하에 폐지되었다. 잠자리 거부가 법정에서 이혼 사유로 인정받는다.

그러나 여전히 '섹스'라는 과제는 온전히 개인적인 과제다. 아무리 성 문화가 개방적이 되고 성 담론이 활발해졌다 하더라도 마찬가지다. 개개인의 욕구와 주관적인 만족도와 바람이 다르기 때문에 객관적인 잣대가 있을 수 없다. 우리는 섹스라는 과제에 대해 각자 다음과 같은 질문을 해야 할 것이다. 자신과 상대의 생각과 감정을 더듬어봐야 한다.

+ 소울메이트라고 느낄 수 있을 정도로 괜찮은 섹스메이트 인가?

+ 깊은 남녀관계로 진전시킬 만큼 어울리는가?

+ 섹스의 희열에 빠져서 소울메이트로 오인하고 있지는 않은가?

+ 원초적 본능에 빠져서 허우적대고 있는 것은 아닌가?

+ 우리는 각자의 성적 결정권을 존중할 수 있는가? ('내가 자유

로우면 네가 자유롭다. 네가 자유로우면 내가 자유롭다'라고 할 수 있

는가?)

+ 질투는 어떠한 경우에 발동하는가?

+ 배신과 복수에 대한 태도는 어떤 것인가?

+ 이른바 '섹스리스 커플'의 가능성을 어떻게 보는가?

+ 성적 성실성, 성적 정직성에 대한 기준은 어떤 것인가?

+ 성적 성숙도, 성적 성장에 대한 태도가 열려 있는가?

이런 질문들을 할 수 있는 것도 서로에 대한 강렬한 끌림이 있어야 가능하다. 원초적인 본능에 끌리지 않으면서 남녀가 이성으로서 끌린다는 것은 불가능하기 때문이다. 한 가지 사실은 확실하다. 섹스의 환희 상태에 빠져 있을 때 어떤 결단을 하는 것은 무척 위험하다는 진실이다. 역사상 많은 사랑 이야기들이 남녀가 완벽하게 눈이 맞은 상태에서 설렘과 몰입과 흥분과 전율로써 저질렀던 사건들이었음을 잊지 말자. 호르몬의 작용을 영혼의 이끌림으로 인식하는 존재가 인간이기에 저지르는 실수도 적지 않음을 인식하자는 것이다.

남자와 여자의 성 구분, 성 역할 구분, 성적 욕구 차별도 더 이상 의미가 없다. 나에게 적용되는 잣대는 너에게도 적용되고, 너에게 적용하는 잣대는 나에게도 적용해야 하는 것이다. 섹스가 절대적인 변수일 뿐 아니라 섹스로 인해서 빚어지는 모든 변

수들을 생각해야 하는 것이 남녀관계다. 이런 터프한 질문들을 용기 있게 마주하라. 소울메이트로서의 가능성이 활짝 열릴지도 모른다.

소울메이트로서의 가능성을 품고

섹스메이트로 시작하는 것이

남녀관계의 원초적 본질이다.

둘째, 스킨십
: 당신의 스킨십은 몇 도인가?

스킨십이란 다양한 의미를 내포한다. 우선적으로 남녀 간의 온갖 접촉을 아우르는 말이다. 키스라는 말을 일상에서 쓰기는 어색하고 뽀뽀라는 말은 너무 아이처럼 보이니, 스킨십이라는 표현이 안성맞춤이다. 손잡고, 팔짱 끼고, 무릎 맞대는 '살짝 터치'부터 포옥 안고 안기는 '감성 터치', 성적 교감이 생기는 '깊은 터치'까지 다 아우를 수 있으니 여러 용도로 쓸 수 있다.

그런가 하면 스킨십이라는 말은 '마음의 접촉'의 뜻을 담고 있기도 하다. '친하다, 친하게 느껴진다, 친밀하다'라는 뜻을 담으면서 언뜻 '킨십(kinship, 친족 관계)'이라는 말을 연상시킬 정도로 느낌이 좋다. 영어권에서는 남녀관계에서 '인티머시(intimacy, 친밀감)'라는 말을 흔히 쓰는데, 아마도 스킨십에 훨씬 더 너그러운 문화인지라 오히려 감정을 담는 표현을 더 선호하는 게 아닌가 싶다.

부모와 아이 사이의 접촉에도 스킨십이라는 말을 쓰곤 한다. 어릴 적 스킨십이 많아야 아이가 정서적으로 안정될 수 있으니 많이 안아주고 품어주라고 한다. '프리허그(free hug)'로 모르는 사람들끼리 껴안아주며 서로를 위로하고 감정을 주고받으며 다친 감정과 상처를 치유하자는 사회적 운동이 등장하기도 한다. 바야흐로 스킨십 예찬 시대가 아닌가 싶도록 온 사방에서 스킨십 얘기가 나온다.

섹스로 엮인 남녀관계에서도 스킨십은 무척 중요한 변수다. 스킨십이라는 행위가 딱히 몸의 행위만이 아니라 마음에서 우러나는 행위로 해석되기 때문이다. 적절한 스킨십 없이 섹스에 돌입하거나 섹스 후의 다정한 스킨십이 없으면 사랑에 미숙한 사람 또는 사랑 없는 섹스만 밝히는 사람으로 간주되기 십상이다. 영화 「귀여운 여인」에서 길거리 매춘을 하는 줄리아 로버츠는 당당하게 리처드 기어에게 말했다. "섹스는 해도 키스는 안 한다"라고. '스킨십을 생략한 섹스는 매매춘'이라고 정의하는 셈이다.

섹스가 동물의 쾌락적 번식 본능의 발현이라면, 스킨십은 생명체의 접촉 본능의 발현이다. "신은 온 세상에 있을 수 없어 대신 어머니를 주셨다"라는 말이 있는데 엄마의 따뜻함에 대한 고마움을 표현하는 말이다. 이를 빗댄다면, "신은 두 인간 사이에 섹스의 축복을 주셨을 뿐 아니라 모든 인간 사이에 스킨십의 축복을 주셨다"고 말할 수 있다. 섹스가 아니더라도 스킨십은 인간의 따뜻함을 상징하는 것이다.

인간의 체온이 36.5도라는 것이 얼마나 고마운가? 냉혈도 열혈도 아닌 온혈 동물이라는 것이 얼마나 다행인가? 그리고 손뿐 아니라 팔도 어깨도 가슴도 입술도 볼도, 그리고 눈도 있어서 얼마나 다행인가? 스킨십은 몸의 어느 부분을 쓰느냐에 따라 수없는 방식으로 상대에 대한 관심을 표명할 수 있다. 우리가 평소 가장 많이 쓰는 스킨십은 눈이다. 눈빛에 모든 감정이 담기고 눈길에 관심의 방향이 담긴다.

여성이 스킨십이 풍성한 편에 비해 남성은, 스킨십을 섹스와 연관시켜서 그런지는 몰라도 스킨십에 인색한 편이다. 물론 이것은 문화와 관련이 있다. 서구 문화권의 커플들이 수시로 안고 뽀뽀하고 껴안고 다정한 눈길로 바라보는 것을 보면 그것이 아무리 겉모습뿐이라 할지라도 부럽다. 오가는 스킨십 속에 오가는 정을 느낄 수 있다. 언제부터 우리가 이렇게 스킨십을 열망하고 또 스킨십에 관대해졌는지 신기할 정도지만, 이 현상은 나쁘지 않다. 서로의 따뜻함에 대한 갈망을 나타내는 잣대이기 때문이다.

인간으로서의 관심, 인간으로서의 애정을 표현하는 가장 확실한 방법이 스킨십이다. 과연 이 사람과 몇 도의 스킨십을 주고받을 수 있을 것인가? 그 체온은 변하지 않을까? 이 사람의 멘탈은 스킨십과 함께 진화할 것인가? 우리는 이런 질문을 할 수 있을 것이다.

+ 이 사람은 내 눈을 그윽하게 들여다보는가?

+ 이 사람은 어떨 때 눈이 촉촉해지는가?

+ 이 사람의 스킨십에서 느껴지는 온도는 몇 도인가?

+ 내가 전하는 스킨십에 통하는 감이 오는가?

+ 어떠한 상황에서 스킨십이 생기는가?

+ 마음에서 우러나는 따뜻함이 묻어나는가?

+ 우리의 스킨십은 살아 있는가?

+ 우리의 스킨십은 매너리즘에 빠졌는가?

+ 우리의 스킨십은 멈춰버렸는가?

+ 어떠한 스킨십이 우리에게 남아 있는가?

남녀 간의 섹스가 멈춰도 스킨십은 살아 있을 수 있다. 남녀 간의 스킨십이 살아 있으면 섹스도 가능해진다. 남녀관계의 핵심은 섹스지만 진화된 남녀관계의 핵심은 스킨십일 것이다. 생명의 자연스러운 발현이다. 안아줄 사람, 손잡을 사람, 나를 바라봐줄 사람, 바라볼 사람, 보고만 있어도 좋은 사람, 기댈 사람, 우리는

'너와 나는 같이 자랄 수 있을까?'
나의 성장이 너의 성장으로 이어질 수 있다면,
얼마나 근사한 화답인가?

스킨십에서 이런 것들을 기대하는 것이다.

스킨십이 시작될 때 관계가 시작된다.

스킨십이 멈추면 관계가 멈춘다.

생명의 본능이 스킨십이다.

셋째, 돈
: 재산파트너인가, 경제파트너인가?

남녀관계의 가장 강력한 변수 중 하나가 '돈'이다. 남녀관계를 맺어주는 주요한 변수이기도 하지만 남녀관계를 깨뜨리는 가장 큰 변수가 돈 문제이기도 하다. 끊임없는 갈등의 소지가 되는 것도 돈 문제이기 십상이다.

돈 문제에 대해서라면 우리 모두 가장 솔직해져야 한다. 그런데 가장 솔직해지지 못하는 것이 또 돈 문제라는 것은 아이러니다. 돈 문제에 솔직해져야 하는 이유를 생각해보자. 첫째, 돈 문제는 '어차피' 드러나게 되어 있으며, 둘째, 돈 문제는 근본적인 태도의 차이에서 비롯되고, 셋째, 다행스럽게도 돈 문제는 풀어나갈 수 있는 과제이기 때문이다.

경험상 다들 알고 있을 것이다. 돈 문제는 '숫자'에 관련된 사안이기 때문에 속이려야 속일 수 없는 사안이다. 당분간은 감춰둘 수 있을지 모르지만 이윽고 드러나게 되어 있다. 돈 문제를 감추려다 생기는 온갖 비극들이 뉴스를 어지럽히는 것을 많이 봤을 것이다. 돈 문제란 사는 방식에 대한 태도의 문제에서 비롯된다는 것 역시 다들 알 것이다. 수입과 지출의 균형을 어떻게 맞추느냐 하는 것은 기술의 문제가 아니라 태도의 문제다. 바로 이 사실 덕분에 돈 문제는 솔직하고 정직하기만 하면 해법을 찾을 수 있는 가능성도 높아진다. 갈등의 소지가 되기도 하지만 상생의 단서가 되기도 하는 것이다.

속물적이라고 할까, 현실적이라고 할까, 이 시대의 선남선녀들은 돈에 밝다. 지나치게 계산적이라고 할 만큼 재고 따진다. 이해는 간다. 경제 상황이 나빠지고 있기 때문이다. 위기의 경제 상황이 풀릴 기색은커녕 취업은 힘들고 평생직장은 사라지고 자칫하면 실직하거나 조기 은퇴를 당하는 시대이니, 돈 문제가 남녀 관계를 맺느냐 마느냐를 결정짓는 가장 큰 변수가 될 정도다. 결혼율이 뚝 떨어지는 것도 결혼 연령이 점점 높아지는 것도 돈 문제와 직간접적인 관계가 있다.

그런데 돈 문제에 대해서 우리는 과연 현명한 태도를 익히고 있는 걸까? 안타깝게도 대부분의 사람들은 다음과 같은 성향을 갖고 있다. 첫째, '가진 돈, 버는 돈, 받을 돈'에 대해서만 잔뜩 신경을 쓴다. 둘째, '벌 돈, 쓸 돈, 나눌 돈'에 대한 개념에는 느슨한

편이다.

　사실 '가진 돈, 버는 돈, 받을 돈'보다 훨씬 더 중요한 것은 '벌 돈, 쓸 돈, 나눌 돈'에 대한 개념이다. 전자는 '과거의 돈'으로 주체성이 불확실한 돈이고, 후자는 '미래의 돈'이자 주체성이 확실한 돈이기 때문이다. 말하자면, 현재 내가 가진 것은 이미 확보한 것으로 언제나 잃어버릴 수 있는 돈이고, 남이 줄 돈은 결코 믿을 수 없는 돈이거나 쉬운 돈이다. 쉬운 돈은 언제나 쉽게 잃어버릴 수 있다.

　반면 미래의 돈은 아직 실현된 것이 아니기에 '노력이 필요한 돈'이다. 노력이 필요하다고 생각되면 노력을 하게 되는 것이 인지상정이다. '미래의 돈'에 대한 생각에는 우리의 가치관이 온통 녹아 있다. '벌 돈'에 대한 개념은 '노동과 작업'에 대한 우리의 가치관을 반영한다. '쓸 돈'에 대한 개념은 '소비'에 대한 우리의 가치관을 반영한다. '나눌 돈'에 대한 개념은 우리의 공정함에 대한 가치관을 반영한다.

　나는 『한 번은 독해져라』에서 자신의 '돈에 대한 태도'를 점검하는 몇 가지 기본적인 질문을 제시했다. 돈의 규모에 대한 태도로 보면 다음의 네 가지가 있다. '돈이란 많으면 많을수록 좋다. 쓰고 싶은 것보다 돈이 더 많았으면 좋겠다. 쓰고 싶은 것보다 돈이 약간 적어도 괜찮다. 돈에 구애받지 않고 무엇이든 하고 싶다.' 돈이 필요한 이유에 대해서는 여섯 가지로 나누어볼 수 있다. '생존을 위해서 돈이 필요하다. 즐기기 위해서 돈이 필요하다. 체면을 지키려면 돈이 필요하다. 권력을 행사하려면 돈이 필요하다. 하고 싶은 일을 하기 위해서 돈이 필요하다. 독립을 위해서 돈이 필요하다.'

나의 성향은 '돈은 쓰고 싶은 것보다 약간 모자란 것이 좋다, 돈은 독립을 위해 필요하다'는 기조다. 약간 모자라야 열심히 더 일하려 할 테고, 경제적 독립은 나의 독립을 위한 최소한의 조건이라는 이유에서다. 나는 일을 하면서 독립적으로 살기는 하겠으나 돈을 많이 벌 체질은 못 된다는 뜻이다. 나한테 맞는 짝의 성향은 어떤 사람일까, 열심히 생각해보기도 했다.

돈 문제에 대해서 우리 커플의 소신은 아주 뚜렷하다. '돈에 관련된 대화는 가능하면 짧게 끝낸다. 돈에 관련된 대화를 피하지는 않는다. 각자의 경제적 독립은 중요하다. 살림에 쓰는 돈은 반반으로 부담한다. 각자가 부담할 수 있을 만큼 내놓고 최소한의 기본 살림으로 꾸린다. 각자가 따로 얼마나 돈을 쓰든 간섭하지 않는다. 윤기를 흐르게 하는 돈 쓰기는 여유 있는 쪽에서 쓴다.' 오랜 시간 동안 이런 기준들을 쌓아온 우리 커플은 나름대로 공정한 편이고 절제하는 편이고 상당히 독립적인 편이다.

그럼에도 불구하고 여전히 우리 사이에서도 돈 문제에 대한 논쟁이 벌어진다. "가사 노동에 대한 기여 부분을 어느 수준으로 인정해야 하느냐? 받을 돈에 대해서 왜 더 강하게 주장하지 않느냐? 왜 그냥 부담해버리고 마느냐? 왜 따지지 않느냐? 그러면서 왜 나에게는 따지느냐?” 같은 것들이 전형적인 논쟁의 주제며. 우리가 사는 동안 계속될 논쟁거리임에 틀림없다. 시시때때로 논쟁을 해보니 적절 수위가 어느 정도인지 대충 알게 되었다. ‘이제 논쟁을 끝내야 할 때’라는 판단이 들면 입을 다문다. 적어도 돈 타령이 되지는 않도록 노력하는 셈이다.

돈 문제는 중요하지만, ‘돈 타령’은 꼴불견이다. 남녀의 대화에서 돈이 주요한 주제가 되면 그 커플은 맺어지기도, 계속 가기도 어렵다. 뉴스를 어지럽히는 ‘혼수 분쟁, 속성 이혼, 재산 분할 분쟁’ 등이 다 ‘그 놈의 돈’ 때문이다. 속칭 ‘시집 잘 갔다, 장가 잘 갔다’는 사람들의 결혼 생활이 오래 못 가서 깨지는 경우가 있는데, 그 이유는 단순하다. 돈에 대한 태도가 어리기 때문이다. 경제적 독립에 대한 감각을 익히지 못한 것이다. 흥청망청 결혼 자금을 쓰거나 결혼 후 친가, 처가의 지원을 기대하거나, 언젠가 받을 상속을 기대한다면 누가 열심히 일하며 누가 실력을 키우며, 누가 독립적인 경제적 주체가 되려고 노력하겠는가? 결국은 다 까먹고 나서 ‘누가 잘못했니, 누구 게 더 많았니, 적었니’ 하면서 싸우게 되는 것이다.

그러니 “인생은 한 방이야!” 읊는 사람, 로또를 사대는 사람, 잘나가던 옛적을 곱씹는 사람, 모든 것을 돈으로만 환산하는 사람, 놀 때도 돈 계산 하는 사람, 돈 타령만 하는 사람은 모조록 조심해야 할 일이다. 우리 사회의 배금주의 또는 속물성은 지나친 편이다. 체면과 품위유지와 '사촌이 논을 사면 배가 아픈' 질시 문화의 영향도 크다. '아직도 한탕주의를 가능하다고 믿는 거품'이 존재하는 것도 무시 못 할 현상이고, '줄 잘 잡아서 신세 고쳐보겠다'는 인간의 오래된 욕망도 현실이니 말이다.

돈의 종류에 대해서 자신의 기준과 상대의 기준을 잘 체크해 보라.

+ '버는 돈(현 연봉)'으로 기준을 세웠다가는 채 3년이 못 갈지도 모른다.
+ '가진 돈(현 재산, 결혼 자금)'으로 기준을 세웠다가는 채 1년이 못 갈지도 모른다.
+ '받을 돈(상속, 증여 등)'으로 기준을 세웠다가는 오도 가도 못 하게 될지도 모른다.
+ '벌 돈(평생 벌이, 높낮이가 다른 수입)'으로 기준을 세우면 긴 시간을 조감할 수 있다.
+ '쓸 돈(생활비, 교육비, 품위유지비 등)'으로 기준을 세우면 지킬 분수에 떳떳해진다.
+ '나눌 돈(살림 유지, 재산 늘리기에 대한 기여)'에 기준을 세우면 싸울 일이 줄어든다.

남녀가 재산파트너로만 남아 있는 한 관계가 제대로 지속될 수가 없다. 같이 사는 남녀는 공히 경제파트너로서 역할을 해야 한다. '벌 돈, 쓸 돈, 나눌 돈에 대한 개념을 공유하는 사이가 될 수 있는가? 이 사람은 재산파트너인가, 경제파트너인가? 이 사람이 경제파트너로서 믿을 만한가'에 대해서 잘 체크해보라.

+ 재산파트너로 시작하면 '누가 잘했니, 잘 못했니' 싸움이 그치지 않을 공산이 크다.
+ 재산파트너로만 남아 있으면 서로를 공공의 적으로 보게 될지도 모른다.
+ 경제파트너로 시작하면 서로를 키울 수 있는 가능성이 커진다.
+ 경제파트너로서 상대를 인정하면 서로에 대한 신뢰가 커진다.

잊지 말자! 남녀관계에서는 다른 무엇보다도 '쓸 돈'에 대한 개념이 최고로 중요하다. 그것이 둘이 같이할 삶의 기준을 나타내기 때문이다. '벌 돈'에 대한 개념에 대해서는 서로를 도와주자. '나눌 돈'에 대한 개념은 서로 맞춰나가자.

중요한 것은 '가진 돈, 버는 돈, 받을 돈'이 아니라

‘벌 돈, 쓸 돈, 나눌 돈’에 대한 개념이다.

재산파트너보다 경제파트너로 짝을 이뤄라!

넷째, 살림
: 우리의 '공동 프로젝트'가 있는가?

남녀관계를 ‘빅 프로젝트’로 본다면 얼마나 큰 프로젝트가 될까? 남녀관계를 ‘롱 프로젝트’로 본다면 얼마나 긴 프로젝트가 될까?

서로 다른 두 사람이 모든 것을 같이 좋아할 수는 없다. 서로 다른 두 사람이 모든 것을 같이 싫어할 수도 없다. 서로 다른 두 사람이 모든 것을 같이할 수도 없다. 공통점을 나누면 남녀관계의 사랑과 신뢰가 쌓이고, 공동 프로젝트를 같이하면 남녀관계의 유대감이 쌓이고, 공동 프로젝트를 같이 기획하면 파트너십이 공고해진다. 같이하는 프로젝트가 있는 관계, 그것이 커플이다.

남녀가 같이하는 프로젝트는 일단 ‘살림’이 있다. 먹거리 마련하기, 생활비 마련하기, 집 간수하기, 집 마련하기, 아이 낳기, 아이 키우기, 아이들 교육하기, 가족 사교하기, 친척 사교하기, 친구 사교하기, 노후 대비하기, 건강 보살피기 등. 그런데 이것도 대분류일 뿐이다. 이 안에 들어 있는 소분류까지 하나하나 말로 하려면 리스트는 엄청나게 길어진다. 게다가 하루도 빠뜨릴 수 없는 일들이다. 둘만 있을 때는 게으름을 피울 수도 있고 당분간 회피할 수도 있지만 가족이 생기면 길게 게으름을 피울 수도 없는 일들이다. 시시포스(Sisyphos)의 굴레처럼 매일매일 우리가 짊어져야만 하는 프로젝트다.

남녀관계에서 살림에 대한 갈등은 '분업(分業)이냐, 협업(協業)이냐?'라는 이슈 때문에 나온다. 이른바 '내외(內外)'라는 전통적인 개념으로 나누면 갈등은 눈에 보이듯 뻔해진다. 남자가 바깥일은 알아서 할 테니까 여자에게 내조만 잘하라고 하거나, 여자가 일에 성공하려면 남자가 외조를 잘해야 한다는 식으로만 얘기가 끝나면 참 재미없다. 그렇다고 모든 일을 같이할 수 있는 것도 아니니 협업이라는 개념을 항상 적용하기도 쉽지 않다. 남녀관계를 본격적으로 전개할 결심을 한다면, '분업과 협업'에 대한 개념을 공유할 필요가 있다. 기계적으로 나눌 것이냐, 통념적으로 나눌 것이냐, 창조적으로 구상할 것이냐, 발상의 전환을 할 것이냐, 맞춤형으로 할 것이냐 등 생각해야 할 거리들이 많다.

인생을 좀 살아보니 살림 경영이 회사 경영이나 정부 경영보다 훨씬 더 복잡하고 또 미묘하다. 단순 반복인 것처럼 보인다면 그렇게 보려 드는 사람의 문제다. 집이란 삶의 에너지가 생성되는 곳이다. 살아가는 감성의 본질이 담겨 있는 곳이다. '살림'이라는 말에 담긴 다의적 의미처럼 정말 '삶의 기운'이 생동해야 하는 곳이다. 어떻게 창조적으로 살 것인가? 이 의문이 살림에 담겨 있는 것이다. 당신과 당신의 짝은 이 창조적 프로젝트에 상상력과 실천력을 발휘할 태세가 갖춰져 있는가?

더 나아가보자면, 남녀 사이에 살림만 공동 프로젝트가 되는 것은 아닐 것이다. 근본적으로 말하자면, 살림이라는 속성에 들어 있는 본질을 들여다봐야 한다. 살림의 주제를 '아이와 집과 돈과 일과 건강과 노후'만으로 보지 말자. '나와 너와 우리'라는 사람을 꼭 포함시켜야 한다. '먹을거리와 치장과 돈과 성적과 승진과 재산'과 같은 세속적이고 눈에 보이는 소재로만 살림을 보지 말자. 중요한 것은 '나와 너와 우리의 마음'이다. '마음이 풍요로워지는가, 정신이 성장하는가, 삶의 의미를 찾는가, 살아 있다는 기쁨을 누리는가' 같은 눈에 보이지 않는 것들이다. 눈에 보이는 것 이상으로 눈에 보이지 않는 것을 공유할 때 남녀 사이의 공동 프로젝트 가능성은 커진다. 이런 질문을 해보라!

+ 이 사람은 좋아하는 일이 있는가? 설령 지금 하고 있지 못 하더라도.

+ 이 사람은 어떤 꿈이 있는가? 설령 이루어지지 않는다 하 더라도.

+ 이 사람은 배우려 드는가? 설령 잘하지 못하더라도.

+ 우리가 같이하는 꿈은 어떤 것인가?

+ 우리가 같이 일한다면 어떤 일을 할 수 있을까?

+ 나의 일과 너의 일이 교감하는 지점은 어디인가?

+ '나의 프로젝트'와 '우리의 프로젝트'가 만나는 지점은 어디인가?

나의 테마 프로젝트와 우리의 테마 프로젝트가 교합하면 아주 즐거운 상황이 되련만, 가능성이 있을까? 무엇이 될 수 있을까? 중요한 것은 '서로 공유하는 관계'가 되는 것이다. 공유하는 관계란 '결정을 같이한다'는 뜻이기도 하다. 혼자 결정하고 나서 "당연한 거 아냐?"라고 반문한다면, 상대는 무시당한다는 생각이 들 뿐 아니라 실제로도 무시당한 것이다. 함께 살아가는 남녀관계가 된다는 것은, 나의 일이라 하더라도 나만의 일은 아닌 것이다. 나의 일도 우리의 공동 프로젝트가 되는 것이다.

한편이 너무도 원하면 따라가주는 것이 커플의 관계이기도 하다. 다만 중요한 것은 과정을 공유하는 것이다. 나의 일도 너의 일이 되고, 너의 일도 나의 일이 되고, 그리고 우리의 공동 프로젝트가 생기는 관계, 그런 과정을 통해 우리의 세계가 커지는 관계를 우리는 감당할 수 있을까?

같이하는 프로젝트가 있는 관계,

그것이 커플이다.

서로의 프로젝트에 관심을 나누는 관계,

그것이 커플이다.

다섯째, 말
: '정치적 올바름', 못 참는 게 무엇인가?

'정치적 올바름'이란 말은 'PC(Political Correctness)'라는 영어에서 나온 말이다. '정치'라는 표현이 들어가니 뭔가 무거운 말이라 생각할지 모르지만 실은 아주 쉬운 말이다. 한마디로 하자면, '사람 차별하지 말자!'는 뜻이다. 종족, 민족, 국가, 남녀, 종교, 계층, 지역, 직업, 지위, 재산, 사회적 약자, 사회적 소수자, 신체적 장애, 외모 등 사람 사이의 어떤 다름 때문에 차별하지 말자는 것이다. 즉 '정치적 올바름'이란 '인간으로서 인간에 대한 예의를 갖추는 품성, 태도, 말씨, 행동거지를 갖추었느냐?' 하는 뜻이다.

이른바 'PC 운동'은 1980년대 미국의 대학가를 중심으로 활발하게 전개되어 사회 전반적인 윤리적 수준을 올리는 데 기여했고, 이제는 대개의 민주화된 사회, 세계화된 사회에서 보편적인 잣대로 쓰인다. 관건은 일상생활에서 정치적 올바름이 얼마나 뿌리를 내리고 있느냐에 있을 것이다. 우리는 여전히 수많은 차별을 보기 때문이다. 흑백 차별, 백호주의, 아시아인 차별, 남녀 차별, 종교 대립, 지역주의, 성적 소수자에 대한 편견, 장애인에 대한 차별적 시선, 어린이에 대한 차별 등 다양한 문제들이 있다. 최근 문제가 되고 있는 '갑질'도 계층 차별, 직업 차별, 지위 차별, 금권력 차별이라는 점에서 정치적 올바름이라는 맥락으로 판단할 수 있을 것이다.

그런데 이 정치적 올바름과 남녀관계는 무슨 상관이 있을까? 남녀관계가 결별로 끝날 때 실은 '정치적 올바름'에 대한 기준이 달라서 문제가 불거졌을 경우가 많다. 무시하는 것, 존중하지 않는 것, 예의를 차리지 않는 것은 차별로 이어지고, 차별적인 말과 행동이 누적되면 결국 어떤 계기로 폭발한다. 더 이상 못 참겠는 것이다. 이혼 사유에서 통칭 '성격 차이'라고 불리는 것에는 '더 이상 못 참겠다!'라는 경우가 가장 많을 것이다. "뭐, 이런 경우가 다 있나? 내가 이런 사람과 살았던 것이냐? 도저히 더 이상은 못 참겠다!" 절규가 나오는 것이다.

'정치적 올바름'에 대한 기준을 확인하는 작업은 의외로 쉽다. 예를 들어보자. 데이트를 하다가 식당에서 종업원이 실수를 했는데 평소에는 있는 교양, 없는 교양 다 따지던 사람이 갑자기 돌변해서 온갖 지적질에 욕설까지 서슴지 않는 행동을 보인다면 당신은 어떤 생각이 들겠는가? 사실 우리가 어떤 사람의 내면을 알게 되는 것은 '그 사람이 나에게 얼마나 잘해주느냐'가 아니라 '그 사람이 다른 사람에게 어떻게 대하느냐'를 통해서인 경우가 많다. 지금은 이 사람이 저 사람을 대상으로 차별하고 있지만, 이 사람이 차별을 두는 대상이 언제 나를 향할지 모르는 것이다.

'말'은 이 점에서 가장 중요하다. '어떤 말을 쓰느냐, 어떤 말씨를 갖고 있느냐, 준비된 말을 하고 있느냐, 꾸미는 말을 하고 있느냐, 진심 어린 말을 하고 있느냐, 상투적인 말을 하고 있느냐, 자기의 말을 하고 있느냐' 등이 다 관찰 대상이다. 특히 돌발 상황에서 어떤 말을 하느냐가 그 사람의 깊은 속을 드러낸다.

사람은 사람에 불과한지라 모자라는 데도 있고 실수도 있기 마련이다. 그 누구도 완벽한 사람은 없다. 다만, 당신이 받아들일 수 있는 모자람과 실수가 어디까지인가가 중요하다. 이 점에서 당신이 '도저히 못 참겠는 바닥선'을 점검해보는 것이 유용하다. '당신이 못 참겠는 것은 무엇인가? 이 사람이 못 참아하는 것은 무엇인가?'를 파악해보라. 만약 그 사이에 심각한 간극이 있다면 오래가기 어렵다. 성격 차이란 좋아하는 것의 차이보다 싫어하는 것의 차이에서 드러나는 경우가 많기 때문이다. 사실 이런 차이는 성격의 차이라기보다는 인간성의 차이라고 보아도 좋을 것이다. '결이 다르다'고 표현하면 더 정확할까? 우리 각자는 우리 자신의 결에 맞는 사람을 선택할 필요가 있다.

나의 커플을 예로 들어보자. 나의 '옆 지기'는 '쓰레기 무단 투기, 교통질서 안 지키기, 공공공간에서의 소음이나 불손함' 등 공

공질서를 안 지키는 행동을 못 참는다. 그 자체로는 물론 올바른 태도라고 나는 평가한다. 남들에게 들이대는 잣대를 때로는 지나치게 고지식하다 할 정도로 자신에게도 고대로 적용하고 있으니 존경할 만도 하다고 여긴다. 그럼에도 불구하고, 그런 옆 지기에게 내가 못 참는 것이 있다. 남들이 벌이는 행태에 의해서 자신의 기분을 망칠 뿐만 아니라 그 일을 꼭 입 밖에 냄으로써 옆에 있는 내 기분까지 상하게 만든다는 것이다. "저 사람도 사정이 있을 수 있다, 우리가 어떻게 할 수 없는 사안에 대해서는 넘어가주자, 하나하나 지적할 수 없다"고 아무리 내가 얘기해도 참으로 고치기 어렵다.

　이런 간단한 사안이 무슨 정치적 올바름에 대한 사안이 되느냐고? 우리의 논쟁은 그 사안 이상으로 넘어갈 때가 많다. "개인

사정이 있다고 해서 질서를 지키지 않는 것은 잘못이다(남편). 다른 사람이 어떤 사정이 있다고 여겨주는 배려심이 부족하다(나). 지적을 하고 싶으면 바로 그때 그 사람에게 하는 게 좋다(나). 어떻게 문제가 있을 때마다 다 나서느냐(남편)? 왜 직접 지적하지 못하고 불평만 하느냐? 실천적이지 못하다(나)." 이렇게 논쟁이 번지는 것을 겪어본 사람들이 많을 것이다. 바로 '정치적 올바름'에 대한 논쟁인 것이다.

다행인 것은 우리 둘이 같이 절대적으로 못 참는 것들이 있다는 사실이다. 첫째, 우리 둘은 '비리, 부정부패, 부실' 같은, 내가 'ㅂ자 돌림병'이라고 불리는 것들을 못 참아한다. 둘째, 그 자리에 필요한 역량이 없는 사람의 무능함을 못 참아한다. 셋째, 자기 지위에 기대서 거들먹대는 것을 또 무척 못 참아한다. 이것은 확실히 '정치적 올바름'에 대한 사안들이다. 그러니 우리 둘이 뉴스를 보고 있으면 얼마나 같이 분노를 터뜨리겠는가. 이 분노의 시간이 우리를 묶어주는 게 아닌가 싶을 정도로 둘이 같이 TV 뉴스를 보면서 화를 터뜨리는 모습은, 내가 생각해도 아주 웃긴다. 나는 이런 사안들을 '우리 공동의 적'이라고 부르곤 하는데, 아마도 이 공동의 적이라는 존재가 우리 둘을 잘 묶어주고 있는 것이 아닐까도 싶다.

그렇다고 우리 커플의 '정치적 올바름'에 대한 기준이 절대적으로 일치하는 것은 결코 아니다. 예컨대, 동성애에 대해서 나는 개인적인 성적 취향의 차이라고 생각하며 전혀 개의치 않는다. '남들에게 해를 끼치는 것만 아니라면 취향 문제는 어떤 것도 괜찮다'라는 기조다. 그런데 남편은 머리로는 그렇다고 하지만 감정적으로는 여전히 불편해하는 기색이다. 영어권에서 '이성애자'를 '스트레이트(straight, 똑바른)'라고 하는 '정치적으로 바르지 않은' 표현이 있는데, 남편도 그 어휘에 영향을 받는 게 아닌가 싶다.

가치관이란 결국 '무엇이 먼저인가' 하는 우선순위의 문제다. 당신이 가장 이상적으로 생각하는 가치와 그 사람이 가장 이상적으로 생각하는 것이 일치한다면 그야말로 이상적인 교류가 될 것이다(물론 꼭 그런 것만은 아니라는 것이 남녀관계의 묘미이기도 하다). 만약 당신이 가장 못 참겠는 것과 그 사람이 가장 못 참겠는 것이 일치한다면 적어도 불행해지지는 않는 교류가 될 것이다.

남녀가 같이 살다 보면, '같이 살아서 얼마나 좋은가' 이상으로 '같이 살아서 얼마나 싫어지는가'가 관건이 되는 경우가 많다. 그 실마리가 되는 것이 바로 '정치적 올바름'에 대한 서로의 가치관이다. 인생은 여러 가지 사건들을 통해 우리의 정치적 올바름을 시험한다. 수용할 만한 차이인지, 받아들여줄 수 있는 차이인지, 서로 논쟁을 하더라도 인정할 수 있는 차이인지, 정치적 올바름의 바닥선을 점검해보라. 다음과 같은 의문은 피할 수 없다.

+ 이 사람은 은연중 사람을 차별하는가?

+ 이 사람은 은연중 사람을 평가하며 분류하는가?

+ 이 사람은 나에게 계속 어떤 가치를 강요하는가?

+ 이 사람은 나에게 어떤 가치관을 지지하자는 압력을 가하는가?

+ 나는 이 사람에게 '내가 못 참는 것'을 이야기할 수 있는가?

+ 이 사람은 내게 '자기가 못 참는 것'을 이야기할 수 있는가?

+ 이 사람은 어떠할 때 사람을 무시하는가?

+ 이 사람은 어떠한 상황에서 분노하는가?

아주 간단한 사건이 큰 그림을 보여주는 경우가 많다. 진중하게 앉아서 토론을 할 수도 있지만 오히려 간단한 말, 지나가는 말, 가볍게 부딪치는 일상의 에피소드에서 상대의 가치관과 기준을 파악하고 자신의 것들과 대조해보는 것이 훨씬 더 지혜로울 것이다.

남녀가 같이 산다는 것은
'같이 살아서 얼마나 좋은가'보다
'같이 살아서 얼마나 싫은가'가 관건이 될 때가 많다.
'정치적 올바름'의 가치관이 중요한 이유다.

여섯째, 지혜
: 우리는 '천적'인가, '거울'인가?

남녀관계를 '롱 프로젝트'라고 보면, 아마 인생 중 가장 긴 '롱롱 프로젝트'일 것이다. 일단 우리는 너무 오래 살게 되었다. 백 살까지도 바라보는 시대다. 평균 수명이 여든을 넘어가니 중간에 결별만 하지 않으면 최소 40~50년을 같이 살게 된다. 반세기 이상 한 사람과 살아야 한다니 상상이 되는가? '은혼식, 금혼식, 다이아몬드식' 등 갖은 기념식이 있던 시절과는 너무도 다른 상황이다. 아름다운 것은 아름다운 것이고 또 힘든 것은 힘든 것이다.

아이들이 자라는 시간은 길어봤자 20년 정도다. '품 안에 자식'이지 성인이 되면 부모를 보살펴주기를 기대하기는커녕 독립만 해줘도 감지덕지다. 그저 행복하게 살아주기를 바랄 뿐이고 불행하지 않기만 해도 감지덕지다. 결혼은커녕 연애를 해주기만 해도 감지덕지다. 아이를 낳아주기는커녕 짝만 찾아줘도 감지덕지다. 어느 새 품을 떠나고, 마음은 딴 데 가 있고, '사랑은 역시 내리사랑'이라는 말이 진실이라는 것을 확인하게 된다.

시작도 한 여자 한 남자이고, 남는 것도 한 여자 한 남자뿐이다. 그 긴 기간 동안 남자 여자는 몸을 섞고, 안아주고, 심정적으로 기대고, 내 편으로 믿고, 말을 나누며, 감정 싸움을 하고, 기 싸움도 하고, 공동의 프로젝트도 수행한다. 이 기나긴 기간 동안 서로에게 수많은 역할을 해준다. 남녀로서, 부부로서, 친구로서, 동료로서, 파트너로서, 애인으로서, 연인으로서, 대화 상대로서.

이런 여러 역할에다가 한 가지 더, '천적(天敵)'의 역할을 덧붙여보자. 남자 여자가 '천적'이 된다는 뜻은 무엇일까? 천적이 된다는 뜻은 여러 가지로 해석할 수 있다. 천적은 말 그대로는 먹고 먹히는 생태계의 먹이사슬을 이르는 말이다. 이런 천적이 있다는 것이 과연 나쁘기만 한가? 천적의 존재로 인하여 한 생명체의 생존 능력은 훨씬 강해진다. 가장 많이 드는 예가 '메기'다. 양어장에 미꾸라지들만 있으면 행동이 굼뜨고 약해지지만, 메기 한 마리를 넣으면 미꾸라지들이 더 튼튼하게 자란다고 한다. 만약 남녀의 관계를 천적 관계로 풀어본다면, 서로의 존재로 인하여 각기 더 튼튼하고 강해질 수 있는 가능성이 생긴다.

나는 우리 부부를 가끔 '천적'이라고 일컫는데, 우선 둘이 너무 달라서다. 우리는 체력적 조건도 해부학적 조건도 다르다. 게다가 기질이 무척 다르고, 성격도 무척 다르고, 성향도 다르고, 몸의 기능도 또 머리도 서로 다른 부분들이 발달되어 있다. 좋아하는 것도 다르고 싫어하는 것도 또 다르다. 물론 오랜 교류 끝에 서로의 단점, 약점, 실수, 징크스 같은 것도 서로 잘 알게 되었다. 그러니 어떤 상황에 닥치면, 특히 흔들릴 때, 그것이 감정적인 것이든 선택의 기로에서 고민을 하는 것이든 다른 목소리를 내줄 수 있다. 그것도 아주 적극적으로 다른 목소리를 내준다.

통상 남녀를 대립 항으로 구분하는 개념이 있다. 예컨대 여성성 vs 남성성, 내향적 vs 외향적, 친밀한 사교 vs 오픈 사교, 작은 목소리 vs 큰 목소리, 감정적 vs 이성적, 섬세함 vs 대범함, 조심성 vs 결단력, 유연함 vs 강직함, 신중성 vs 추진력 등. 그런데 이 대립 항을 고대로 여성, 남성에게 적용하는 것은 절대 무리다. 개인적 차이가 있는 것은 물론이거니와 어떤 분야이냐에 따라 다르고, 어떤 과제이냐 어떤 문제이냐에 따라서도 성격은 완전히 다르게 나타난다. 그러니까 한 남자, 한 여자는 상당히 복합적으로 얽히면서 상황에 따라 서로 다른 성격, 강점을 통해 상대에게 대립 항으로서의 역할을 해줄 수 있는 것이다.

천적의 역할을 하게 되면 서로 존중하게 된다. 적어도 무시는 못 한다. 생각해보라. 생태계에서 천적을 무시할 수 있겠나? 항상 그 움직임을 주시하고, 배가 고픈지 아닌지, 목이 마른 건지 아닌지, 짝이 생긴 건지 아닌지 예의 주목을 하게 된다. 그 존재 자체를 존중하지 않으려야 않을 수 없는 것이다.

고마운 것과 사랑하는 것과 존경하는 것은 다르다. 남자 여자가 서로 인간으로서 존경할 수 있다는 것은 무척 중요하다. 루이제 린저의 소설 『생의 한가운데』에 다음과 같은 흥미로운 장면이 나온다. 평생을 걸쳐 여주인공 니나를 홀로 사랑하는 남자 슈타인의 심리가 펼쳐지는 장면이다. 니나가 쓴 첫 소설을 읽어보려 하는 슈타인은 왠지 겁이 난다. '작품이 좋지 않으면 어떡하지? 내가 좋아하거나 싫어하거나 하는 건 중요하지 않다. 그러나 작품 자체가 좋은지 아닌지는 중요하다. 니나가 좋은 인간이 아니면 어떡하나?' 이런 걱정을 하면서도 그는 사랑하는 사람의 자질에 대해 의문하는 자신의 모습에 부끄러움을 느낀다. 그는 니나에게 성적으로 뿐 아니라 영혼에 끌렸음을 믿고 싶어 하는 것이다.

영혼은 스펙에서 나오지 않는다. 영혼은 실력과는 다르다. 요즘엔 주로 스펙에 끌리거나 사회에서 알아주는 실력으로 상대를 평가하지만, 그 사람의 영혼은 그런 것들로는 판단할 수 없는 것이다. 오히려 너무 실력이 좋은 사람이나 고생을 해보지 않은 사람, 너무 잘나가는 사람은 내적인 고민이 덜하다고 느껴 영혼의 끌림을 느끼기 어려울지 모른다. 적어도 나와 같은 고민을 해본 사람이 천적의 역할을 해줄 수 있는 것이다. 사람으로서의 천적은 나를 자극하고, 격려하고, 힘을 내게 북돋아주고, 나의 잘못된 생각을 지적해주고, 바른 방향인지 의문을 던져준다. 내가 자칫 빠질 수 있는 함정을 파악해주고, 내가 자칫 저지를 수 있는 실수를 잡아주고, 내가 줄곧 빠지는 징크스를 미리 예측해주기도 한다. 때로는 나를 칭찬해주기도 하고, 격려해주기도 한다. 나의 좋은 점을 발견해주기도 하고, 나의 나쁜 점을 발견해주기도 한다.

'천적'을 다른 표현으로 하면 '거울'이라 볼 수 있다. 서로 상대를 비춰주는 것이다. 서로의 거울로, 서로의 양심으로, 서로의 머리로, 서로의 가슴으로, 서로의 영혼으로 역할을 해주는 것이다. 우리는 서로 이렇게 물어볼 수 있는 사람일까? "거울아, 내가 잘 하고 있는 거니?" "거울아, 내가 힘든 모습이 보이니?" "거울아, 내가 어떻게 해야 좋겠니?"

사람들의 인터뷰를 보다 보면 가끔 이런 대목에 마주친다. "아내가 아니었으면 그때 그런 선택을 못했을 거예요." "남편이 아니었으면 그때 그런 선택을 못했을 거예요." 자세한 정황이야 경우에 따라 다르겠지만, 적어도 이런 짝이 있다는 것만으로도 복받은 사람들이다. 격려와 용기, 칭찬과 비판, 말림과 부추김, 억지와 촉매 등을 오가면서 거울 역할을 해주는 가장 가까운 사람이 있다는 것은 얼마나 믿음직한가?

좋은 천적이 될 수 있는지의 가능성을 가늠하기 위해서, 좋은 거울 역할을 해주기 위해서 상대를 관찰하고 자신을 들여다보자.

+ 어떤 상황에서 열정이 끓어오르는가?

+ 어떤 상황에 분노하는가?

+ 어떤 상황에 눈물을 흘리는가?

+ 어떤 상황에 웃음을 터뜨리는가?

+ 어떤 상황에 미소를 띄우는가?

+ 어떤 상황에서 냉철한가?

+ 어떤 상황에서 긴장하는가?

+ 어떤 상황을 피하려고 드는가?

+ 어떤 상황을 두려워하는가?

나의 부족한 부분을 메워줬으면 하는 마음, 나를 지원해주기를 바라는 마음, 나의 서포터가 되어주기를 바라는 마음, 나의 다른 목소리가 되어주기를 바라는 마음 등 이 사람에게서 나오는 다른 지혜를 얻기를 바라는 마음이 우리에게는 있다. 부디 그 지혜를 키워낼 수 있는지 가늠해보라.

여자는 남자에게 거울이 되고
남자는 여자에게 거울이 된다.
서로를 비춰주는 지혜의 거울!

일곱째, 시간

: 우리의 '놀이 감각'은 몇 점일까?

사랑에 빠져 있을 때 우리는 수시로 논다. 놀 생각밖에 안 한다고 해도 무방할 것이다. 데이트 자체가 노는 것이고 여행을 가든 트래킹을 가든 어떻게든 일상에서 벗어나려 든다. 영화 보기, 맛집 찾기, 분위기 있는 카페 찾기는 기본이요, 안 가보던 동네도 일부러 들러보고, 전국의 걷고 싶은 길과 여행지들을 찾는 것은 물론이고, 저축을 해서 해외까지도 섭렵하려 든다. 남의 눈을 피하는 관계가 아니라면 그저 자신을 드러내고 짝을 드러내는 게 즐겁기만 하다. 커플룩을 과시하고 사랑 표현도 과감해진다. 사랑도 드러내고 표현하면 또 다른 자극이 되니, 다 근사한 놀이가 된다. '사랑 놀음'이란 말이 정확한 표현이다.

'남녀관계로 접어든다'는 뜻은 일상으로 돌아온다는 것이다. 무척 인상적이었던 그룹 015B의 노래 「아주 오래된 연인」의 가사처럼 습관이 다시 돌아오는 것이다. 습관만 돌아오나? 의무도 돌아오고 책임도 돌아오고 피했던 문제들도 돌아오고 미뤄두었던 과제들도 돌아온다. 이제는 일을 해야 하는 것이다. 먹고살기 위해, 취업을 위해, 합격을 위해, 승진을 위해, 잘리지 않기 위해, 자아 성취를 위해, 성공을 위해, 집이 돌아가도록 하기 위해서 일해야 하는 일상으로 돌아오는 것이다. 우선순위에서 밀려 있던 가

116

족관계, 친구관계도 돌아온다.

사랑의 시간은 비일상적이고 특별하다. 남녀관계의 시간은 일상적이고 매일매일 반복된다. 특별한 시간에는 놀이만 있어도 될지 모르지만 일상의 시간에는 일을 중심으로 돌아간다. 일상의 시간은 사랑의 시간처럼 짜릿짜릿하지는 못하다. 반복되는 일상은 관계의 지루함으로 물들어갈 위험이 높다. 그렇다면 남녀관계를 선택한다는 것은 반복되는 지루한 시간을 택하는 것이란 말인가?

고등학생 시절에 읽었던 어느 소설의 한 장면이 기억난다. 어스름한 석양 무렵에 집집마다 따뜻한 불이 켜지며 저녁 식사가 시작되는 시간에 남의 집 창문에서 새어나오는 밝은 빛 속에 펼쳐지는 단란한 가족의 장면을 한 남자가 바라보면서 부러워하는 감정과 회피하려는 감정을 동시에 오가는 장면이었다. 이 장면을 읽으며 이런 감정은 실존적 고민에 빠져 있는 그 지적인 남자 주인공뿐 아니라 사실 모든 사람의 마음속에 오가는 것 아닐까 하는 생각을 했었다. 어른이 되어서 보니 분명 그랬다. 누구에게나 한편으로는 단란한 저녁 시간을 그리면서 다른 한편으로는 그런 안온한 시간에 얽매이지 않고 싶어 하는 이중적 감정이 있는 것이다.

바로 이 지점에 들어와야 하는 것이 '놀이의 역할'이다. 남녀가 함께 있는 시간은 놀이 시간이 되어야 하고 또 그렇게 될 수가 있다. 왜 사랑할 때만 놀이를 하며 시간을 특별하게 보내려 하는 것인가? 일상적인 남녀관계가 되어서 같이 노는 게 진짜 놀이다. 남녀가 같이 보내는 시간 중에 하는 모든 행위는 놀이가 되어야 하고 또 될 수가 있다.

'일과 커리어'를 중요하게 생각하는 이 시대의 남녀들은 특별하게 따로 시간을 내야 놀이로 생각하는 성향이 있다. 말하자면 특별한 외식, 특별한 주말 나들이, 특별한 기념일 행사, 주말여행, 해외여행 같은 것들만 놀이 시간으로 여기는 것이다. 일과 놀이를 엄격하게 구분하는 우리 문화 특유의 사고방식인데, 바로 이런 고정관념을 넘어서야 한다.

남녀가 같이하는 모든 일상의 행위를 얼마나 놀이로 즐길 수 있느냐가 남녀관계의 수준을 나타낸다. 같이 요리하는 것, 같이 쇼핑하는 것, 같이 산책하는 것, 아이를 목욕시키는 것, 아이들과 함께 노는 것, TV를 함께 보는 것, 같이 책을 읽는 것, 같이 청소하는 것, 같이 집을 꾸미는 것 등 모든 일상의 행위들은 일이기도 하지만 또 놀이이기도 하다. 어떻게? 그것은 남자 여자가 함께하는 일이기 때문에 놀이가 될 수 있는 것이다. 직장에서 일하는 것과는 완전히 다르다. 선택해서 할 수 있는 행위이고, 언제나 시작할 수 있고 언제나 그만둘 수 있는 일들이며, 무엇보다도 협력이 가능한 일이다. 두런두런 얘기도 오가고, 알콩달콩한 순간도 오가고, 아기자기한 장면도 생기고, 티격태격 말싸움도 오가고, 때로는 하기 힘들어하던 진지한 대화도 오갈 수 있다.

'놀이 감각'은 무척 중요하다. 아무리 일 중독자를 자처하더라도 일생을 전체로 보면 일하는 시간보다는 일을 하지 않는 시간이 더 많을 수밖에 없다. 일을 잘하는 만큼이나 잘 놀 줄 알아야 하는 것이다. 당신과 당신의 짝이 놀이 감각이 있는가를 체크해보는 것은 무척 중요한 기준이다. 놀이 감각이 꼭 엄청나게 로맨틱하거나 세련되거나 유머러스하거나 친구가 많거나 사회를 잘 볼 정도로 말재주가 좋아야 한다는 뜻은 아니다. 바로 일상의 이 순간을 즐길 줄 아느냐가 놀이 감각의 기본이다.

능력 있는 아내, 능력 있는 남편, 일 잘하는 엄마, 일 잘하는 아빠 이상으로 중요한 것이 함께 놀면 즐거운 사람, 함께 놀고 싶은 사람이 되는 것이다. 남녀란 기본적으로 함께 노는 '팀'이 되어야 하는 것이다. 당신과 당신의 짝이 즐거운 놀이 팀이 될 수 있는지, 즐거운 놀이 팀을 꾸려갈 수 있을지 다음과 같은 질문으로 점검해보라.

+ 일상에서 같이하는 순간들은 어떠한 때인가?

+ 느긋함을 가질 줄 아는가?

+ 시간에 대해서 어떤 태도를 갖고 있는가?

+ 빠른 시간과 느린 시간을 어떻게 섞는가?

+ 진정 놀 줄 아는가?

+ 몸을 쓰는 것을 마다하지 않는가?

+ 같이 노는 방식은 무엇인가? 놀이를 상상할 수 있는가?

+ 아무렇지도 않은 순간을 특별하게 만드는 재주가 있는가?

+ 분위기를 탈 줄 아는가?

+ 나와 노는 걸 즐거워하나? 나는 좋은 놀이 상대인가?

+ 노는 방식을 배울 줄 아는가?

일 중독자가 분명한 우리 커플의 놀이 감각은 어느 정도 수준일까? 남편보다는 내가 놀이 감각이 더 발달되어 있기는 하다. 놀이를 주도하고 분위기를 띄우는 측은 주로 내가 하는 경우가 많으니 말이다. 다만 서로 배우려 노력하다 보니 놀이 분위기를 타는 훈련은 되었고, 적어도 놀이 분위기를 깨는 위험한 짓은 덜하게 되었다. 최근 사회통계청에서 엄마, 아빠에 관련된 단어를 조사한 적이 있다. 엄마에 대해서 1순위 단어는 '논다', 2위는 '이야기한다'라는 결과가 나왔다. 그렇다면 아빠에 대해서 나온 단어는 무엇일까? 1순위는 '모른다'였고 2순위가 '나간다'였단다. 이 무슨 비극인가? 같이 놀지 않으면서 생기는 비극이다. 부모자식 간이 이렇다면 남녀관계는 더할 것이다. 아이들이 싸우면서 큰다면 남녀는 놀면서 큰다.

너무 잘 노는 사람은 위험하지 않을까? 우리 사회 특유의 '일개미 선호 · 베짱이 경계' 현상 때문에 빚어지는 의문이다. 물론

놀기만 하는 사람은 위험할 수 있다. 특히 사랑에 빠질 때 너무 특별한 시간을 만들어주는 사람, 너무 시간을 쏟아주는 사람은 오히려 위험할 가능성이 높아서 경계해야 할지도 모른다. 사랑 몰입의 뜨거운 열기가 조금 가라앉을 때 어떻게 행동하는가를 관찰해보면 어떨까? 일하는 사이에 짬짬이 잘 노는가, 그 짧은 시간을 근사하게 만드는가, 같이 일하면서도 짬짬이 잘 노는가, 나와 노는 걸 즐거워하는가? 놀이 감각은 남녀관계라는 롱 프로젝트를 생생하게 만드는 중요한 변수다.

사랑의 시간은 아주 특별한 시간이지만,

남녀관계란 일상의 시간을 같이하는 관계다.

일상의 시간에 일과 놀이를 어떻게 배치할 것인가?

여덟째, 공간
: '적과의 동침'은 가능한가?

내 유학 시절은 공부만이 아니라 인생에 대해서도 이모저모 배울 수 있던 시간이었다. 기대에 부풀었던 결혼 3년 차 때부터 시작하여 익숙함과 불안감이 교차하던 결혼 10년 차까지의 기간이었다. 수많은 갈등이 있었지만 남의 나라에서 힘들게 공부해야 한다는 긴장감과 자극 덕분에 어찌어찌 견뎌낸 게 아닌가 싶기도 하다. 대학원인지라 다양한 스타일의 남녀관계를 맺고 있는 친구들이 많았고 가지각색 문화권에서 온 친구들이 나름 독특한 관계관을 보여줬다. 전통주의자부터 자유주의자까지, 보수주의자부터 진보주의자까지, 싱글부터 동거, 결혼, 이혼, 돌싱까지 다채로운 관계들을 볼 수 있었다.

그중 베네수엘라에서 왔던 친구의 에피소드가 기억난다. 연배가 위여서 인생 선배로 여기기도 했던 친구였다. 재정적 여유도 있어 보였고, 스타일도 좋았고, 자신의 공부 주제도 명확했고, 비즈니스 감각도 뛰어났고, 사교적이었고, 남편과의 사이도 좋아 보였다. 그야말로 완벽해 보이는 30대 알파걸이었는데 한번은 이 친구가 폭발을 하는 것이었다. "그래, 자기 방에 들어가서 일하는 거 오케이야. 밤낮 가리지 않고 들어가 있어도 오케이야. 그런데, 왜 문을 걸어 잠그느냐 말이지? 내가 들어갈 것도 아닌데!" 결혼 3년 차에 불과했던 나는 생각했다. '글쎄, 남자가 문을 걸어 잠그고 방에 들어가 있으면 나는 어떤 반응을 보일까? 남편의 홀로 공간, 홀로 시간을 축복해줄까? 어느 대중소설의 제목처럼 '남편의 비밀'이 있다고 생각할까?' 문을 걸어 잠그던 버릇 때문인지 아닌지 모르겠으나 그 커플은 몇 년 후 이혼을 했다.

「적과의 동침」이라는 음침한 영화가 있었다. "결혼, 잘 생각해서 해!"라는 메시지를 담은 영화 중에서 가장 음침했던 것으로 기억한다. 아마 제목 탓도 있을 것이다. 적과 동침을 하다니, 자칫 속아 넘어가다가는 적과 결혼을 하게 된다는 걸까? 영화 속에서 남편은 겉으로는 멋지고 돈 잘 벌고 예의바르고 각별한 애정을 과시하지만 아내에게 집착하고 제 뜻대로 안 되면 폭행을 일삼곤 했다.

이 영화에서 내가 주목했던 것은 그들이 살던 집이었다. 해변의 멋진 집, 마치 미래에서 온 것과도 같은, 흰색과 검정색의 '미니멀리즘' 스타일이 돋보였던, 잡지에 선보일 만한 집이었다. 모든 공간은 완벽하게 정리되어 있고, 하물며 부엌 장 안의 통조림조차 놓는 자리가 정확하게 지정되어 있고, 욕실 수건도 정확히 걸려 있어야 하는, 한마디로 각(角)이 살아 있는, 숨 막히는 긴장감이 도는 공간이었다. 그런데 나중에 여자가 필사적으로 도망쳐 나온 후 사는 집은 정반대다. 오래된 집, 나무로 된 집, 여기저기 칠이 벗겨진 집, 올망졸망한 세간살이들이 놓여 있는 집이다. 여자는 일부러 집안을 마구 어지럽히며 산다.

남녀관계가 된다는 것은 공간을 같이 쓰는 관계가 된다는 뜻이다. 휘성이 불렀던 「결혼까지 생각했어」 노래 가사처럼 '같은 집 같은 방에서 같이 자고 깨며' 살아야 한다는 뜻이다. 이렇게 공간을 같이 쓴다는 것이 어디 쉬운 일이기만 할까?

쇼윈도 커플이라면 완벽하게 치장하는 데 온 신경을 쓸 테니 어떠한 공간이라도 쇼윈도처럼만 만들면 될지도 모른다. 우리는 드라마에서 이런 쇼윈도 커플의 공간을 신물 나도록 많이 봤다. 그들이 사는 공간은 집같이 생기지 않았다. 하나같이 호텔이나 박물관이나 갤러리같이 생겼다. 하나같이 먼지 한 톨 없는 너른 공간에 명품 가구와 예술 작품들이 차 있고 브랜드 명품을 걸치고 있다. 겉은 화려해도 속은 텅 비었다.

정성주 작가의 드라마 「밀회」는 이런 텅 빈 공허함을 너무도 잘 표현했다. 은 숟갈, 금 숟갈을 물고 태어난 사람들이 싸지르는 온갖 쓰레기들을 처리하면서 그 대가로 자신의 쇼윈도를 지키고자 온갖 모욕을 감수하는 여주인공 모습이 얼마나 안쓰럽던가? 게다가 호텔 방처럼 잘 갖춰진 그들의 침실은 또 어떻던가? 마치 의식을 치르는 듯 보였던 그 침실의 침대는 트윈 베드였다. 그 트윈 베드마저 결국 깨지고 말았지만 말이다.

내가 최근에 발견한 「홈(Home)」이라는 올드송이 있다. "의자는 사람이 앉지 않아도 의자예요. 하지만 날 꼭 안아주며 굿나잇 인사해줄 당신이 없으면 집은 집이 아녜요(A chair is still a chair when no one is sitting there. But a house is not a home, when no one is there to hold me tight and say good night)." 영어에서 물리적인 공간을 나타내는 하우스(house)와 사람이 사는 삶이 있는 홈(home)이라는 단어를 배치시켜서 감성을 건드리는 노래다.

그런가 하면 『자기만의 방』이 필요하다고 역설한 작가 버지니아 울프의 말처럼 모든 사람은 각기 자신의 공간이 필요하다.

홀로 숨을 수 있는, 홀로 몰입할 수 있는, 홀로 울 수 있는 공간이다. 물론 홀로 일하는 공간이기도 하다. 집이라는 공간 속에서 방이라는 공간을 만든 것은 바로 그렇게 홀로 있을 수 있는 공간을 만들기 위함이었을 것이다. 여자도 남자도 자기만의 방이 필요하다.

남녀가 같은 집에서 사는 지혜란 함께하는 공간과 자기만의 공간을 어떻게 잘 배치하느냐에 달려 있다. 같이 있고 싶을 때는 한 없이 같이 있고 싶지만, 혼자 있고 싶을 때는 절대로 혼자 있고 싶어 하는 것이 사람이다. 남녀의 관계도 다르지 않다. 수없이 나온 영화 대사처럼 우리는 '하루의 마지막에 보고 싶은 사람이 당신, 아침에 눈 뜨고 처음으로 보고 싶은 사람도 당신'이라는 심정으로 남녀관계를 시작한다. 아무리 들어도 여전히 가슴을 설레게 하는 말이다. 그러나 이렇게 외롭지 않고 싶은 바람이 강력한 만큼이나 홀로 있고 싶을 때 홀로 있을 수 있기를 원하는 바람은 없어지지 않는다.

'남녀 간의 적절한 공간적 거리'에 대한 공감이 필요하다. 집 문제에 시달리는 우리는 예전 사대부 집처럼 안주인 공간, 바깥주인 공간 식으로 따로 공간을 가질 수 있는 것도 아니니 묘수가 필요하다. 남녀만의 방, 남녀만의 침대를 가지는 것만도 감지덕지할 판에 어떻게 이 작은 공간 속에 남자의 공간, 여자의 공간을 잘 포개넣을 것인가? 우선적으로 이러한 양면적 바람을 인정하는 포용력이 필요하다. 24시간 같이 붙어산다면 얼마나 숨이 턱턱 막힐 것인가? 홀로 공간에 벽을 치고 동굴을 파고 들어앉는다면 얼마나 소외감을 주겠는가? 너와 나는 어떤 공간 감각을 가지고 있는지, 이런 질문들을 해보자.

+ 너와 나의 '저녁 있는 삶'은 푸근한가?

+ 너와 나의 '아침 있는 삶'은 뿌듯한가?

+ 같은 공간 안에 얼마나 같이 오래 있을 수 있는가?

+ 따로 또 같이할 것인가, 항상 같이할 것인가?

+ 너에게 '자기만의 공간'을 허용할 것인가?

+ 너는 나의 홀로 공간을 존중하는가?

두 남녀는 공간 속에서 서로 엇갈리다가 만나다가 머물다가 떨어졌다가 하는 관계다. 관건은 서로의 공간 사용 패턴을 얼마나 믿을 수 있는가일 것이다. 유학 시절의 옛 친구가 나에게 묻는다면, "문 걸어 잠그는 것, 그 사람이 꼭 필요하다고 생각하면 나는 그냥 놔두겠는데?"라고 답할 수 있을 것 같다. 나도 많이 자랐다.

같은 집, 같은 방에서 같이 자고 깨는 사이가
현실 속의 남녀관계다.
저녁 있는 삶, 아침 있는 삶의 공간을 같이할 수 있는가?

'Just the way you are'
변하지 않을 수 있을까?

남녀관계의 여덟 가지 조건의 바닥선을 점검하면서 자신도 같이 돌아보았는가? '이 사람인가?' 묻는 사람은 나만이 아니다. 상대도 똑같은 걸 묻고 있다. 상상하면 무시무시하기조차 하다. 내가 당신을 바라보며 이런 의문을 하고 있듯이, 나를 바라보고 있는 당신도 나에 대해서 똑같은 의문을 하고 있는 것이다. 우리 각자는 아마도 속으로 이렇게 부르짖고 싶어 하지 않을까? "나 있는 그대로 받아들여주면 안 될까? 내가 생긴 이대로, 내가 가진 이대로, 내가 하는 이대로?"

올드팝 중에 「Just the way you are(당신 있는 그대로)」라는 노래가 있다. 빌리 조엘이라는 걸출한 싱어송라이터의 노래인데, 멜로디도 기막히고 색소폰 반주도 기막히고 무엇보다도 가사가 기막히다. 수많은 러브 송들이 있지만 이 노래는 처음 듣자마자 매혹되었고 지금도 들으면 뭉클해진다. "나를 위해서, 내 마음에 들려고, 나를 기쁘게 해주려고 뭔가 바꾸려 들지 마. 패션도 머리 색깔도 바꿀 필요 없어. 세련되게 얘기하려 할 필요도 없어. 난 있는 그대로의 당신이 그냥 좋아." 이런 말을 듣고 싶지 않은 사람이 어디 있겠는가? 이 노래를 부르는 가수처럼 섹시하고도 쿨하게 이런 말을 해주는 사람이 있다면 어떻게 반하지 않을 수 있겠나.

나는 이 노래 가사에 대한 나의 반응을 여러 모로 분석하곤 했다. 처음의 반응은 '무조건적인 긍정'이었다. "있는 그대로가 좋다"는 말 자체가 좋았다. 우리는 각기 자신이 어딘가 모자라다고 생각하지 않는가? 어딘지 이상한 데가 있다고 생각하지 않는가? 이렇게 부족하고 이상한 나를 있는 그대로 좋아한다고 하니 얼마나 근사한가? 변하려고 애쓰지 말라고 하니 얼마나 마음이 푹 놓이는가?

그다음 단계의 반응은 '의심'이었다. 이런 말을 하는 사람은 혹시 나를 안심시키고 안주하게 만들려는 것 아닐까? 어쩌다가 나를 사랑하게 됐는데 그냥 있는 그대로가 좋다고 얘기하는 것으로 대충 때우려는 것 아닌가? 한마디로 '립서비스' 아닌가 하는 의문이었다.

셋째 단계는 '회의'였다. 변하려 들지 말라는 말이 맞나? 사람은 계속 변하기 마련이고 또 끊임없이 변화를 모색해봐야 하는 것 아닌가? 있는 그대로 다 좋다면 아무 노력도 하지 않을 것 아닌가? 변하지 않으려 든다면 우리는 어떻게 성장할 수 있는가?

넷째 단계는 '각성'이었다. 우리는 상대를 위해서 겉으로만 변하려고 하는 것 아닌가? 그 자체가 위선적인 것 아닌가? 그런 겉모습의 변화가 진정 자신을 변화시키는 걸까? 혹은 그렇게 외양의 변화를 시도하다 보면 우리 내부도 어느 정도는 변하게 되는 것일까? 변화의 의미와 효과에 대한 고민이 찾아온 것이다.

다섯째 단계는 '본질에 대한 통찰'이었다. 사람의 겉모습은 변할지언정 그 사람의 본질은 잘 변하지 않는다. '그 본질이 바로 있는 그대로의 당신'이라는 뜻 아닐까? 그 본질에 나는 매혹되었고 지금도 끌리고 앞으로도 그러할 것이라는 뜻 아닐까? 그러니 내가 끌리는 '있는 그대로의 본질'을 가진 사람을 만난다는 것이 중요한 것 아닐까?

여섯째 단계는 다시 '긍정적 수용'이었다. '그렇지, 사람을 볼 때 그 사람의 본질을 그대로 받아들이려는 태도가 필요하지. 나를 위해 그 사람의 본질을 변화시키려 하지 말아야 하지. 변화하면 그 사람은 그 사람이 아니게 되는 거지. 변화를 강요하면 결국 그 사람이 힘들어하고 변화를 요구하는 나도 힘들게 되겠지. 그러다 멀어지는 것이겠지.' 이런 생각으로 이어졌다.

대중가요 가사 하나 가지고 별별 해석을 다 해본 내가 우습기도 하지만, 사실 이것은 사람에 대한 근본적인 태도이자, 나의 변화와 너의 변화에 대한 기대이자, 변하지 않는 나의 본질과 변하지 않는 너의 본질에 대한 믿음이자, 사람의 본질을 파악하는 태도에 대한 것이다. 변하지 않는 그대와 변하는 그대를 어떻게 분별하느냐, 변하지 않는 나와 변하는 나를 어떻게 분별하느냐가 중요한 것이다.

우리는 때때로 "사람이 변했다"라는 말을 쓴다. 어떤 경우인가? 순수함을 잃어가는 변화, 현실에서 닳아빠지는 변화, 이상을 망각하는 변화, 오직 성공과 출세로만 치닫는 모습, 허영에 물들고 허장성세에 찌드는 것, 매너리즘에 빠지는 상태, 더 이상 가슴이 작동하지 않는 상태를 일컬을 때다. "초심을 잃지 말자, 초심으로 돌아가자"라는 말도 우리는 종종 쓴다. 본질을 잃어가는 상황을 경계하는 말이다.

돈을 벌고 출세하고 성공하더라도 변하지 않는 그 어떤 본질을 갖고 있는 사람, 세파에 시달리고 수없는 실패를 하더라도 여전히 자신의 자존감을 지키는 사람, 나이가 들고 삶이 복잡해지고 힘이 빠지더라도 여전히 스스로를 일으켜 세우는 사람, 세상이 온갖 것들로 외형의 변화를 유혹할 때 그 유혹에 빠져 허우적대지 않는 사람, 우리는 그런 사람을 원하는 것이다. 물론 우리는 끊임없이 변한다. 그러나 그 변화 속에서도 우리의 본질은 변하지 않는다. 그 본질을 꿰뚫어보자. 그리고 그 본질을 사랑하고 지켜주자. 있는 그대로의 당신이 근사하게 자라기를 바라면서.

‘이 사람인가?’라는 의문은 곧잘 ‘이 사람만인가?’라는 의문과도 함께 찾아온다. 내가 바라던 사람, 내가 필요로 하는 사람, 내가 원해온 사람, 내가 같이할 사람이 과연 이 한 사람뿐일까? ‘이 사람’만이 나의 ‘그 사람’인 것인가? 이런 의문 때문에 우리는 흔들린다.

내가 최고의 영화로 꼽는 「매트릭스」에는 ‘더 원(The One, 그)’이라는 말이 나온다. 기계가 인간을 대체한 미래사회, 인간은 사육되어 에너지 충전용 동물로 전락한 세계, 그러나 인간 특유의 정신적 욕구를 살아 있게 하려고 만든 ‘매트릭스’라는 가상의 세계라는 발상이 무척 흥미로웠던 영화다. 내가 살고 있는 이 세상이 내 머리가 작동해 만든 가상 세계일 뿐이라니 기발하지 않은가? 매트릭스 속에서 노예가 되어버린 인간을 해방시킬 사람이 바로 ‘더 원’이다. 바로 그 사람!

주인공 네오는 자신이 ‘더 원’임을 확고하게 믿는 모피어스의 말에 긴가민가 한다. 어느 누가 자신을 ‘그 사람’이라고 확신할 수 있겠는가? 지혜로운 예언자, 오라클은 네오에게 이렇게 말한다. “Being the One is just like being in love(그 사람이 된다는 것은 사랑에 빠지는 것과 똑같다네).” 그러고는 하는 말, “No one needs to tell you are in love, you just know it(니가 사랑한다는 걸 딴 사람이 얘기해줄 필요가 없지. 니가 그냥 알거든).”

사랑에 빠지면 이렇게 간단하다. ‘나는 왜 사랑을 하는가, 나는 왜 너를 사랑하는가?' 따질 필요가 없다. 그저 나는 너에게 그 사람이 되고, 너는 나에게 그 사람이 된다. 사랑에 빠져 있는 동안은 그 사람이 '더 원'인가, '이 사람'이 바로 '그 사람'인가 하고 분석할 겨를 자체가 없다. 아무려면 어떠하랴, 사랑을 하고 있는 것에 의문을 하지 않는 것처럼, 바로 '더 원' 그대로가 되는 것이다.

우리는 이렇게 자신을 구원해줄 '더 원' '메시아' '왕자님' '공주님' '영웅' '수호천사'를 바란다. 하지만 우리는 누구도 네오처럼 초능력자가 아니다. 엄청난 파워가 있는 것도 아니고, 하늘을 날 수도 없고, 순간 이동을 할 수도 없고, 시간을 멈출 수도 없다. 우리 누구도 '절대자로서의 그 사람'이 될 수는 없는 것이다. 그래서 이른바 눈에서 콩깍지가 벗겨지는 순간, 즉 절대적인 사랑에서 빠져나오는 순간, '그 사람'은 사라져버리고 남는 것은 의문이다. '이 사람이 그 사람인가?'

다행인 것은, 바로 이 때 '잇(It)'이 등장한다. "그래, 이러이러한 점은 별로 마음에 안 들어, 이건 좀 미심쩍어, 이건 좀 불안해, 하지만 '뭔가'가 있어." 바로 그 '뭔가'가 '잇'이다. '잇'은 '잇템(it-item, 누구나 갖고 싶어 하는 아이템)'이라는 상업 용어에서 나온 말인데, 곧잘 남녀관계에 쓰이기도 한다. 한마디로 하자면 '왜 나는 너에게 꽂히는가, 너는 내가 꽂힐 그 무엇을 가지고 있는가'를 표현하는 말이다.

사랑에 빠질 때는 뭔지 모를 '잇'이 등장한다. 한 사람과 한 사람이 서로 끌리는 순간을 보면 참 신비롭기까지 하다. 기적의 순간이 따로 없다. 어쩌다가 반짝 불이 켜지는 걸까? 어떻게 가슴이 동시에 벌렁거리는 걸까? 어떻게 맥박이 동시에 빠르게 뛰는 걸까? 어떻게 해서 불이 활활 타오르는 걸까? 케미인가, 정전기인가, 아우라인가, 텔레파시인가? 뭔지는 잘 모르겠으나 '잇, 바로 그것'이 펄펄 살아나는 것이다. 꼬집어 얘기할 수는 없으나 바로 그게 있는 것이다.

남녀관계를 이을지 말지를 결단하려 할 때, '이 사람이 그 사람인가' 또는 '이 사람만이 그 사람인가'라는 의문이 떠오른다. 그리고 이때에는 '뭔지 모를 잇'이 아니라 '헤아릴 수 있는 잇'이 등장한다. 이윽고 깨닫게 된다. 우리는 얼마나 '수많은 잇'을 바라고 있는지, 그리고 있는지, 가질 수 있는지, 또한 가질 수 없는지를. 얼마나 다행인가? 그렇게 수많은 잇을 바란다면 그 잇에 맞는 사람이 없을 수 없는 것이다.

한 사람에게 과연 '그 사람, 더 원'이 있을까? 내가 그 어느 사람에게 과연 '그 사람, 더 원'이 될 수 있는 걸까? 사랑의 로망에 빠져 있을 때의 '더 원'은 분명 있을 수 있겠으나, 솔직히 잘 모르겠다. 나도 가끔 의문한다. 내가 만약 이 사람을 만나지 않았더라면 혼자 살았을까? 나는 이 사람을 나의 '바로 그 사람'으로 여기는 걸까? 모범적인 방송용 멘트를 해야 하는 상황이 아니라면, 나의 솔직한 답은 절대로 그럴 리가 없다는 것이다. 이 사람이 아니었더라면 분명 다른 사람(들)을 만났을 것이다. 그 사람(들)에게서는 또 어떤 '잇'을 발견했을지 모를 일이다. 마치 영화 「슬라이딩 도어즈」에서처럼 어느 한 순간의 차이로 그 사람이 아니라 이 사람을 만나게 된 것이다. 이것이 운명이라면, 나의 '잇'에 대해 나의 '더 원'이라 여기며 사는 게 현명할지도 모른다.

현실 속의 남녀관계에 있어서는 어떠어떠한 '잇'에 대해서 어떠어떠한 '더 원'이 될 수 있을 뿐이라는 사실을 담담하게 받아들이자. 당신은 어떠한 '잇'에 어떠한 '더 원'이 될 수 있는가? 당신은 어떠한 '잇'을 가진 어떠한 '더 원'을 원하는 것인가? 이런 태도를 가진다면 자신도 상대도 더 잘 보일 것이다.

이 장을 시작하면서 한 말처럼, 우리는 모르고 선택한다. '질러라!'고 할 수는 없지만 '알려 하고, 그렇게 선택하고, 그리고 기대하라!'라고 얘기할 수는 있다. 사람의 층은 워낙 깊고, 결이 많고, 언제 어디서 새로운 측면이 등장할지 모른다. 그것이 사람의 매력이기도 하다. 너무 재지 말고, 따지지 말고, 용기 있고 다부지게, 그러나 섬세하고 신중하게, 유쾌하고 즐겁게 남녀의 관계 속으로 들어가보자.

'바로 그 사람'만이 있다는 것은 로망이다.

현실에서는 수많은 '잇'에 대해서

수많은 '더 원'을 가질 수 있는 존재가 사람이다.

3장

헤어지는 법,
서로
공감하고 있는가?

결별의 조건

헤어짐에 대한 생각이
그 사람의 본질을 보여준다

'이 사람인가?'를 검증하는 아주 중요한 조건 중의 하나가 '헤어짐에 대한 생각'이다. 너무 중요하기 때문에 아예 따로 한 장으로 떼어내어 쓴다. 왜 중요한가? 헤어짐에 대한 생각, 헤어지는 방식에 대한 생각에서 그 사람의 본질이 드러나기 때문이다. 물론 헤어지게 되는 바로 그 당시가 되어서야 그 사람의 내면이 속속들이 드러나는 것이지만, 헤어지는 방식에 대한 생각을 통해서도 평소에 어느 정도 파악할 수 있다. 마치 성공 가도를 거침없이 달려갈 때보다 정점에서 내려올 때 그 사람의 본질이 가장 잘 드러나는 것과도 같다.

결별에 대한 태도에는 근본적으로 한 인간의 철학과 가치관과 성향이 녹아 있다. '미래에 대한 태도'를 보여주기도 하고 '생에 대한 태도'를 드러내기도 한다. 책임감과 배려에 대한 태도가 녹아 있기도 하다. 그러니 시시때때로 감지해보라. 이 사람은 어떤 헤어짐을 전제하고 있을까? 나는 또 어떤 전제를 하고 있을까? 헤어지는 방식에 대해서 우리는 교감할 수 있는가? 헤어진다면 우리는 서로에게 어떠한 흔적을 남기게 될까?

이미 헤어져본 사람, 헤어질 뻔했던 사람들은 금방 이해가 갈 것이다. 헤어진다는 것이 얼마나 아픈지, 잘 헤어진다는 것은 또 얼마나 어려운지, 그리고 남녀관계란 헤어지는 자체로 끝이 아니라는 것을 뼈를 깎는 고통으로 깨달았을 것이다. 그런 게 가능할지 모르겠으나 '헤어짐에 대한 예방주사를 진즉 맞았으면 좋았을 것을!' 하고 부르짖을지도 모르겠다. 그런 예방주사를 남녀관계를 본격적으로 전개하기 전에 맞으려 노력하는 게 좋다.

헤어짐에 대한 나의 개념은 명쾌하다. 모든 사람, 모든 관계, 모든 남녀, 모든 남녀관계에 적용되는 개념이다. 첫째, 헤어짐을 전제하지 않는 만남은 없고, 둘째, 헤어짐을 전제로 해야 좋은 관계가 이어지며, 셋째, 헤어지는 방식에 대한 존중이 있어야 비로소 잘 헤어질 수 있다.

첫째 개념에 대해서는 모두 동의할 것이다. '우리는 만날 때에 떠날 것을 염려하는 것과 같이'라는 한용운의 「님의 침묵」 속의 시구처럼, 우리는 만날 때 언젠가 헤어짐이 있을지도 모름을 알고 있다. 그래서 두려워한다. 이어지는 시구, '떠날 때에 다시 만날 것을 믿습니다'라고 하고 싶지만 이것을 곧이곧대로 믿기란 어렵다. '사랑도 사람의 일이라 만날 때에 미리 떠날 것을 염려하고 경계하지 아니한 것은 아니지만, 이별은 뜻밖의 일이 되고 놀란 가슴은 새로운 슬픔에 터집니다'라는 시구처럼 어떠한 헤어짐도 뜻밖의 일이 되어 우리를 놀라게 하는 것이다.

둘째 개념에 대해서는 받아들이기 쉽지는 않지만 그럴 듯하게 들리긴 할 것이다. 이 개념을 썩 괜찮게 표현한 드라마가 있다. 노희경 작가의 「괜찮아 사랑이야」라는 드라마다. 헤어짐이 무서워서, 서로 더 이상 좋아하지 않게 될 것이 무서워서, 서로 싫증 날까 봐 두려워서, 집착하게 될까 봐 무서워서, 안주하게 될까 봐 무서워서 남녀들은 지속적인 관계 맺기를 두려워하는 심리에 사로잡히곤 한다. 대개 남자들이 이러한 심리에 시달린다는 통념과는 달리, 로맨틱 현실주의자인 노희경 작가는 그 역할을 뒤집어놓는다. 결혼하자는 남자에게 여자는 "우리 분명 서로에게 싫증날 게 분명해!" 운운하며 뻗댄다. 남자는 말한다. "우리는 언제나 헤어질 위험성을 전제하기 때문에 상대에게 최선을 다할 거고 그래서 항상 새로울 것이고 그래서 서로 싫증날 일이 없을 거야!" 그럴 듯하다. 내 손에 완벽하게 잡혀 있지 않은 사랑(또는 사람)은 더 붙잡고 싶고, 성의를 더하게 되고. 성의를 더할수록 헤어짐을 예방할 수 있게 될 것이다.

그래서 더욱 셋째 개념이 필요한 것 아닐까? 헤어지는 방식에 대해서 서로 공감하고 있다면, 헤어짐이 닥쳤을 때 그나마 잘 대응할지도 모른다. 물론 '그나마'다. 남녀의 헤어짐은 다른 어떤 헤어짐보다 괴롭고 아프고 후유증이 오래가기 때문이다. 남녀는 헤어짐의 방식에 대해서 시시때때로 허심탄회하게 이야기해봐야 한다. '말이 씨가 된다'고 질색을 하는 사람이 있을지도 모르지만, 인생에서 일어날 수 있는 시나리오에 대해서 어느 정도 방비책을 갖고 있는 것은 당연한 태도 아닐까?

이 장에서 우리는 이별의 세 가지 상황, 즉 '사별의 헤어짐, 결별의 헤어짐, 생이별의 헤어짐'에 대해서 생각해볼 것이다. 의미 있는 남녀관계라면, 언젠가 다가올지도 모를 '사별, 결별, 생이별'에 대해서 나름대로의 원칙을 세워두는 것이 좋을 것이다.

헤어짐을 상상하라.

헤어짐을 전제하면 헤어질 위험이 줄어든다.

헤어짐을 예방하려면, 헤어지는 방식에 공감하라!

사별의 헤어짐
: 죽음이 가르쳐주는 것

내가 '이 남자'에 대해서 각별한 느낌을 갖게 된 데에는 흥미로운 계기가 있다. 영화「대부」를 보고 나서였다. 말론 브란도가 연기한 근사한 원조 대부 '돈 코르네오네'가 영화 중간에 죽는다. 첫아들이 피살당하고 신뢰하기 힘든 둘째 아들 대신에 눈물을 머금고 셋째 아들 마이클에게 대부 자리를 물려주고 난 이후다. 따뜻한 햇볕 속에 싱그럽게 익어가는 토마토 밭에서 손주 녀석과 장난을 치며 놀다가 갑자기 쓰러진다. 나는 그 장면이 참 의외였고 그만큼 인상적이었다. 영화를 보고 나와서 이 엄청난 영화에 대해서 소감을 나누는데 갑자기 이 남자가 하는 말, "나, 저렇게 죽을 거야!" 하는 것이었다. 내가 인상적으로 본 장면을 인상적으로 봤다는 데서 오는 공감의 기쁨과 함께 '아, 이 남자가 그리는 죽음의 순간이 꽤 괜찮구나!' 하면서 썩 마땅해졌다.

이 남자가 그리는 죽음의 장면은 그 후 여러 모습으로 바뀐다. "바닷가에 있는 집에 살며 고기 잡고 농사해서 신선한 거 보내줄 테니 잘 먹어라. 그러다 며칠 동안 소식이 없으면 와봐. 아마 김매다가 쓰러져 있을 테니 와서 거둬줘!" 하다가, "어디 산 속 암자에 머물며 우리 산들 오르내리다가 그냥 갈 거야!"라고도 한다. 토마토 밭에서 쓰러져 죽겠다는 생각과 통하는 버전들이다. 그래서 우리는 옥상 텃밭에 토마토를 꾸준하게 심어왔고, 본격적인 텃밭을 마련한 후에도 계속 토마토를 키우고 있다. 대부처럼 토마토 밭에서 죽고 싶다는 그 말을 처음 들었을 때 나는 이 사람의 본성을 읽을 수 있었다. "아, 비울 수 있는 사람이구나, 홀로 있음의 기쁨을 아는 사람이구나, 믿을 수 있겠구나, 나를 걱정시키지 않겠구나!" 같은 거였다.

나는 어떨까? 죽음에 대한 나의 태도는 오락가락한다. "나도 모르게 그냥 가고 싶어!" 하다가, "이왕 죽는다면 온갖 고생 다 해보고 가야겠지? 스러지는 과정도 다 체험하고 싶어!" 할 때도 있다. 언니와 동생의 급작스런 죽음을 경험했던지라 어릴 적 나에게 죽음은 언제나 두려운 것이었다. 사춘기 시절에 죽음을 그린 책들을 각별히 찾아 읽은 이유이기도 하다. 문학은 죽음에 대해 꽤 담담한 태도를 갖게 해주었다. 적어도 막연한 두려움을 떨쳐버리게 해주었다. 루이제 린저의 소설 『생의 한가운데』에서 니나가 "죽음은 그냥 마침표더라. 내 죽음은 '하이폰(-)'이 되면 좋겠다"라고 말했던 장면은 무척 인상적이었다. 죽음은 가는 사람에게는 별 일 아니다. 남는 사람에게 그 무엇을 남기는 게 죽음이다.

그러다 정말 마음에 드는 장면이 나타났다. 영화 「러브 액츄얼리」에서 나온 병으로 일찍 떠난 아내의 장례식 장면이다. 아내의 생생한 삶의 순간들을 담은 이미지들을 영상으로 보여주며 이별의 말을 전한 남편이 이윽고 번쩍 관을 들고 나오는 그 장면이 어찌나 좋았던지 모른다. "나 먼저 죽을 테니 저런 장례식 해줘!" 내 입에서 절로 이 말이 나왔다. 그러자 남편과 딸들이 일제히 "꿈도 야무져!"라고 외쳤다. 일찍 죽어서 근사한 장례식을 받고 떠날 기회는 이제 잃어버린 것 같지만 또 다른 시나리오는 언제나 가능하다. 떠남에 대한 생각을 하면서 나 자신을 다듬는다.

우리 가족 사이에서도 '죽음'은 가끔씩 꺼내는 화제다. 처음에는 무겁기만 하다가 이야기가 전개되다 보면 어느 순간 삶의 본질에 다가서는 듯한 느낌이 찾아온다. 아이들은 어릴 적엔 죽음 이야기에 불안해하기만 하던 기색이더니, 이윽고 웃음을 섞어 얘기하는 단계로 접어들었다. '죽음'이라는 주제는 생의 본질을 맞닥뜨리게 하고 생을 생생하게 만드는 의문인 것이다. 우리 모두 어차피 죽는 존재이니 말이다.

죽음은 언제 어떻게 찾아올지 모른다. 남자와 여자는 마음의 준비가 되지 않은 가운데 죽음을 맞이한다. 한 번에 같이 죽으면 좋으련만 그건 거의 불가능한 일이고 결국 한 사람이 먼저 떠난다. 이 세상엔 배우자가 먼저 죽는 것에 대한 온갖 농담들이 있다. '아내가 일찍 죽으면 남편이 화장실에 가서 웃는다'라든가, '늙어서도 남편이 떠나지 않는 박복이라니' 하는 등의 말이다. 나는 그런 농담을 머리로는 이해하지만 가슴으로는 도저히 공감이 안 된다.

10여 년 전 급작스레 돌아가신 엄마를 묻고 돌아오던 아버지의 한마디는, "참 좋은 사람이었다!"였다. 그 한마디에 나는 언제나 무뚝뚝하기만 했던 아버지에 대해 완전히 '용서(?)'가 되었다. '표현은 안 하셨지만 엄마를 인정하고 계셨구나!' 그 소박한 '참 좋은 사람'이라는 한마디가 어찌나 가슴을 파고들었는지 모른다.

60여 년을 같이 살고 난 후 '참 좋은 사람'이라고 할 수 있으면 좋겠다.

10여 년 전 시아버님이 돌아가시며 시부모 커플의 오랜 전쟁도 끝났다. 선산에 모신 시아버님 묘소에 시어머님이 한 번도 안 가신 것만큼은 나로서 정말 용납이 안 된다. 사람이 죽으면 다 용서가 되고 화해가 이루어진다는 말도 언제나 사실은 아닌 것이다. 시어머님의 한스러운 과거 곱씹기는 계속되었고, 살아생전 마음의 화해조차 불가능했다. '어머니, 아버지가 한 무덤에 묻히기를 거부해서 자식들 고민이 크다'는 세간의 말도 드디어 이해가 된다.

"지금 같이 살고 있는 부부는 전생에 수백 번, 수천 번 만났던 인연이다." 윤회를 믿지 않더라도 이 말은 각별하게 들리지 않는가? 그 인연에 감사하라는 뜻에서 만든 말이겠으나 생각하면 그럴 법도 하다. 우리나라에만 5000만여 사람들이 살고 그 절반이 여성 또는 남성이고, 결혼 가능한 상대만 고려해도 수백만은 될 텐데, 그 많고 많은 사람들 중에 어쩌다 이 사람을 만나서 살고 있느냐 생각하면 신기한 인연이 아닐 수 없다. 전생에 인연이 없었더라면 만날 수 있었을까? 다만 좋은 인연이었는지 악연이었는지는 모르겠지만 말이다.

사랑하는 남녀가 우여곡절 끝에 헤어져야만 할 때, "다음 생에서는 꼭 당신과 함께할 거예요"라는 대사를 많이 읊는다. 얼마나 애타면 그런 말을 다 할까도 싶지만, 다른 한편 무책임하다는 생각도 든다. 그렇게라도 맺어지고 싶다면 왜 이 생에서는 맺지 못하는 것일까? 하기는 이별할 때 언젠가 환생해서 다시 만날 인연이라고 생각하면 그나마 아픔을 견딜 수 있을지도 모른다. 우리는 다시 만날 인연이기에 지금 떠나보내도 언젠가 다른 모습으로 또 만날 수 있을 것이라는 생각이 위로가 될지도 모른다.

"당신 없으면 못 살 것 같아!" 우리는 사랑할 때 이런 말을 한다. 물론 못 살지 않는다. 살아진다. "간 사람은 간 사람이고, 산 사람은 살아야지"라는 말을 할 필요도 없다. 하지만 삶에서 무엇인가 빠져나간 것 같을 것이다. 사고나 질병으로 짝을 잃어보지 않은 나는 직접 겪어보지 않았기에 헤아릴 길이 없다. 아무리 미루어 짐작을 하더라도 그 찢어지는 아픔을 이해할 수 있을까? 사랑하던 반려견을 잃고 텅 비었던 마음과 비슷할까? 백일 동안 수시로 울고, 잠자다 벌떡 일어나고, 마지막 눈빛이 자꾸 떠올라 괴로워하고, 세상의 모든 강아지에서 그 모습을 찾고, 1년이 지나자 겨우 찢어질 듯한 아픔이 가라앉고, 3년이 지나도 여전히 수시로 이야기를 하며 눈물에 젖고, 5년이 지나도 어떤 분위기를 만나면 다시 떠올리며 혼자 눈물 짓는 것과 비슷할까?

영화 제목이 기억나지 않는데 남편의 장례식을 끝내고 빈집에 돌아온 후의 며칠을 그린 영화를 어릴 때 본 적이 있다. 빈집에서 느끼는 체취, 선듯선듯 떠올리는 남편의 모습, 소소한 물건에서 떠오르는 추억에 사무쳐하던 아내를 보면서 참 절절하게 아름답다고 생각했다. 중년의 떠남에도 저렇게 슬퍼질까, 그런 생각도 했다. 줄리언 반스의 『사랑은 그렇게 끝나지 않는다』를 읽으면서도 아내를 갑자기 잃고 중년 남자의 텅 비어가는 내면을 보고 참 아름답다는 생각을 했다.

우리는 종종 '같이 늙어가고 싶다'라는 말로 같이하고 싶음을 표현한다. 아마도 이 말이 진정한 관계를 갖고 싶다는 진정한 바람의 신호일지도 모른다. '영원한 사랑'과 같은 허황된 말보다는 "같이 늙어가고 싶다"가 진정한 남녀관계의 비밀일지도 모른다. "같이 늙어간다는 느낌은 어떤 건가요?" 드라마 「별에서 온 그대」에서 늙어가는 아내가 잔소리가 많아진다고 구시렁대던 김창완에게 차분한 목소리로 김수현이 묻는다. 그 낮은 목소리에는 부러움과 슬픔이 같이 묻어났다. 늙지 않는 자신, 떠나가야 하는 자신, 404년을 같은 모습으로 살고 있는 자신에게 처음 찾아온 사랑을 이어가고 싶다는 갈망을 표현하는 것이 아주 그럴듯했다. 그렇다. 우리는 관계를 맺음으로써 죽음에 이르는 그 길에서 같이 늙어가고 싶다.

죽음은 자신과 전혀 관계 없다고 여기는 사람들이 종종 있다. 그 자체가 문제가 아니라 약해짐, 노쇠함, 병듦, 사회적으로 힘이 떨어지는 것에 대한 마음의 준비가 없다는 것이 안타깝다. 마치 불사신이자 영원한 청년이고 영원히 홀로 살 수 있다고 여기는 사람에게 연민, 공감, 사랑의 마음이 스며들 리가 없다.

어떤 죽음을 바라는가? 어떻게 떠나기를 바라는가? 어차피 빈손으로 왔다가 빈손으로 가는 인생이지만 어떤 기억을 안고 가고 싶은가? 어떤 모습으로 가고 싶은가? 남은 사람에게 어떤 기억을 남기고 싶은가? 폐를 안 끼치고 가고 싶고, 내가 떠나더라도 편하게 살았으면 좋겠고, 좋아지는 사람 만나서 또 사랑했으면 좋겠고, 살아 있는 동안 맛있는 거 먹고 좋아하는 거 하면서 가끔은 내 생각을 해줬으면 좋겠고, 아니 나를 아주 잊어주기를 바랄 수도 있고, 언젠가 다시 만날지도 모르겠다는 생각을 할까?

가끔은 죽음의 헤어짐에 대해서 상상해보라. 당신이 떠나면 이 사람은 어떻게 살까, 이 사람이 떠나면 당신은 어떻게 살까, 상상을 해보라. 함께 늙어가는 모습이 상상이 되는가? 이 사람은 이 사람이되, 다른 모습의 이 사람과 후생에 또다시 만나고 싶은가? 가슴이 아리는가? 아무리 상상을 하더라도 상상 이상의 것이 될 수밖에 없는 것이 죽음의 헤어짐이다. 아무리 준비하려 해도 준비될 수가 없는 헤어짐이리라. 그러나 바로 그 상상이 지금의 순간을 더 소중하게 만들어준다.

죽음으로 인한 이별을 헤아려본다는 것은

얼마나 마음을 비울 수 있는지

얼마나 배려하는지에 대해 가늠하게 한다.

죽음의 존재는 바로 이 순간을 소중하게 만들어준다.

하지만 사별의 아픔을 겪기도 전에 남녀는 헤어지기도 한다. 그것도 지독한 진통을 겪으면서, 서로를 괴롭히고 스스로를 괴롭히고 주변까지 괴롭혀가면서, 갈등과 불화뿐 아니라 때로는 온갖 전쟁까지 치르면서 헤어진다.

연애 시절에 겪는 결별은 대중가요의 주요 소재다. 마치 이 세상에 애인과의 결별만큼 운명적인 사건이 없고 연인과의 결별만큼 슬픈 비극은 없다는 식의 가사들 천지다. 그런데 듣다 보면, 훨씬 더 큰 아픔이 많다는 사실을 알면서도 가슴이 뜨거워진다. 왜? 그것은 '사랑에 대한 아픔'이기 때문이다. 왜 너는 나를 더 이상 사랑하지 않는가? 왜 너는 나만큼 사랑하지 않는가? 왜 너는 헤어지려 하는가? 너는 나를 사랑하기는 했던 건가? 왜? 왜? 왜? 아무리 생각하고 또 생각해도 아프다. 본인 스스로를 '이별 전공 가수'라고 소개하는 알리의 데뷔 곡인 「365일」의 가사처럼 하루, 이틀, 사흘, 닷새, 일주일, 한 달, 그리고 일 년 후에도 이별의 아픔을 잊기 위해서 우리는 별별 짓을 다 한다. 하지만 이윽고 그 아픔은 지나간다. 아픔으로 남아도 여전히 아름다움으로 남아 있을 수도 있다. 사랑의 아픔은 노래로 또 시로 만들어진다.

이혼은 다르다. 이혼을 주제로 시를 짓거나 노래를 만들지는 않지 않은가? 이혼을 떠올리면 더럽고 치사하고 배신감과 자책감과 후회와 불안감과 모욕감이 뒤범벅이 된다. 연애의 결별이 사랑에 대한 아픔이라면, 이혼은 '현실에 대한 아픔'이기 때문이다. 왜 나는 너와 만났던가? 우리는 어떻게 엇갈렸던가? 왜 너는 나를 배신했는가? 왜 나는 너를 배신했는가? 나는 앞으로 사람을 믿을 수 있을까? 다시 사랑을 할 수 있을까? 이렇게 나를 짓밟을 수 있을까? 정말 이렇게 졸렬한 사람과 그동안 살았을까? 이루 말할 수 없는 감정들과 생각들이 뒤범벅되는 게 이혼이라는 것이다.

결혼 선서에서 나오는 "죽음이 우리를 갈라놓을 때까지"라는 말을 들으면 어떤 느낌이 드는가? 아마 대부분 비장해지지 않을까? '검은 머리가 파뿌리가 될 때까지' 우리는 정말 같이할 수 있는 걸까? 이런 선서를 하면서 속으로는 '개뿔!' 하는 것은 아닐까? 불행하게도 이런 '개뿔' 같은 상황은 수시로 벌어진다. 결혼율은 떨어지지만 이혼율은 급증해서, 어떤 문화권에서는 거의 두 쌍 중 한 쌍이 이혼을 하는 지경에 이르렀다. 여차하면 '결혼은 선택, 이혼은 필수'라는 말이 나오지 않을까 싶을 정도다.

이렇게 흔해졌다면 좀 차분해지기도 하련만, 여전히 이혼은 고통스럽기 짝이 없다. 무슨 방법이 좀 없을까? 나는 가까운 사람들의 이혼을 숱하게 봤다. 때로는 어쩔 수 없이 이혼 과정의 중재 역할을 했던 적도 있다. 내키지는 않지만 그런 역할을 해야 할 때는 할 수밖에 없다. 당사자들이 당장 너무 고통스러워해서 판단력이 마비되어 있는 경우도 많으니, 제3의 중재가 필요할 때는 필요한 것이다.

첫 번째로 부닥치는 문제는, '과연 이혼을 해야 할까'에 대한 것이다. '이혼의 조건'은 무엇인가에 대한 의문이다. 나는 궁극적으로는 단 한 가지라고 본다. 둘 중 하나가 '더 이상 아니다' 하면 이혼의 조건은 성립된다. 속사정이 무엇이든 상관없다. 불륜, 외도, 폭력, 폭행, 학대, 무능, 무책임, 무시, 무관심, 섹스 불능, 범죄, 의심, 성격 차이, 그냥 싫음 등 어떤 상황에서도 한 사람이 더 이상 계속할 수 없다고 하면 결별의 조건이 성립된다. 물론 마찬가지로, 어떤 상황이든 당사자가 용납하기만 한다면 이혼으로 향해야 할 이유가 전혀 없다.

그렇다면 주변에서는 왜 이혼을 말릴까? 혹시 순간적인 또는 단기적인 감정에 사로잡혀서 섣부른 결정을 해버릴까 봐 걱정해주는 것이다. 이럴 때 필요한 것은 오직 '숙려 기간'이다. '이혼'이라는 말이 나올 때는 이미 개인적으로 오랫동안 고통스런 숙려의 시간을 겪었을 텐데 왜 시간이 더 필요하냐고 할지도 모르겠다. 하지만 개인적으로 결정한 것과 쌍방이 합의하고 주변에 알리고 난 후에도 그 결정을 밀고 가는 것과는 분명 차이가 있다. 그래서 별거의 시간을 갖는 것은 절대적으로 필요하다. 그 시간 동안 자신을 관찰하고 상대를 관찰하고 이혼에 대한 면역력을 기를 수도 있고, 또는 감정의 클라이맥스를 지내고 난 후 냉정을 되찾는 시간이 될 수도 있다. 결혼과 마찬가지로 이혼이 개인의 문제만이 아니라는 사실을 새삼 깨닫는 시간이 되기도 한다.

주변에서 이혼을 권유하는 상황도 있지 않나? 물론 있다. 도저히 치유도 개선도 불가능하게 보이는 문제가 불거지는 때다. 사람들은 절대 치유 불가능한 문제로 '폭력, 도박, 의심증' 세 가지를 들기도 한다. 하지만 이 세 가지만일까? 이혼의 사유들은 이외에도 훨씬 더 많을 수 있다. 영화 속에서 자주 그려지듯이 '성적 취향'이 다른 것을 깨닫거나, '거짓말'이 문제가 되기도 하고, '상습'이 문제가 되기도 한다.

어떤 사달이 났건 누구도 쉽게 이혼을 결단하지는 못할 것이다. 해야 하는가, 말아야 하는가? 참을 수 있는가, 참을 수 없는가? 어떤 불이익이 생기나, 이점이 생기나? 나의 평온이 중요한가, 가족의 평온이 중요한가? 원칙 지키기가 중요한가, 현실 받아들이기가 중요한가? 수많은 의문들이 쏟아진다. 그도 그럴 것이 남녀관계란 정말 요지경인 경우가 많기 때문이다. 이미 이혼했다고 생각했던 커플이 별거만 하고 있는 경우도 있고, 이미 끝났다고 생각했던 커플이 다시 살고 있기도 하고, 이혼했던 사람들이 아예 다시 재결합하는 경우도 있다. 그러니 이혼의 선택이란 절대 쉽지 않다.

두 번째로 부닥치는 문제는 이혼 과정을 어떻게 다스릴 것인가다. 나는 이혼을 하려면 그 과정만큼은 쿨하게 하는 게 맞다고 본다. 그런데 그게 그렇게 어렵기 때문에 제3자인 변호사를 통해서 법적 투쟁을 밟는 것인지도 모른다. 외국의 영화들은 이 징그러운 이혼의 과정을 한바탕 전쟁으로 그리기도 했다. 「장미의 전쟁」 「미스터 앤 미세스 스미스」 「크레이머 vs 크레이머」 등 이혼을 그린 수많은 이혼 영화들이 있다.

쿨하게 이혼하기의 기준은 무엇일까? 이혼만큼은 쿨하게 하고 싶은 커플들이 고민해야 할 사안은 다음 세 가지일 것이다. '공정과 성실과 배려의 원칙'이다.

+ **공정** 재산 나누기(재산 형성의 기여도를 어떻게 평가할 것인가?)

+ **성실** 아이에 대한 책임 나누기(양육권과 양육비는 어떻게 분배
  할 것인가?)

+ **배려** 감정 가치 배분하기(누가 무엇을 더 지니고 싶어 하는가?)

말로 하면 이렇게 간단하지만 현실은 실로 복잡하기 짝이 없다. 재산 분할 분쟁은 다들 아는 바대로 골치 아프다. 결합 전 재산이 얼마였는가? 결합 시 각기 얼마나 비용을 썼는가? 동거 중 생활비를 어떻게 분담했는가? 이혼에 누구의 책임이 더 큰가? 치사할 정도로 따질 게 많으니 분쟁이 없는 커플이 없다. 요즘은 여성들의 경제활동권도 활발하니 계산은 더욱 복잡해진다.

아이에 대한 책임 분담은 가장 중요한 것이련만 각기의 소유

욕, 애착, 책임감의 정도에 따라 분담 방식에 합의하기가 만만치 않다. 양육 활동의 소소한 내용에 대한 합의를 하나하나 정하기도 쉽지 않거니와 정하고 나서도 지키지 않으니 또 문제가 된다. 같이 살고 있을 땐 웬만큼 눈감고 넘어갈 것도 갈라서니 신경이 곤두선다. 그 과정에서 아이들이 상처받는 경우도 적잖다.

'감정 가치(sentimental value)'는 은근히 분쟁의 씨앗이 된다. 공동으로 소유하고 관리하던 것들에 대해서 각기의 애착심이 다르기 때문에 누가 무엇을 갖고 양보하느냐에 대해서 서로 배려하지 못해서 생기는 문제다. '집'이 대표적이고, '반려동물'도 전형적인 사안이다. 본인의 의사를 분명히 하지 못하는 반려동물까지도 결별의 아픔을 겪는 것이다. 엄마 개, 아빠 개가 따로 갈라져 살면서 헤어짐의 아픔을 겪는 강아지들도 있다.

쿨하게 이혼하려면 결합할 때 '혼전계약서'를 써놓으면 되지 않을까? 요즘 젊은이들은 이런 고민을 하는 사람들이 꽤 있다. 늦결혼이 트렌드가 되고 여성의 경제활동이 늘면서 각기 재산 형성이 어느 정도 이뤄진 상태에서 결혼하게 되는 경우도 있다. 재혼의 경우, 각기의 자식들과 분쟁을 피하기 위해 혼전계약서를 고민하기도 한다. 이혼율이 무척 높은 사회에서 발생한 제도가 우리 사회에서도 일반화될지 궁금하다. 묵계로 삼아놓은 약속과 법적 도장을 찍은 약속의 효력이 다르기도 하지만, 그런 혼전계약서의 존재가 남녀관계에 어떤 영향을 미칠까가 더 궁금해지기도 한다.

세 번째로 부닥치는 문제는, 이혼 과정 자체를 쿨하게 치러 냈다고 하더라도, 여전히 가장 중요한 감정 관리의 문제가 남는 다는 것이다. 우여곡절 끝에 공정과 성실과 배려의 원칙에 따라 이혼의 조건에 합의했더라도 감정의 앙금이 남는 것이다. 그나마 이혼 과정이 깨끗하면 낫지만 여전히 사람의 감정 문제는 후유증 이 오래간다.

이혼과 그 후의 헤어지는 상태에는 다음의 세 가지가 있을 것이다. 첫째, 배신감으로 헤어진다. 남는 건 '증오'다. 둘째, 가뿐 하게 헤어진다. 남는 건 '망각'이다. 셋째, 엉거주춤하게 헤어진다. 남는 건 '후회'다. 실제는 이 세 가지가 마구 섞이기도 한다. 증오 가 남으면 계속 과거를 곱씹으며 자신을 괴롭히고, 망각을 통해 자신의 역사를 부정하게 되고, 후회하면서 자책하고 스스로를 괴 롭히는 것이다. 그래서 이혼 이후에는 '용서와 독립과 화해의 법 칙'이 적용되어야 한다. 인간성과 인간에 대한 신뢰를 회복하는 데 절대적으로 필요한 과정이다.

+ **용서** 감정의 정리(상대에 대한 용서, 자신에 대한 용서)

+ **독립** 자신의 삶 찾기(일상적인 자기 회복력의 복원)

+ **화해** 서로의 미래에 대한 축복(인간관계 회복)

남녀가 헤어질 때 자주 나오는 말이 "좋은 친구로 남자!"라는 것이다. '여자 남자가 친구가 될 수 있느냐?'라는 아주 오래된 의문은 차치하더라도, 한번 사랑으로 엮였던 사람이 헤어지고 나서도 좋은 친구가 될 수 있을까? 게다가 만약 배신감으로 헤어지고 서로의 죄과를 따지게 되면 서로 상대의 입장과 선택을 인정할 수 있을까? 머리로는 용서하더라도 마음으로 용서가 될까? 겉으로는 화해의 제스처를 취하더라도 마음속 응어리까지 없어질 수 있을까? 여러 가지 의문이 든다.

하지만 모든 인간 사이가 그런 것 아닐까? 남남 사이에서는 물론이고 피가 섞인 가족 사이에서도 마음의 응어리가 없는 관계가 어디 있을까? 그럼에도 불구하고 관계를 유지하는 것 아닐까? 용서하고 화해한다는 뜻은 우리가 성인군자가 된다는 뜻은 아니지 않겠는가? 상대의 잘못과 나의 잘못을 인정하면서도 그럴 수밖에 없는 상대의 부족함과 나의 부족함을 인정할 수 있게 되는 것 아닐까? 서로의 잘못과 부족함을 알면서도 여전히 인간으로서의 가까움을 느낄 수 있게 되는 것 아닐까? 용서와 화해란 정말 어려운 과제다.

모든 커플들이 그런 것처럼, 우리 커플 역시 헤어짐을 거론해본 적이 있다. 연애를 5년 동안이나 하다 보니 그 기간에도 적잖이 결별이란 말이 나왔다. 지금 돌아보면 어떻게 그 긴 시간 동안 관계를 유지했을까 의아스럽기까지 하다. 결혼 이후에는 모든 커플처럼 티격태격, 아웅다웅한 적이 한두 번이 아니다. '이혼'이란 말을 꺼내지는 않았으나 "그래, 따로 삽시다!" "그래, 갈라섭시다!" 같은 말이 안 나왔을 리가 없다. 이혼이란 말이 정식으로 나온 것은 40대가 되어 차분하게 얘기할 여유가 생길 때였다. 주변에서 벌어지는 이혼을 자주 목격하게 된 시절이기도 하고 각기의 커리어가 자리를 잡은 시절이기도 하다. 우리는 여러 시나리오들을 넘나들었다. "아이들이 독립하고 나면 꼭 같이 살아야 할 필요 없잖아? 그때 이혼을 본격적으로 검토해봅시다!" "이혼하기 자체가 너무 귀찮지 않아? 그냥 따로 삽시다." "각기 좋아하는 데 가서 살면 되잖아? 은퇴하면 여행도 많이 할 텐데 떨어져 있을 시간이 많지 않나?" 등.

물론 이혼한다면 어떻게 책임과 재산을 나누느냐에 대해서 수없는 논쟁도 했다. 당연히 재산 형성에 대한 기여도, 아이들 양육, 가사 노동에 대한 평가는 논쟁의 단골 메뉴였다. 누가 어떤 물건을 샀느냐, 누가 가꿔놨느냐 역시 안건으로 등장했다. 우리가 강아지, 고양이를 키우면서부터는 누가 키우느냐, 못 키우느냐를 가지고 싸움을 하기도 했다. '나를 더 좋아한다' 같은 애매모호한 주장이 펼쳐지기도 했다. 어떻게 이렇게 엮여 있는 게 많으냐 새삼 깨닫기도 했다. 두 사람에게 유일한 공통적인 입장은 '쿨하게 헤어지자'는 것이다. 우리 커플이 아직까지도 헤어지지 못하고 있는 것은 두 가지 이유 때문일지도 모른다. 하나는 헤어지기가 너무 귀찮다는 것, 다른 하나는 쿨하게 헤어질 자신이 없다는 것. 나이 들수록 이혼의 조건에 대해서 훨씬 칼처럼 분명해졌음에도 불구하고 이혼 이야기는 점점 줄어든다는 것이 다행이랄까.

커플에게 위기는 언제든지 온다. 이혼에 대한 통계를 보면 흥미롭다. 2년 차 전이 많고 20년 차가 제일 많다. 두 가지 이유 때문일 것이다. 아이 없을 때 커플의 본색이 고대로 드러나고, 아이들이 어느 정도 자라면 갈라서도 좋다는 판단을 내린다. 30년 차 이상 황혼이혼이 늘어나고 있는데, 이것은 차라리 좋은 현상이라고 봐야 할까? 남은 인생이나마 자신의 평온을 찾을 수 있을 테니 말이다. 여하튼 커플의 위기는 수시로 여러 가지 형태로 올 수 있다.

+ **결혼 초** 드러나는 본색, 실망감, 속궁합, 과거, 태도

+ **출산 후** 우울함, 소외감, 부담감의 엄습

+ **커리어 스트레스** 책임 배분의 불공정함

+ **아이 양육** 책임과 성의에 대한 생각 차이

+ **커리어 중단** 한쪽의 내적 불만감 점증

+ **성적 무기력** 성적 불만족

+ **일탈** 외도, 불륜 등

+ **해직 · 이직** 열패감, 무너지는 자존감

+ **경제적 어려움** 불만, 박탈감, 희망의 상실

+ **은퇴** 존재감의 상실

+ **질병** 일상생활의 상실

+ **가족 부양** 희생한다는 느낌, 불공평

+ **가족의 죽음** 기억의 고통

이런 위기들은 나이를 가리지 않고 찾아오며 또 라이프 사이클에 따라서 덜해지기도 하고 더 심해지기도 한다. 이런 위기에서 어떤 선택을 할 것인가? 어떻게 같이 이겨나갈 것인가? 어떻게 희망을 걸어볼 것인가? 어떻게 절망하지 않을 것인가? 그래도 안 된다면, 어떻게 쿨하게 이혼이라는 과제를 대할 것인가? 이러한 문제도 미리 헤아려볼 필요가 있다. 이혼 이후에도 삶은 여전히 계속될 것이기에.

커플에게 위기는 수시로 찾아온다.

정히 이혼을 하겠다면, 가장 쿨하게 하라!

이혼 이후에도 삶은 계속되기에.

생이별의 헤어짐
: 왜 떨어져 사는가?

또 하나의 이별, '생이별'에 대해서 생각해보자. 죽는 것도 아닌데, 갈라서는 것도 아닌데, 남녀가 떨어져 사는 상황에 대해서 당신은 어떻게 생각하는가? 본격적인 남녀관계를 맺는다는 뜻은 시간과 공간을 함께 쓰는 상황을 전제하는 것인데, 이 전제가 지켜지지 않을 때에는 어떻게 해야 하는가?

의외로 이런 상황들이 많다. 어찌 된 사연인지 늘어나기도 한다. 이런 변화를 당연하게 받아들여야 하나 싶은 생각이 들 정도로 자주 만나게 된다. 저녁 모임이나 주말 모임에서 스스럼없이 "기러기예요!" 하며 자기를 소개하는 남성들을 많이 보기도 한다. "떨어져 살아서 차라리 편해요!" 하는 여성들도 적지 않다. 어쩌다 이런 풍경들이 벌어질까?

첫째, 어쩔 수 없는 상황 때문에 헤어져 사는 경우다. 한 명이 해외 또는 다른 지역에서 취업할 때 이런 상황이 종종 생긴다. 둘째는 자의 반 타의 반으로 생이별하는 경우다. '기러기 가족'이 대표적이다. 조기 유학, 해외 유학, 타 지역 유학, 만기 유학 등 경우의 수도 많아진다. 셋째는 합의하에 떨어져 사는 경우다. 은퇴 이후나 개인 작업을 많이 하는 자유 직종의 사람들이 종종 선택하는 삶의 방식이다.

이런 풍경들에 대해서 어떤 생각이 드는가? 워낙 많다 보니 그럴 수도 있겠다는 생각이 드는가, 아니면 같은 공간에서 같이 자고 같이 일어나려고 결합했는데 이렇게 떨어져 산다는 게 무슨 짓인가 하는 생각이 드는가? 물론 이것은 선택의 문제다. 남녀관계에는 수많은 다양성이 존재하고, 그 다양성을 추구할 만큼 우리 문화가 유연해지고 있다는 징표이기도 하다. 불가피해서 떨어져 살 수도 있고, 핑계 김에 떨어져 살 수도 있고, 그 삶의 방식이 자연스러워서 떨어져 살 수도 있다. 다만 중요한 것은 두 사람이 같은 생각을 갖고 있느냐 하는 것일 게다.

1장에서 얘기했듯이, '부부보다 남녀가 먼저, 아이보다 남녀가 먼저, 커리어보다 남녀관계가 먼저'라는 관점을 가진 나로서는 불가피하지 않는 한 남녀가 떨어져 사는 데 대해 마뜩치 않다. 첫째 이유, 남녀가 오래 떨어져 있으면 사달이 날 위험성이 높다. 모든 외로움은 다 견디기 힘든 것이다. 육체적 외로움, 정서적 외로움, 정신적 외로움이 쌓여간다. 그러다가 어떤 유혹이 생기면 자칫 흔들릴 개연성이 높아지는 것이다. 둘째 이유, 매일의 시간을 같이하며 자연스럽게 생기는 접촉에 대한 애착심이 줄어든다. 하루에 얼마나 오래 시간을 같이하는가 자체는 중요하지 않다. 일상의 루틴에 배어들어 있는 스킨십의 따뜻함은 사람 간의 접촉에 대한 애착심을 키워준다. 이런 루틴이 커플의 스킨십 민감성에 절대적으로 작용한다. 셋째 이유, 떨어져 살면 서로의 삶의 흐름을 놓치게 된다. 매일매일 일어나는 사건들의 경과, 접촉하는 사람들, 뉴스들, 가족과 친우들의 소식, 기분의 변화 등은 같이 있어야 그 흐름을 알 수 있다. 마치 드라마를 너무 오래 놓치지 않아야 줄거리를 잊지 않게 되는 것과 같다. 이것은 커플 관계에서뿐 아니라 부모 자식 관계에서도 마찬가지다. 넷째 이유, 하루의 첫 시간과 마지막 시간을 같이한다는 행위의 의미심장함을 놓치게 된다. 한밤의 적막함, 새벽의 고요함, 이 세상의 모든 것과 떨어져 오직 당신과 나만이 함께 있다는 느낌이 갖는 그 각별한 뜻을 어떻게 헤아리랴.

그러니 피치 못할 사정 외에는 생이별을 하지 마라. 직업 때문이라면 온갖 방식을 동원해서라도 떨어져 있는 시간을 줄이도록 노력하라. 커플마다 차이가 있겠지만, 아무리 길어도 3년을 넘기면 곤란하다. 아이 유학으로 인한 기러기 가족은 절대 하지 않는 것이 좋다. 기숙사에 들어가는 것을 감당할 수 없는 나이라면 유학 자체가 바람직하지 않다. 자신의 홀로 몰입 작업 때문에 일정한 별거가 필요하다면 생활 리듬을 조절하라.

생이별에 대해서 나는 강경한 원칙론자인 셈이다. 개인적 체험 때문이기도 할 것이다. 가족들, 친구들 중에 몇 년씩 생이별하다가 결국 파국에 이른 사례들을 나는 많이 목격했다. 아이들 셋을 조기 유학 보내고 같이 가서 뒷바라지를 하겠다는 여동생과는 논쟁 끝에 싸움 직전까지 간 적도 있다. 결국 아이들만 보낸다는 조건으로 나도 할 수 없이 축복을 보내줬다. 요즘 은퇴 커플 중에서 떨어져 있는 시간이 길어지는 친구들이 늘어나고 있는데, 아무리 각방과 빈 둥지에 적응된 세대라 할지라도 그리 바람직해 보이지는 않는다.

그렇다면 피치 못해서 떨어져 살 수밖에 없을 때는 어떻게 해야 하는가? '그리움을 이어가는 것'과 '접촉의 끈을 놓치지 않는 것'이 중요하다. 남녀관계가 섹스와 돈만을 교환하는 것은 아니지 않는가? 생이별로 공간과 시간을 완벽하게 공유하지는 못한다 하더라도, 스킨십과 말과 지혜와 공동 프로젝트의 끈을 이어가는 온갖 방법을 궁리해야 할 것이다.

우리 커플 역시 불가피하게 떨어져 살아본 적이 몇 번 있다. 아무리 길어도 여섯 달을 넘지 않았으니 생이별이라 부를 만한 상황은 아니었다. 하지만 확실히 리듬이 달라지고 호흡이 달라지고 체온이 달라지는 것을 느꼈다. 처음에는 아쉬움이 몰려온다. 그러다가 자유로움이 찾아온다. 그러다가 외로움이 찾아온다. 그리고 그리움이 점증되면서 다시 만나면 최선의 상황이다. 떨어져 지내면 처음에는 시간이 너무 남는다. 그러다가 시간의 여유가 고마워진다. 그러다가 시간의 자유를 만끽하는 게 너무도 날아갈 듯 자유롭다. 그리고 다시 만나면 시간의 압박이 찾아온다. 또 처음에는 공간이 허전하다. 그러다가 공간이 여유롭다는 게 즐거워진다. 그러다가 마음대로 공간을 자유롭게 쓰는 게 좋아진다. 그리고 다시 만나면 공간의 압박감이 강해진다. 누구라도 같이 살다 혼자 살면 이런 단계를 밟을 것이다. 가끔씩 긴장을 풀어주는 것은 필요할지 모르지만, 아예 긴장이 풀어지는 단계로 넘어가는 것은 심사숙고할 일이다.

연애 시절에 불가피한 사정으로 오래 떨어져 있는 경우 열의 아홉은 관계가 끝나고 만다. '고무신 거꾸로 신었다'고 비난만 할 일도 아니다. 그렇게 떨어져 있어도 관계가 이어진다면 그야말로 천생연분일지도 모른다. 동거 커플의 경우에도 오랜 생이별이 계속되면 깨질 확률이 높다. '동거(同居)'와 '동반(同伴)'이라는 말 그대로의 의미가 더 이상 성립되지 않기 때문일 것이다. 그런데 결혼이라는 제도로 맺어진 커플은 오랜 생이별을 해도 괜찮을 것이라는 전제는 어떻게 성립될 수 있다고 믿는가?

물론 가장 힘든 상황은 마음으로는 결별인데 몸으로는 같이 살고 있는 것일 게다. 이것 역시 생이별이라 불러야 할까? 각 방을 쓰는 것도 모자라 아예 서로 존재하지 않는 것처럼 대하는 관계라면 더 이상 커플이라 볼 수 없는 것 아닌가? 차라리 이혼을 하더라도 지옥 같은 생이별은 사절이다. 다만 서로의 짝으로 관계를 이어갈 수 있는, 이어가기 위한, 이을 수 있는 생이별이라고 한다면, 그 부작용을 최소화할 방법을 궁리하라!

생이별은 최소화하라.

시간과 공간을 공유하지 못한다면,

스킨십과 말과 지혜와 공동 프로젝트의 끈을 이어가라!

162

아직도 알지 못하는
그대가 궁금하다

우리가 살아갈 수 있는 것은 우리의 앞을 아직 모르기 때문이다. 한 사람과 한 사람이 살아가는 시간을 같이하겠다고 선택할 때는 어떤 앞날이 벌어질지 전혀 모른다. 행복하기만 할 거라고, 독립된 삶을 살 수 있을 거라고, 재미나게 살 수 있을 거라고, 안전하게 느끼게 될 거라고, 안정된 삶이 될 거라고 기대하지만 어떤 현실이 어떻게 펼쳐질지는 전혀 모른다. 누구도 헤어짐을 알고 결합을 선택하지는 않지만, 헤어짐은 때로는 느닷없이, 때로는 속으로 밑둥이 썩어들어가면서, 때로는 서서히 시들어가면서 일어날 수 있는 것이다.

느닷없는 사별의 헤어짐은 절대로 일어나지 않기를 바라지만, 살아 있는 한 우리는 언젠가 사별의 헤어짐을 겪을 수밖에 없

헤어진다면 우리는 서로에게 어떠한 흔적을 남기게 될까?
이 사람은 어떤 헤어짐을 전제하고 있을까?
나는 또 어떤 전제를 하고 있을까?

다. 그 헤어짐에 대해서 서로의 생각을 더듬어보면 우리가 얼마나 서로를 배려해줄 수 있는지, 얼마나 서로를 아껴주는지, 얼마나 서로를 필요로 하는지 가늠할 수 있게 될 것이다. 무엇보다도 사별의 헤어짐을 상상해본다는 것은 바로 지금 이 순간의 소중함을 새삼 일깨워줄 것이다.

결별로 헤어지게 될 때 우리는 그동안 전혀 알지 못했던 사람을 만나게 될지도 모른다. '이 사람인가?'하고 수많은 질문을 했고 나름대로 이 사람을 알고 있다고 생각했지만 전혀 다른 사람으로 표변할지도 모른다. 그렇기에 미리 '이혼을 한다면, 가장 쿨하게 하고 싶은 이혼의 방식'에 서로 공감해두어야 할지도 모른다. 이혼을 하더라도 인간에 대한 예의를 지키기 위해서, 인간에 대한 믿음을 잃지 않기 위해서, 이혼 이후의 삶을 계속해나가기 위해서 말이다.

생이별은 되도록 하지 않으면 좋겠다. 피치 못할 사정에 의해서 헤어져 있을 때에는 비록 시간과 공간을 같이하지 못하더라도 스킨십과 말과 지혜와 공동프로젝트의 끈을 놓치지 말자. 무엇보다도 어떤 헤어짐을 두 남녀가 용납할 수 있느냐에 대한 생각을 공유해보자.

헤어져야만 할 때 우리는 비로소 이 사람의 존재, 의미, 본질, 상징을 파악하게 될지도 모른다. 남녀관계를 지속하는 데에는 수많은 어려움이 존재하지만 그럼에도 불구하고 헤어짐의 힘듦보다는 훨씬 더 나을 것이다. 헤어짐에 대한 생각의 끈을 놓지 않으면서도 어떻게 남녀관계를 지속 가능하게 만들 것인가? 이것이 관건이다.

헤어지느냐 마느냐가 문제가 아니다.
'어떻게 헤어지느냐'에 대한 생각은
그 사람의 본질을 보여준다.
서로의 생각을 가늠해보라!

4장

남녀관계도
훈련이 필요하다

남녀를 위한
절대 충고

남녀의 차이보다는
개인 차이가 더 크다

같이 사는 남녀 사이의 갈등은 끝이 없다. 끊임없이 갈팡질팡, 좌충우돌, 티격태격한다. 어쩌다 보는 쇼윈도 커플의 우아한 모습에 속을 이유가 없다. '교양인인 척'하는 쇼윈도 커플도 그 속내를 들여다보면 서로 적절히 모른 척하거나 적절히 거리를 두는 경우가 태반이다. 오히려 갈등을 방치했다가 속으로는 무서운 난치병을 키우고 있을지도 모른다. 섹스 · 스킨십 · 돈 · 살림 · 말 · 지혜 · 시간 · 공간을 공유하는 남녀관계에서 '돈에서 무책임하고, 살림에서 삐걱거리고, 더 이상 말이 안 통하고, 더 이상 서로의 의견에 관심이 없고, 시간에서 독점적이고, 공간에서 차별적이면' 그 좋던 섹스와 스킨십도 더 이상 효과를 발휘하지 못한다. 기껏 땜질용 처방이 되거나 순간적인 마약 효과만 있을 뿐이다.

갈등을 다스리는 지혜가 필요하다. 그 첫 지혜라면, 갈등을 받아들이는 지혜다. 갈등이 없는 커플이란 이 세상에 없다는 사실을 받아들이자. '우리는 문제야!'라는 결론으로 성급하게 뛰어들기 전에 '이 문제의 정체가 뭐지?'라는 호기심으로 예의 관찰하고, '어떻게 풀어가면 나아지지?'라는 태도로 궁리하고, '해보니까 이런 효과가 있구나, 아니 이건 효과가 없구나!'라는 실천적 태도가 절대적으로 필요하다. 이것이 지속 가능한 남녀관계를 위한 훈련이다.

먼저 남녀의 차이부터 정리해보자. 남녀관계의 갈등이 불거질 때마다 등장하는 것이 남자와 여자는 다르다는 구별론이니 말이다. 그 유명한 책, 『화성에서 온 남자, 금성에서 온 여자』는 이 구별론을 완전 대중화해놓았다. 당신도 알게 모르게 남자와 여자는 다르니까 하면서 속만 끓이고 있을지 모른다. 당신은 다음에 대해서 어떻게 생각하는가?

+ 남자와 여자는 다르다.

+ 남자와 여자는 근본적 차이가 있다.

+ 남자와 여자의 근본적 차이는 사라지지 않는다.

+ 남자와 여자의 차이는 점차 줄어들고 있다.

+ 남자도 여자도 인간이다.

+ 남자와 여자의 차이란 근본적으로 없다.

+ 남자와 여자의 차이란 사회적인 고정관념일 뿐이다.

+ 남자와 여자의 구분은 무의미하다.

남자와 여자의 차이에 대해 세상에는 이렇게도 많은 설이 있다. 당신은 이러한 설에 대해서 어떤 입장을 가지고 있는가? 각기 다른 설에 대해서 어떤 입장을 취하는가? 답은 하나일까? 아니면 여럿일까? 답 자체가 있기는 한 걸까?

게다가 한 걸음 더 나아가서 '남자는 여자를 모른다' '여자는 남자를 모른다' 같은 설에 대해서는 어떻게 생각하는가? 서로가 서로를 모른다는 가정하에 이 세상에는 온갖 해설과 해석과 주장과 제언들이 무성하다. 남녀 구별론에 대해서 하나의 답만이 있다면, 이 세상의 소설, 에세이, 지침서, 드라마, 영화, TV 프로들은 아마 하나도 살아남지 못할 것이다. 남녀의 차이에 대한 설은 인류의 역사만큼이나 오래된 것이고, 인류가 생존하는 한 영원히 존재할 것들이다. 사실 이런 설들에 대해서는 답이 아니라 '입장'이 있을 뿐일지도 모른다. 아니, 사실은 답이 있음에도 불구하고 자신의 입장과 다르기 때문에 그 답을 수긍하기 싫어하는 건지도 모른다.

나는 나의 답(들)을 갖고 있다. 그 답(들)을 다듬어왔다. 1남 6녀의 집에서 자라면서 어릴 적부터 남녀 구별, 남녀 차별에 유독 민감하게 반응했던 나는 온갖 설들에 귀를 열었고, 그 주장들에 귀를 열었고, 과학적 근거들에 관심을 기울였고, 나의 직간접 체험에 비춰보면서 나름대로 나의 이론을 세워왔다.

첫째, 나는 휴머니즘에 뿌리를 든든히 박은 '인간론자'로서, 남자와 여자가 근본적으로 같다는 입장을 갖고 있다. 인간으로서의 본능과 욕구를 공유한다는 점에서 그렇다. 생존 본능, 섹스 본능, 사랑 본능, 즐거움 본능, 자존심 욕구, 인정 욕구, 불멸의 욕구뿐 아니라 탐욕, 허영, 탐식, 오만, 나태, 질투, 분노 등 일곱 가지 악(惡)까지도 안고 사는 게 모든 남자와 여자의 인간적 숙명이라고 생각한다. 남자와 여자의 차이란 사회적인 고정관념(어릴 적부터의 놀이 방식, 교육 방식, 주변의 기대, 사회 역할론 등)으로부터 크게 영향을 받기 마련인데, 그 영향력이 워낙 강력해서 마치 생래적으로 다른 인간인 것처럼 오해하게 만든다. 사회 통제를 하기 위해서 그 차이를 의도적으로 이용하면서 편협한 남성관, 편협한 여성관을 조장하는 측면도 분명히 작용한다. 이런 억압을 극복하고 인간적인 관점을 유지해보자. 남자와 여자는 근본적으로 인간으로서의 본능과 욕구를 공유한다는 사실에 기꺼워하자.

둘째, 나는 유전자론을 믿고 생리학의 과학적 사실을 인정하기 때문에 남자 여자의 차이가 분명히 있다는 입장을 갖고 있다. 염색체 XX와 XY의 차이가 없다면 그게 외려 이상하지 않은가? 남자와 여자의 성징(性徵)을 발현시키는 호르몬이 엄연히 다른데, 그 호르몬이 성격이나 성향의 차이를 낳지 않는 게 오히려 이상하지 않은가? 남자는 아이를 못 낳지만 여자는 열 달 동안 아이를 품고 출산 노동을 통해 엄청난 몸의 변화를 체험하는데, 어떻게 차이가 없겠는가? 남자와 여자의 체구가 다르고 골격 구조 자체가 다른데 체력이 다름을 어떻게 인정하지 못하겠는가? 남자와 여자의 신경계 발달이 다른데 어떻게 감정 반응이나 성향이 달라지지 않겠는가? 남자와 여자는 근본적인 차이가 있을 수밖에 없다.

둘째에도 불구하고 셋째, 나는 근본적으로 '개체론' 또는 '개인론'자다. 사람은 하나하나 다르다. 즉, 남녀의 차이보다 개인적인 차이가 더 크다. 일반적이고 평균적인 차이보다도 개별적 개체 사이의 개별적 차이가 더 강하다. 예컨대, 여성들의 언어 능력이 남성 평균보다 높다고 하지만 언어 능력이 뛰어난 작가나 연설가들이 남성 쪽에도 무수하게 많다. 예컨대, 남성들의 공간추리력이 일반적으로 여성보다 높다고 하지만, 예외는 무수하게 많다. 일례로, 내 남편의 공간추리력은 남성 평균보다 훨씬 낮고, 나의 공간추리력은 일반 평균보다 무척 높다. 예컨대, 여성의 감성 능력이 남성 평균보다 뛰어나다고 하지만, 탁월한 남성 예술인들의 감성은 일반의 평균적 역량을 훌쩍 뛰어넘는다.

넷째, 나는 인간의 문화적 학습 역량을 전적으로 믿는다. 유전자, 신경계, 호르몬, 체구, 체력의 차이가 있음을 알고 있는 만큼이나 문화복제자 '밈(Meme)'의 작용이 강력하다고 생각한다. '밈'

이란 생물학자 리처드 도킨스가 붙인 이름인데, 우리가 살고 있는 문화 양식, 즉 우리가 말하고 행위하고 교류하는 모든 양식이 하나의 유전자처럼 전파되고 계승되고 체질화되어 지속된다는 것이다. 우리 인간은 남녀 할 것 없이 배움으로써, 학습함으로써, 훈련함으로써 변화하고 진화하는 것이다.

다섯째, 나는 '아니마(anima)와 아니무스(animus)'의 존재에 매력을 느낀다. '아니마'는 남성의 정신에 내재되어 있는 여성성을, '아니무스'는 여성의 정신에 내재된 남성성을 가리킨다는 개념으로 심리학자 칼 융이 세운 것이다. 이런 관점으로 보면 남성과 여성을 이분법적으로 구별하는 태도는 지나치게 단순할 뿐이다. 어떤 남성 속에서도 여성성이 존재하며, 어떤 여성 속에서도 남성성이 존재하는 것이다. 여성성과 남성성을 구별하는 것 자체가 문제일 수도 있으나 여성과 남성을 완전히 다른 존재로 규정하는 것보다는 낫다.

여섯째, 나는 한 인간 안에 내재하는 남성성과 여성성을 필요에 따라 적절하게 쓸 수 있도록 훈련해야 한다고 생각한다. 남성성이 강력하게 필요한 상황이 있고 여성성이 절대적으로 필요한 상황이 있을 뿐 아니라, 대부분의 상황에서는 여성성과 남성성을 적절하게 또 창조적으로 조합해서 써야 하기 때문이다. 내가 쓰기 좋아하는 '착하고 유능하게' '섬세하고 대범하게' '단순하고 복합적으로' 같은 말은 바로 이런 조합을 나타내는 것이다.

이 여섯 가지 답에 대해서 독자들은 어떻게 생각하는가? 다시 정리하자면, '남자와 여자는 인간으로서의 공통점이 있고, 남녀의 생래적인 차이는 분명 있으나, 그 평균적 차이보다 개인의 차이가 더 중요하고, 사회문화적 학습 영향이 무척 크고, 남성 속의 여성성과 여성 속의 남성성이 존재하며, 한 인간 속의 남성성과 여성성을 적절히 조합하여 사용하는 훈련을 해야 한다'는 나의 답에 대해서 공감하게 되는가?

나는 이런 입장에 근거하여 남자와 여자에게 여덟 가지 실전 조언을 해주고 싶다. 남녀관계를 지속 가능하게 하는 훈련 요령이라고 할까? 남녀관계 역시 훈련이 필요하다. 나름대로 자신의 트레이닝 코스를 만들어보라. 그리고 끈기 있게 반복하라. 시시때때로 효과를 점검하라. 효과가 없다고 판단되면 방식을 바꾸어보라. 물론 상황이 바뀌면 관계의 방식도 다시 바꿔야 한다. 섬세하게 관찰하고, 끈기 있게 실천하라. 그것이 사랑이다. 더 이상 노력하고 싶지 않게 될 때가 관계의 끝이 보이는 때다.

이런 훈련 방식들을 대할 때 가장 기본이 돼야 하는 태도가 한 가지 있다. '상대를 고유한 개인으로 대하라!'는 것이다. 이것을 풀어서 얘기하자면 다음과 같이 길게 얘기할 수 있을 것이다. "상대에게 꼬리표를 달지 마라. 상대를 전형적인 '스테레오타입(stereotype)'으로 찍지 마라. 고정관념으로 상대를 미리 재단하지 마라. 상대를 싸잡아 규정하는 일반화의 오류에서 벗어나라. 특히

174

'남자다움, 여자다움' '남편다움, 아내다움'같이 일반적인 '다움'을 요구하는 폭력적 태도를 취하지 마라!"

우리는 각기 고유한 존재다. 우리는 각기 특별한 존재다. 상대가 나를 특별한 존재로 대해주기를 기대하듯이, 나도 상대를 특별한 존재로 대해줘야 한다. 싸잡아서 비난하면 정말 화가 난다. "여자라서 말이야!" 만큼이나 "남자라서 말이야!"라는 말도 폭력적이다. '다움'이란 말로 상대를 재단하는 것은 인간관계에서 치명적인 폭력이다. "남자답지 못하게" "여자답지 못하게" 하는 말은 이미 상대를 판정하는 말이다. "여자가 말이야" "남자가 말이야" 같은 말로 상대에게 상처를 주지 말자.

이런 기본 태도를 견지하더라도 우리는 수시로 "여자의 마음, 정말 모르겠어!" "남자들, 정말 이상한 물건이야!" 같은 말을 던지곤 한다. 이런 정도야 그저 귀엽다고 치자. 우리는 서로 잘 모르는 게 당연하고 서로 이상해하는 게 당연하다. 다만 아주 창조적으로 우리의 차이를 활용하고, 아주 창조적으로 우리 안의 여성성과 남성성을 잘 조합해보자.

가장 중요한 깨달음이라면 이렇게 남녀의 차이, 개인의 차이가 있어서 우리 삶이 재미있어진다는 사실이다. 차이가 없다면 갈등도 안 생기고, 갈등이 없다면 문제도 안 생기고, 문제가 없으면 서로의 이해도 깊어지지 못하고, 갈등이 없으면 화해도 없을 테고 여하튼 따분해질 것임에 분명하다. 남자와 여자가 있어서

이 세상은 훨씬 재미있어질 수 있음은 분명하다. 따분하지 않게, 이왕이면 재미있게 서로의 다름을 즐겨보자.

남녀의 갈등은 당연하다.
'우리는 문제야!'라는 결론으로 뛰어들기 전에
끊임없이 관계 맺기를 훈련하라.
사랑에는 노력이 필요하다.

훈련 1

: 첫째 둘째 셋째로 말하라 – 자기주도 학습을 하라

가장 간단한 조언부터 시작하자. 너무나 쉬운 훈련이라 누구에게나 권하고 싶은 것이다. 이렇게 간단한 것을 왜 안 할까? 너무 간단해서 무시해버리는 걸까? 남녀 사이에 이렇게 하면 공연스레 어색해진다고 생각하는 걸까?

나의 관찰에 의하면 남자와 여자의 차이를 가장 잘 드러내는 습관은, '여자는 뭉뚱그리고 남자는 나누고 쪼개는 것'이다. 생래적인 이유와 학습에 의한 이유가 섞여 있다. 여자는 좌뇌와 우뇌를 연결하는 신경섬유가 발달해서 타고나기를 부분과 전체를 연결하는 능력과 통찰력이 높고, 남자들은 상대적으로 연계성이 약해서 좌뇌적인 분석력과 논리력이 더 발달했다는 설이 있다. 이런 생래설을 그대로 믿지 않더라도 학습이 이런 능력을 강화 또는 약화시키는 작용을 하는 것은 분명하다.

여자들은 어릴 적부터 집안 살림에 익숙해지기를 교육받는다. 살림이란 것이 전형적으로 한 번에 여러 가지를 해내야 한다. 이쪽에선 요리하고 저쪽에선 테이블 차리고, 이쪽에선 다듬고 저쪽에선 볶고, 이쪽에선 물일 하고 저쪽에선 불로 하는 일을 하는 식이다. 이런 과정에서 여자들은 멀티태스커(multi-tasker) 습성을 자연스레 몸에 익힌다.

남자는 싱글 태스커(single-tasker)인 경우가 많다. 하나에 꽂히면 그저 푹 꽂힌다. 생래적으로 좌뇌적인 이유도 작용하겠지만, 어릴 적부터 살림 노출 빈도가 적고 바깥 세계에서도 하나의 업무에 집중하게 만드는 훈련 방식에 익숙하다. 학교, 군대, 직장, 관료 조직, 대기업 등 전형적으로 위계와 명령과 상명하복 체계가 우세한 조직에 익숙한 것이다. 어떤 점에서 남자들은 강아지와 비슷하다. '개는 재활시키고 사람은 훈련시킨다'는 철학을 전파하는 미국의 TV 프로그램 「도그 위스퍼러」에서 개 훈련가 시저 밀란의 말인즉, 강아지는 한 번에 오직 한 가지에만 몰입할 수 있고 그래서 강아지가 사람보다 훈련이 훨씬 더 잘 된단다. 즉, 사람을 훈련시켜야 비로소 개가 재활된다는 이론이다. 남자들이 대부분 딱 그렇다. 한 번에 한 가지씩 하는 식으로 훈련을 받으면 대개 아주 잘하게 된다. 그렇다면 누가 훈련을 시켜야 할까?

　가사 분담이 남녀관계의 일상에서 가장 큰 갈등 사안인 것은 주지의 사실이다. 그런데 집안일이라는 것이 쉽게 보여도 은근히 복잡다단하고 멀티태스킹을 요하는 경우가 대부분이다. 얼마나 많은 자잘한 과제들을 종합해야 밥 한 끼가 나오는가. 식단 짜기와 재료 사기에서부터 재어두기, 다듬기, 썰기, 섞기, 데치기, 무치기, 간하기, 양념하기, 담기 등 수많은 공정들이 녹아 있다. 여러 가지 반찬형인 우리 식단 문화도 살림을 복잡하게 만드는 편이다. '맨발 문화, 방바닥 문화, 물청소 문화, 사계절 문화' 등 우리 살림을 복잡하게 만드는 변수들도 많다. 그러니 이런 복잡한 집안일을 마주하면 남자들은 허둥대고 정신없어 한다. "한 번에 한 가지만 시켜!" 남자들 입에서 자주 나오는 말이다.

　이 문제를 극복하는 유일한 방법이 있다. 첫째, 둘째, 셋째로 얘기하는 습관이다. 특히 무엇을 부탁할 때는 차근차근, 조목조목, 구체적으로 '첫째, 둘째, 셋째' 식으로 하는 것이 잘 먹힌다. 예컨대 이런 식이다. "첫째, 두께 5밀리미터, 길이 2.5센티미터로 자를 것. 둘째, 찬 물에 15분간 담갔다가 물을 뺄 것. 셋째, 네모난 하얀 쟁반에 재료별로 쌓아둘 것." 조금 더 복잡한 일이 되면 리스트가 무척 길어질 것이다. 마치 요리법처럼, 마치 매뉴얼처럼 주문하는 식이다. 사실 이러한 요령은 요리법이나 매뉴얼에도 나와 있지 않은 것들이 대부분이다. 이런 것들을 요령이랍시고 하나하나 구체적으로 입 밖에 내야 하는 것이니 참 피곤해진다. 이렇게까지 해야 하나 하는 생각도 곧잘 들 것이다.

하지만 생각해보라. 우리가 학교에서 또 직장에서 얼마나 어렵게 훈련이 됐던가? 선생님은 물론이고 상사, 동료, 선배들이 우리를 훈련시키느라 얼마나 에너지를 들였나? 그런데 훈련되지 않은 남자들이 집안일에 익숙해지기까지는 일정한 훈련, 아니 상당한 훈련이 필요하다. 게다가 어릴 적부터 몸에 익힌 기술이 아니기 때문에 잠깐 손을 놓으면 곧 예전 상태로 돌아가니 새록새록 리트레이닝이 필요하다. 잘하는 사람이 선생님이 되는 게 당연하다. 선생 노릇하기가 얼마나 어려운가. 반복도 참고 짜증도 참고 잘 못한다고 대신해줘서도 안 된다. 마음 놓고 꾸지람도 못 하니 스트레스가 더해지지만 남자를 가사에 참여시키고 싶다면 여자가 절대적으로 감수해야 할 과정이다.

집의 공간도 작업을 고려해서 잘 분류해놓는 게 좋다. 말하자면 공간 역시 첫째, 둘째, 셋째 하는 식으로 체계화하는 것이다. 남자들은 집도 직장의 연속으로 생각하는 성향이 있다. 직장을 생각해보라. 여러 항목들이 상세하게 분류되고 파일로 구분되고 작업 공간의 분위기가 물씬 난다. 남자들이 잘 찾을 수 있게, 잘 꺼낼 수 있게, 잘 정리할 수 있게 공간 체계를 잡으면 그들은 가사에 훨씬 더 기꺼이 참여할 것이다. 사실 집을 이렇게 구성하면 여자에게도 아이들에게도 가사가 훨씬 더 수월해진다. 아마추어도 프로도 다 근사하게 일할 수 있게 되는 것이다. 참을성 있게, 끈기 있게, 지혜롭게 '첫째, 둘째, 셋째' 습관을 익혀보자.

물론 열심히 훈련을 시켜도 배우는 사람의 자기주도 학습이 없으면 별로 진도가 나가지 않는다. 남자들은 당황스러워 한다. "뭐 도와줄까?" "어떻게 하라고?" "왜 화를 내는 거야? 내가 얼마나 도와줬는데……" 끊임없이 나오는 말이다. 바로 그 태도가 문제라는 걸 그리 모르나? 왜 도와준다고 생각하는가? 왜 일일이 지시를 받으려 드는가? 왜 자꾸 물어보려고 드는가? 자기주도로 일하면 큰일 나나? 깨끗하게 마무리하면 무슨 손해 나나? 여자들이 이윽고 폭발하는 것이 바로 이 지점이다. 정상적인 컨디션일 때는 넘기던 것도 피곤해지면 성이 나는 것이다. 할 일이 태산같이 쌓인 명절 때 종종 폭발하는 것도 이 때문이다. 1년 365일 24시간 책임을 어깨에 지고 있다면 어떻게 스트레스를 받지 않겠는가? 더 이상 첫째, 둘째, 셋째 하면서 말하기 자체가 싫어지는 것이다.

그러니 남자여, 부디 자기주도적이 돼라. 잘 못한다고 너무 스트레스받을 필요가 없다. 내 식으로 하면 되는 것이다. 자기주도로 하는 공부가 효과가 있듯 모든 일은 필요에 의해 스스로 주도할 때 실질적으로 익혀진다. 잘 못하던 사람도 한 번 두 번 세 번 반복하면 이윽고 잘하게 된다. "당신 방식보다 내 방식이 더 나아!" 하고 가르치려 들지도 모른다. 뛰어난 요리사, 뛰어난 출장요리사, 뛰어난 청소사업자들이 흔히 남성이라는 점도 잊지 말자.

가사에 요리와 청소만 있나? 서로 자기가 잘한다고 독점하려는 분야가 있기 마련이다. 예컨대 컴퓨터, 기계, 기기, 금융 등 기술과 경제 관련 가사라면 남자들이 독점하기 십상이다. "우리 와이프는 못해요, 다 제가 해줘야 해요"라며 남자들이 목에 힘주는 장면을 많이 보았을 것이다. 과연 그럴까? 가사에 관련된 사안들이라면 대부분의 여자들도 약간의 훈련만 거치면 생활에 불편이 없을 정도로 다 잘하게 된다. 아니 이미 다 잘하고 있는데 그나마 남자들이 할 일을 보전해주느라 못하는 척하고 있는 건지도 모른다.

업무 독점욕을 버려라. 업무를 나눠라. 자기가 잘한다고 자랑하지 마라. 자기가 다 해준다고 과시하지 마라. 상대를 힐난하지만 사실은 당신 자신이 문제일 가능성이 더 크다. 개의 행동이 문제가 있으면 개가 문제가 아니라 주인의 행태가 문제가 더 크듯이 말이다. 남녀는 서로에게 개 주인의 역할을 할 필요가 있는 것이다. 불만을 토하는 남녀들을 만날 때마다 나는 끈질기게 주문을 한다. "하나, 둘, 셋 하고 가르쳐야 해요. 꾸준하게 해야 해요. 아이들 가르치는 것처럼 끈기 있고 일관되게 해야 해요. 일하는 거 맘에 안 든다고 '그냥 내가 해버리고 말지' 하시면 안 돼요. 실수하게 해야 해요. 시행착오 겪으면서 배워요. 혼자 있으면 스스로 다 하잖아요? 결국은 다 하게 돼 있어요." 지레 포기하는 사람들은 관계를 지속 가능하게 하는 힘을 쌓지 못한다. 너무 늦었다고? 늦었다고 생각할 때가 가장 빠르다. 공부하고 공부시키고, 훈련하고 훈련을 받자.

살림도 공부다.

하나, 둘, 셋 하면서 가르쳐주고 또 배우자.

자기주도 학습은 최고의 공부 방식이다.

남녀 공히 똑같다.

훈련 2
: '프로젝트'로 만들라 – '팀장'을 정하라

두 번째 훈련은 첫 번째 훈련의 연장선상에 있다. '프로젝트'로 만들고, '팀장'을 확실히 해두라는 것이다. 남자들은 유독 '프로젝트'에 열광한다. 성취 본능 때문이리라. 그런데 사실을 말하자면 여자들도 프로젝트를 좋아한다. 남자들은 어서 '팀장'이 되고 싶어 한다. 사실은 여자들도 팀장이 되고 싶어 한다. 남자들만 프로젝트 팀장의 역할을 존중받고 싶어 하는 것이 아니라 여자들도 마찬가지로 프로젝트 팀장의 역할을 존중받고 싶어 한다.

'프로젝트, 팀장' 같은 어휘를 쓰다니, 사적인 남녀관계를 너무 공적 관계로 만드는 것이 아니냐는 반론이 가능하겠다. 하지만 우리는 벌써 다 이렇게 하고 있다. 살림 자체가 하나의 빅 프로젝트고 남녀관계가 하나의 빅 프로젝트다. 빅 프로젝트 안에는 무수하게 작은 프로젝트들이 있기 마련이다. 그것들을 구체적으로 규정하고, 수행과 평가가 가능한 단위 프로젝트로 규정하고, 팀장을 명확히 하고 그 리더십과 권한을 존중해주면 만사형통까지는 아니더라도 상당히 많은 갈등을 미리 예방할 수 있다.

프로젝트를 너무 크게 분류하거나 팀장을 개괄적으로 정해 놓는 것은 잘못된 관행이다. 가령 '여자는 내조, 남자는 외조'라는 개념은 이미 깨진 지 오래다. '안사람, 바깥사람' 같은 개념도 마찬가지다. '내외, 안팎' 같은 말 자체가 벌써 정치적으로 올바르지 않은 불평등한 어휘다. 왜 남자는 '가부장'으로 꼭 전체 팀장 역할을 해야 하나? 왜 외벌이로 평생 고생을 하려 하는가 혹은 해야 하는가? 돈을 벌면 목소리가 커질지 몰라도 부담도 부담대로 커진다. 또 여자에게 조수 역할만 하라 하고, 2인자 역할에만 머무르라고 한다면 왜 억울하다는 생각이 안 들겠는가?

살림 분야에서 남자는 상징적 팀장일 뿐(여기까지는 인정해준다 치고), 실질적 팀장은 여자인 경우가 대부분이다. 물론 요즘 사례가 증가하는 것처럼, 상황에 따라 살림을 맡는 사람이 남자가 된다면, 당연히 그 남자가 살림의 팀장이 된다. 관건은 실질적 팀장이 누가 되느냐다. 돈을 대는 사람이 아니라 일을 많이 하는 사람,

일을 잘하는 사람, 일을 잘 아는 사람이 팀장이 되는 게 당연하다. 그래야 평안하고, 잘 굴러가고, 마찰이 줄어든다.

특히 남자를 위해서는 '프로젝트'라는 이름으로 일감을 만들라. 과제를 맡음으로써 불붙는 성취 욕구를 최대한으로 자극해보라. 다들 경험이 있을 것이다. 야외에 나가면 남자들이 나서서 일하는 현상 말이다. 불 피우기와 고기 굽기는 절대적으로 자기네 일이라 생각한다. 몇만 년 전 사냥하던 시절의 유전자는 이런 방식으로 남아 있는 것이다. 워낙 잡사가 많은 집안일에는 이런 일들이 꼭 있기 마련이다. 작은 일이더라도 성과가 확실한 과제다. 차 관리하기, 반려동물 돌보기는 대표적이다. 재활용 쓰레기 처리, 마당 가꾸기, 진공청소기 돌리기, 세탁기 돌리기, 욕실 청소하기 등 일상에 꾸준하게 필요하면서 작업 단위가 똑 떨어지고 효과가 확실한 일들이 있다. 잠시 게으름을 피우면 금방 눈에 나는 일들이다. 이런 일들에 남자의 역할이 제격이다. 잊지 말자. 누구나 '자신의 프로젝트'가 되면 성취 지향형으로 변한다. 집중한다. 노력한다. 최고라는 소리를 들으려 든다. 우습지만 이것이 사람의 심리이니 어쩌겠는가? 활용해야 한다.

한 술 더 떠서, 팀장 대우를 확실히 해주면 100점 이상의 효과가 날 수도 있다. 우리 일상에는 이런 프로젝트 거리들이 수없이 많다. 여름휴가 프로젝트, 겨울여행 프로젝트, 주말여행 프로젝트, 특별한 저녁 프로젝트, 아이들 문화 산책 프로젝트 등 동선

남녀관계란 서로 길들이고 길들여지는 관계다.
남녀관계가 지속 가능하려면 뭔가 통해야 하고,
계속 통하려면 통할 것을 만들어야 한다.

부터 먹거리 조사, 비용 계획, 안전 체크까지 준비해야 할 일들이 한두 가지가 아니다. 이런 프로젝트에 팀장을 정해보자. 열과 성을 다할 것이다.

팀장을 정했으면 권한을 위임하고 칭찬과 격려를 아끼지 말고 그 수고에 감사해야 한다. 평가는 아주 나중에 해도 늦지 않다. 일을 맡겨놓고 간섭하고 개입하고 잔소리하는 것은 최악이다. 명령조, 애원조, 탄식조, 한탄조, 짜증조의 잔소리, 뒷담화는 금물이다. 팀장에게 제안은 할 수 있지만 결정권은 어디까지나 팀장에게 주어야 한다.

이런 훈련을 반복하다 보면, 팀장 역할을 저절로 돌아가면서 하게 되는 현상을 보게 될 것이다. 이것이 남녀관계 고유의 축복이다. 쓸데없는 경쟁심 버리고, 실적 노리느라 업무를 독점하지도 않고, 돌아가면서 팀장을 하니 책임 부담을 알게 되고, 권한을 독점적으로 휘두르는 경우도 덜 생긴다. 정글과도 같은 저 불평등한 바깥 사회와 다르게 돌아갈 수 있는 관계가 공정하고 평등하고 상호 배려하는 남녀관계의 사회인 것이다.

사실 남녀관계 자체가 하나의 큰 프로젝트, 공동의 프로젝트다. 이 공동의 프로젝트엔 비록 둘밖에 없지만 둘이 돌아가면서 역할을 해내는 공동 팀장이자 공동 팀원이 되는 특색이 있다. 다른 사람들은 훈수만 둘 수 있을 뿐이다. 어디까지나 둘이서 해내야 한다. 분수에 맞게, 성격에 맞게, 당신들만의 특별한 방식으로,

당신들만의 팀 프로젝트 스타일을 조절하라.

흥미로운 것은, 참여를 하면 뭔가가 달라진다는 것이다. 관심이 더 생기고, 애정이 더 생긴다. 자신의 공헌이 어떤 것인지 구체적으로 의식하게 되고, 상대의 공헌도 구체적으로 알게 된다. 각기 실적을 챙기며 말싸움도 하지만 그것도 살아가는 재미다.

몇년 전부터 나는 주말에 시골 텃밭을 가꾸고 있는데, 이웃 농사꾼 부부들의 일상을 보며 많이 배운다. 아이들은 도시에 나가 일하고 두 남녀만 남은 집들이다. 농사란 워낙 노동집약적 작업인지라 일손 하나하나가 아쉽다. 그래서 그런가, 이 부부들은 동틀 때부터 해질 때까지 쉬는 법이 없다. 꽤 큰 농사를 짓고 있는 한 장년 부부는 둘이 같이 일을 할 때도 많지만(심기, 수확하기, 걷기, 다듬기 등) 혼자서 일을 할 때도 있다(약치기, 김매기, 비닐하우스 환기창 열고 닫기, 거름주기 등). 내가 보기에는 아내 쪽이 훨씬 더 일을 많이 하는 것 같다. 하루 종일 종종걸음을 친다. 내가 말을 거들면 이 아내가 씩 웃으며 덧붙이는 말."그래도 기계로 하는 일은 다 애들 아빠가 해요!" 얼싸 안아주는 모습이 예쁘다. 농사가 아무리 바빠도 밥때가 되면 묵묵히 들어가 밥을 짓는 이 여인이 이 남편은 얼마나 고마울까? 고맙다는 말을 하지 않을지라도 맛있게 먹어주는 것으로 고마움을 표현할 것이다.

또 한 부부는 젊은 부부인데 이곳저곳 흩어져 있는 조그만 밭뙈기들에서 농사짓느라 마을 곳곳에서 자주 만난다. 그런데 남자는 지게 지고 여자는 바구니 들고 일하러 다니는 모습이 그저 매일 소꿉놀이 하는 것처럼 보인다. 이들이 가꾸어낸 풍성한 밭을 보면 소꿉놀이만 하고 있는 것은 분명 아닐 것이다. 소꿉놀이 하는 것처럼 하면서도 어떻게 이렇게 일을 잘할 수 있는 것일까? 이들에게는 매일의 노동이 놀이가 되는 걸까? 도시의 남녀에게선 빠진 그 무엇이 이들 사이에 있는 것일까?

우리 부부는 열심히 배우고 있다. 물론 우리 텃밭 프로젝트의 팀장은 절대적으로 남자다. 내가 하는 가장 큰일은 '감탄사 연발'이다. "어떻게 이렇게 잘 자라? 이거 잘라서 무쳐 먹자. 찌개 끓이자. 말리자. 퇴비 만들어 넣더니 흙이 '떼알' 구조가 된 것 같네. 점점 비옥해지나 봐!" 립서비스 하는 것만 해도, 열심히 따서 요리해 먹는 것만 해도 팀원으로서 나의 의무는 충분히 하는 것일 게다.

집에서 남녀의 공동 프로젝트와 남자의 프로젝트, 여자의 프로젝트는 수없이 많아질 수 있다. 프로젝트를 나눠라. 팀장을 분명히 정하라. 그리고 보람을 느껴보자.

작은 프로젝트들이 모여

'빅 프로젝트'가 되는 것이 남녀관계다.

돌아가며 팀장이 되고, 언제나 자발적 팀원이 돼라!

: '시사'에 일가견을 가져라 - '드라마'에 일가견을 가져라

세 번째 훈련은 말로 하기는 간단하지만 실천하기는 그리 쉽지 않은 사안이다. 서로 별로 좋아하지 않는다고 여기는 것에 관심을 가지라는 것이기 때문이다. 하지만 남녀관계란 '롱 프로젝트'이기 때문에 길게 가는 공통 사안을 만드는 것은 무척 중요하다.

"아빠는 뉴스만 봐요, 엄마는 드라마만 봐요." 심심찮게 등장하는 말이다. 광고나 예능 프로에서 TV 리모컨을 누가 차지하느냐 논쟁을 할 때 가장 자주 나오는 대사이기도 하다. 남자들은 전혀 새로운 것도 없는 뉴스를 왜 보고 또 보는지, 여자들은 일주일 전에도 일주일 후에도 똑같아 보이는 드라마에 왜 그리 열광하는지, 은근히 서로를 폄하하는 뜻을 담아 쓰는 말이다.

이런 말들은 남자와 여자를 고정관념으로 규정하는 것이라 별로 탐탁지 않다. 남자라고 드라마를 보지 않는 것은 아니다. 남자도 역사 드라마에 열광하고 추리물에 열광한다. 젊은 남자들은 연애 드라마, 권력 드라마도 즐겨 본다. 또 여자라고 뉴스를 보지 않는 것은 아니다. 내가 만나는 여자들은 대부분 시사의 맥을 놓치는 법이 없다. 여자들이 시사에 관심이 없다고? 남자는 드라마에 관심이 없다고? 그럴 리가 없고 또 그래서도 안 된다.

남녀관계가 지속 가능하려면 뭔가가 통해야 하고 계속 통하려면 통할 것을 만들어야 한다. 처음 이 남자, 이 여자와 뭔가 통했을 때의 그 감동을 다시 떠올려보라. '아, 이 사람이 나랑 같은 생각을 하고 있네. 아, 이 사람이 나랑 관심사가 같네. 아, 이 사람 의견이 나랑 같네. 아, 이 사람이 나랑 기준이 같네. 아, 이 사람이 나랑 같은 체험을 했네. 아, 이 사람이 나랑 같은 걸 느꼈네.' 그때 얼마나 짜릿짜릿했던가? 얼마나 눈이 반짝거렸던가? 얼마나 두근두근했던가?

시사 주제는 남녀의 이성을 통하게 만들고, 드라마 주제는 남녀의 감성을 통하게 만든다. 인간사회에서 살고 있는 한 멈추지 않을 주제들에 대해서 수많은 소재들을 제공하는 것이다. 너와 내가 만드는 사건은 한정적이지만, 너와 내가 사는 사회에서는 수많은 사람들이 수많은 사건들을 만들며 우리가 통할 생각거리를 제공하고, 수많은 인생들이 수없는 이야기들을 만들며 우리가 통할 느낌거리를 제공한다.

중요한 점은 '일가견(一家見)'을 가지는 것이다. 왜? '일가견'이 없는 사람과는 대화가 진전이 안 되기 때문이다. 정보만으로는 일방적인 말만 가능할 뿐이다. 한쪽에서는 아무 관심도 없는데 끊임없이 뉴스에 나온 얘기를 하면서 "나쁜 놈들, 나쁜 정부, 나쁜 정책" 하면서 열을 올리는 모습, 어디서 많이 본 것 같지 않은가? 한쪽에서는 전혀 관심이 없는데 끊임없이 어제 본 드라마

줄거리를 얘기하면서 "글쎄, 그게 그렇게 된 거야……" 하는 모습, 어디서 많이 보지 않았는가? 이런 일방적 말하기는 소외감만 남길 뿐이다. 통하지 않는다는 것쯤은 누구도 금방 알아채기 때문이다. 그래서 '일가견'을 전하는 것이 필요하다. 머리가 통하지 않으면 마음이 통하지 않는다. 마음이 통하지 않으면 영혼도 통하지 않는다. '일가견을 갖는다'는 뜻이 논평을 할 정도로 논리적이어야 한다는 것은 아니다. 적어도 자신의 마음이 담긴 의견이 들어가 있다는 뜻이다.

드라마에 일가견을 가진다는 뜻은 무엇일까? 미묘한 감정의 변화를 포착할 줄 알고 삶의 이야기를 읽어내는 능력이 있다는 뜻이다. 몇날 며칠이 지나도 똑같은 장면만 반복되는 것 같은 일일 드라마가 아니더라도, 출생의 비밀이나 비열한 권력놀이나 추악한 돈놀이나 볼꼴 사나운 '갑질'을 보여주는 막장 드라마가 아니더라도 세상에는 근사한 드라마들이 많다. 영화와 소설까지 포함한다면 대상은 더욱 많다. 삶의 이야기들을 간접적으로나마 체험하면서 자신의 감정 세계를 새삼 들여다보게 되는 것이다.

우리 커플의 드라마 통하기에는 역사가 있다. 나는 예능 프로는 별로 즐기지 않지만 드라마 특히 단·중편 드라마를 잘 찾아서 보는 편이다. 나의 짝은 예능 프로를 즐겨 보지만 드라마는 거의 보지 않는다. 그럼에도 불구하고 우리 둘이 같이 보는 드라마가 없지는 않다. 「대장금」은 그중에서도 1순위다. 10여 년이 지난 드라마임에도 불구하고 케이블 TV 재방송을 보면서 "정말 잘 만들었어" 하며 둘이 찬탄을 하곤 한다. 아주 다행인 것은 우리 둘 다 '김수현 드라마'의 팬이라는 사실이다. 김수현 작가의 드라마 는 시간을 기다려가며 거의 다 같이 봤다. 그런데 딱 여기까지다. 이 남자는 내가 왜 정성주 작가의 「밀회」를 그리 열심히 봤는지 절대로 이해 못 할 사람이다. 내가 왜 이 남자는 틈만 나면 그 고 요하기만 한 바둑 TV를 틀어놓고 보는지 절대로 이해 못 하는 것 처럼 말이다.

이런 우리가 최근에 같이 본 드라마가 있다. 2013년 여름에 방영된 「주군의 태양」이다. 초반에 우연히 봤다가 매회 나오는 귀 신 에피소드가 흥미진진해서 계속 보게 됐는데, 공효진의 너무 도 자연스러운 연기와 소지섭의 쿨한 코믹 연기가 로맨틱 코미디 로서 손색이 없었다. 우리 커플이 같이 보게 된 데에는 남자 캐릭 터에 대한 나의 평이 작용했던 것 같다. "당신이랑 똑같아. 불편한 얘기가 나오면 차갑게 식어가면서 주변에 얼음벽을 쌓는 거 말이 야!" 그 얼음벽이 서서히 녹는 모습이 좋았던가, 자신의 버릇을 알 게 되어서 좋았던가, 자기하고 비슷하다면서 남자 캐릭터에 반하 는 나의 모습이 좋았던가? 여하튼 우리는 여자가 남자를 구원하 고 남자가 여자를 구원하는 이 드라마의 마지막 회까지 사수했다.

드라마가 좋은 것은 우리의 감정의 흐름을 파악할 수 있고 상황에 따른 우리의 반응을 검증해볼 수 있기 때문이다. 직접 체험보다 훨씬 더 넓은 체험의 폭을 선사하는 것이 드라마의 힘이다. 아마도 남자들이 '사극 드라마'를 좋아하는 것은 그것이 '시사 뉴스'와 비슷하기 때문일 것이다. 「뿌리 깊은 나무」건 「정도전」이건 「용의 눈물」이건 잘 만든 역사 드라마를 같이 보면 서사와 개인의 선택에 대한 대화가 오고 갈 수 있을 것이다.

그렇다면 뉴스에 대해서는 어떨까? 뉴스에 나오는 가지각색의 시사 이야기들은 우리의 입장과 의견과 판단력을 점검하는 기회다. 시사에 대한 우리 커플의 관심은 아마도 우리 사회에 대해 맺혀 있는 공통의 한(恨) 때문일 것이다. 뉴스를 보면서 우리는 '공동의 적'을 확인하곤 한다. 부정부패, 비리, 부실, 갑질, 비생산성, 무능한 정부, 먹거리 조작, 동물 학대, 가정 폭력과 같은 문제에 같이 속을 끓인다. 그뿐인가? 아파트 관리비 조작, 환경 파괴, 부동산 문제, 4대강 사업, 뉴타운 광풍, 세월호 참사, 물가 문제, 학원 폭력 문제, 일자리 문제, 안전 사고 문제 등 같이 분노할 게 한두 가지가 아니다.

우리 커플의 행태를 가만히 보자면 무척 웃긴다. 어떤 갈등이 생겨서 아웅다웅 말다툼한 후에 말 한마디 안 건네고 있다가 뉴스를 보고는 어느새 서로 이야기하고 있는 상황이 자주 발생하는 것이다. 이것이 뉴스의 힘일지도 모른다. 드라마는 이런 게 잘 안 된다. 드라마란 만든 이야기라 나와 직접적인 관련이 없기 때문이고, 기분이 상해 있는 상황에서는 둘이 같은 드라마를 보게 되지 않기 때문이다. 반면 뉴스는 매일매일 나오거니와 같이 앉아서 보지 않더라도 귀에 들리는 것만으로도 충분히 대화를 트는 연결 고리가 된다. 당장 일어나고 있는 일이니 만큼 당장 얘기 안 하고는 못 배기게 만드는 것이다.

시사(時事)란 관심을 갖다 보면 일가견이 생기기 마련이다. 드라마가 오히려 일가견을 갖기 훨씬 더 어렵다. 섬세한 감성의 문제, 정교한 눈치 작전의 문제, 사람 간에 오가는 수많은 정서적 힌트들을 파악하는 문제 등 복합적인 반응을 다루기 때문이다. 시사란 워낙 종류도 많으니 그중 자신의 생활과 직결된 문제가 꼭 있다. 정치, 외교 사안 같은 게 아니더라도 사회, 경제, 문화, 생활, 안전 등 삶과 연결된 문제들이 워낙 많다. 더구나 미묘하기보다는 육하원칙에 따라 정확한 것이 뉴스의 핵심이다. 객관적인 기준을 세울 수 있고 참조할 것도 많고 토론을 하다 보면 자신의 생각이 일목요연해지는 이점이 있다.

'일가견'을 갖고 있지 않으면 존중받지 못하고 결국은 무시당하기 십상이다. 자기 의견이 없는 여자를 좋아한다고? 거짓말이다. 의견은 있되 자기들 앞에서는 적절하게 톤을 높이지 말라는 뜻일 뿐이다. 남자가 드라마 얘기를 하면 너무 격이 떨어지는 것 같다고? 그렇지 않다. 중년의 남자들이 드라마의 매력에 빠져들고, 청년들이 여자들의 이야기에 끼어들기 위해서 드라마를 찾아보듯 드라마는 인생 체험의 폭을 넓히는 효과가 있다. 자신의 감성을 자신만의 언어로 이야기할 수 있는 남자를 보는 것은 아주 즐거운 일이다.

사람으로서 우리의 직접 체험은 한정되어 있다. 아무리 많은 체험, 깊은 체험을 한다 하더라도 그것은 지극히 개인적인 체험이기도 하다. 우리가 시사에 귀를 기울이는 것은 그 체험을 넓히기 위해서다. 우리가 온갖 드라마 속의 이야기에 귀를 기울이는 것은 내가 살아보지 못한 다른 인생의 이야기를 통해 나의 인생을 풍부하게 하기 위해서다. 부디 시사에 대한 일가견, 드라마에 대한 일가견을 스스럼없이 나눠보자. 어느덧 남녀관계가 풀려 있음을, 한 단계 더 나아가고 있음을 느끼게 될 것이다.

일가견을 세우고 또 나누는 과정은
남녀관계라는 길디긴 '롱 프로젝트' 속에
흥미로운 이야기를 불어넣는 과정이다.
서로의 이야기에 귀 기울여라!

훈련 4

: 여자는 선배가 돼라 - 남자는 후배가 돼라

모든 인간관계에는 파워 역학이 작용한다. 당연히 남녀관계에도 파워 역학이 작동한다. 각박한 세상에서 온갖 파워 관계에 시달리는 것도 힘들어 죽겠는데, 남녀관계에서까지 무슨 파워 운운하느냐 하고 반응하는 사람들이 있을지도 모른다. 그런 사람들은 두 가지 중 하나다. 인간사의 근본 이치를 아직 깨닫지 못하고 있거나 또는 그 파워 관계에서 이미 기득권을 누리고 있어서 깨닫지 못하고 있거나. 당신은 어느 편에 속하는가? 자신의 입장을 점검해보는 것은 무척 중요하다.

한 사람과 한 사람이 만나서 둘이 되면 관계가 생기고 역학(力學)이 작동한다. 누가 강하고 누가 약한가, 누가 리더이고 누가 팔로어인가 판단하며 관계를 정립하게 된다. 인간은 동물이고 그 중에서도 '무리과 동물'이라는 확실한 증거이기도 하다. 살벌한 약육강식의 세계에서 무리로 모여 살려면 이런 역할 정립이 절대적으로 필요해진다. 모든 무리과 동물들이 처음 만나면 먼저 서열을 가늠하는 것도 이런 필요 때문이다. 누가 물리적으로 힘이 강하고 약한가, 누가 책임을 더 갖고 누가 권한을 먼저 갖는가라는 질서를 세울 필요성 때문이다. 생명 보호와 번식, 그리고 먹이 확보에 절대적으로 필요한 것이다. 무리과 동물 중에서 위아래 서열 관계를 따지는 것으로는, 아마도 인간이 가장 심할 것이다.

인간 세계에서도 대체로 물리적 힘이 더 강한 남자가 힘이 약한 여자에 대해서 힘의 우위를 차지한다. 하지만 문화적 주체이기도 한 인간은 오랜 무리 생활을 해오면서 누가 리더 역할을 하는 것이 무리의 생존과 번영에 더 좋으냐에 대해서 끊임없는 실험을 해왔다. 그래서 환경 조건에 따라 남자가 리더 역할을 하는 경우가 있고 여자가 리더 역할을 하는 경우가 있다. 가부장제와 가모장제가 대표적이다. 문명이 발달될수록 또는 문명사회라고 하는 사회일수록 가부장제가 대세를 이루고, 원시사회일수록 또한 엄혹한 생존환경일수록 가모장제가 운영되어왔다는 것은 흥미로운 현상이다.

당신이 남녀의 파워 관계에 대해서 둔감하다면, 인간관계의 근본 이치에 대한 감성을 더 기를 필요가 있고 당신이 누리고 있는 기득권에 대해서 의식할 필요가 있다. 왜 당신이 더 우위에 서는가? 당신이 진정 강해서인가, 당신이 보호자 역할을 할 수 있기 때문인가, 또는 사회가 관습적으로 당신에게 기득권을 부여하고 있기 때문인가? 성별 때문인가, 나이 때문인가, 물리적 힘 때문인가, 돈의 힘인가, 권력의 힘인가?

알게 모르게, 의도적으로, 무의식적으로 모든 남녀관계에서는 파워 역학이 작동해왔다. 고전적으로는 남녀의 우열관계다. 경제권과 상속권과 사회 활동권을 보장받은 남자가 우위에 서고 여자는 집사람, 내조자로서 종속 변수로 여겨져온 것이다. 투표권으로부터 시작하여 사회 활동권과 경제권과 상속권에서 남녀가 평등해진 이 시대에는 고전적인 파워 관계가 사라졌을까? 그렇지도 않다. 여전히 고전적인 파워 관계는 은근하게, 하지만 강고하게 작동한다. 일종의 문화적인 관성으로 남아 있기도 하다.

일례를 들어, 이 책에서 나는 '남녀관계'라는 표현을 쓰고 있는데 이 말이 자연스럽게 들리는가? 만약 내가 '남녀관계'라는 말 대신에 '여남관계'라고 쓴다면 어떤 반응이 나올까? 남한은 '남북관계'라고 쓰고 북한은 '북남관계'로 칭하면서 힘을 겨루는 외교적 사안도 아니니 만큼, 나는 '남녀관계'라고 쓰는 것에 별 거부감이 없다. 하지만 이 언어 사용에 숨어 있는 역학만큼은 의식하고 있다. 우리 사회에서 남자, 여자가 있으면 언제나 남자가 먼저다. 집에서, 직장에서, 학교에서 그렇고, 식당에서도, 길거리에서도 그렇다. 하다못해 주민등록번호도 남자는 1번으로 시작하고 여자는 2번으로 시작한다. 이게 꼭 당연한 것인가? '정치적 올바름(PC)'의 관점에서도 당연히 의문해봄 직하다.

'연상남, 연하녀 관계'를 선호하는 고정관념 역시 고전적 파워 역학의 산물이다. '연장자 문화'가 강한 유교 문화권에서 남자가 위에 서려면 나이가 많은 게 낫다는 숨은 뜻이 들어 있는 것이다. 물론 이것도 근대에 들어와 생긴 변화다. 농경사회, 위계사회에서는 '연상녀, 연하남'이 대세였으니 말이다 그런데 최근에 이 추세가 다시 찾아왔다. 이 변화를 어떻게 생각하는가? 고전적 파워 관계를 뒤집는 유쾌한 변화로 보는가? 생존을 위해 변화를 꾀하는 인간의 적응 능력이라고 생각하는가? 남녀관계의 새로운 패러다임이 등장한다고 생각하는가? 흥미로운 것은 경제적, 번식적, 사회적, 문화적 조건이 달라짐에 따라 사람들은 남자와 여자의 관계를 언제나 새롭게 규정할 수 있다는 사실이다. 그만큼 사람은 무척 유연하게 변화를 추구하는 능력이 있는 것이다.

그래도 연하남, 연상녀 커플은 아직 희귀한 편에 속한다. 이 커플의 관계에서도 은근히 전통적인 남녀관계 역학이 작용할까 아니면 다른 역학이 생길까? 내 관찰에 의하면 연하남, 연상녀 매치에는 확실한 이점들이 있다. 첫째, 나이 차이 덕분인지 남자가 여자를 만만하게 대하지 않는다. 둘째, 나이 차이 덕분인지 오히려 여자는 남자를 훨씬 더 깍듯이 대한다. 한 젊은 커플은 서로 꼬박꼬박 존댓말까지 써서 나를 깜짝 놀라게 만들기도 했다. 마치 예전 사대부집에서 "부인!" 하고 부르며 예를 갖추는 남편과 "영감!" 하며 깍듯이 연하 남편을 대하는 아내의 모습이 연상되지 않는가?

이 이야기를 하는 이유를 독자들은 다 짐작할 수 있을 것이다. 고정관념에 의해 위아래가 정해져버리는 남녀관계에서 '나이'라는 변수를 다르게 작동시키면 다른 역학이 생긴다는 사실이다. 이런 역학은 서로 사랑하는 남녀관계가 아닌 일반적인 남녀 사이에서도 곧잘 일어난다. 남자들은 문제가 생기면, 특히 감정 문제가 생기면, 여자 선배에게 잘 털어놓는다. 흥미롭게도 여자들은 문제가 생기면, 특히 직장 문제나 인간관계 문제가 생기면, 남자 후배에게 잘 털어놓는다.

이유가 뭘까? 남자 선배들은 자꾸 '심판'하려 들어서 딱 질색하게 만들기 때문이다. 뭔가 고치려는 태도, 뭔가 지적하려는 태도, 뭔가 충고하려는 태도 역시 질색이다. 자기네들이 잘하는 것도 아니면서 왜 '지적질'이고 '심판질'이고 '충고질'인가 하는 생각이 들 때가 한두 번이 아니다. 그냥 들어만 주면 안 되나? 그냥 내 편에서 생각해봐주면 안 되나? 그냥 쿨하게 받아주면 안 되나? 그래서 서로 속내를 터놓기에는 여자 선배, 남자 후배가 편해지는 것이다.

이렇게 요긴한 여자 선배, 남자 후배 역할을 왜 남녀관계에 적용하지 못하는 걸까? 역시 고정관념 때문이다. 남자는 보호자-여자는 피 보호자, 남자는 기댈 수 있는 사람-여자는 기대는 사람, 남자는 독립적 이미지-여자는 뭔가 부족한 이미지 등의 고정관념이 그것이다. 그래서 남자는 여간해서 자신의 여자에게는 힘든 모습을 잘 보이지 않는다. 여자가 실망할까 봐, 자신의 자존심이 무너질까 봐 염려한다. 여자 역시 남자에게 털어놓으라고 하면서도 은근히 파워 역학의 심리에서 벗어나지 못한다.

이러니 남자들은 문제가 생기면 자신의 동굴로 들어가거나, 이른바 '언니'라 불리는 직업 여성들을 찾아가 술김에 털어놓기도 한다. 아니 왜 자신의 여자에게 털어놓지 못하는가? 그런 남자의 '쓸데없는' 자존심도 문제지만, 이 경우에는 남자 측의 역할 이상으로 여자 측의 역할이 중대하게 작용해야 한다. 털어놓는 분위기를 만드는 데 있어서도 여자는 선배 역할을 할 필요가 있는 것이다. 감정 훈련 경력이 상대적으로 높은 여성들이 남자들에게 감정 선배가 되어주는 것은 무척 자연스러운 현상이다.

부디 여자는 기꺼이 선배가 돼라. 선배가 된다는 뜻은 무엇인가? 기꺼이 들어주는 것이다. 기꺼이 털어놓게 해주고 기꺼이 같이 웃어주고 같이 울어주고 손 잡아주고 안아주는 것이다. 기꺼이 술도 한잔 사주는 것이다. 문제 해결을 위해서 필요하다면 기꺼이 뛰어줄 수 있는 것은 같이 뛰어주는 것이다.

부디 남자는 기꺼이 후배가 돼라. 후배가 된다는 뜻은 무엇인가? 기꺼이 털어놓는 것이다. 기꺼이 조언을 구하는 것이다. 기꺼이 기대고 기꺼이 조르고 가끔은 박박 기어오르기도 하는 것이다. 마음 놓고 도움을 구하는 것이다. 왜 자기의 여자에게는 이런 후배 노릇을 못하는가? 굳이 밖에 나가서 여자 선배를 찾을 필요가 있는가?

남자는 여자에게 모든 면에서 선배 노릇 하려는 심사를 버려라. 당신도 하나의 약한 인간임을 기꺼이 인정하라. 여자가 남자를 앞설 때도, 남자보다 강할 때도 있는 것이다. 하나의 인간으로서 우리는 강한 면, 약한 면을 다 갖고 있음을 의식하자.

남자가 자신의 여자에게 아쉬운 말을 못 하는 것은 자신이 세운 남성상을 잃어버릴까 봐 두려워서 그렇다. 약해 보일까 봐, 존경을 받지 못할까 봐, 자칫 무너질까 봐 그렇다. 그 고정관념을 깨는 진정한 용기를 가져보라. 여자가 자신의 남자로부터 아쉬운 말, 약해지는 말을 듣기 주저하는 것은 자신이 은근히 그려온 강한 남성이라는 이상이 무너질까 봐 그렇다. 남자에게 조언을 하고 안아주다가 혹시 남자가 자존심을 상해할까 봐 걱정이 되어 그렇다. 부디 이런 고정관념을 깨라. 새로운 지평이 열릴 것이다.

여자는 남자에게 선배 역할을 해줘라.
남자는 여자에게 후배 역할을 해줘라.
남녀관계의 새로운 지평이 열릴 것이다.

훈련 5
: 알아줘라 – 인정해줘라

우리 문화 특유의 감정을 표현하는, '한(恨)'이라는 말이 있다. 이루지 못해서, 기회를 얻지 못해서, 못 가져서, 빼앗겨서, 후회돼서, 억울해서 생기는 감정이 오랫동안 쌓이면서 응어리진 상태를 일컫는다. 우리 문화에 있는 또 하나의 특유의 말이 '화병(火病)'이다. '화가 쌓여서 병이 된다'는 현상인데 속에 꾹꾹 누르면 몸속의 열이 불이 되어 마음을 온통 태워버릴 지경이 된다는 것이다.

여성들에게 화병이 많은 것은 그만큼 한이 많이 쌓여서이리

라. 하고 싶은 일을 못 하고 평생 무시당하고 인간 대우는커녕 좋은 말 하나 못 듣고 묵묵히 집안 일만 하라 또는 보조만 하라, 양보하라는 식의 대접을 받고 살아왔기 때문이다. 그 억울한 심정을 꾹꾹 누르고 하고 싶은 말도 못 하게 했으니 화병이 나지 않는 게 이상할 정도다.

남성들이라고 왜 한이 안 쌓이고 왜 화병이 없겠는가? 세상에서 얼마나 끔찍한 일들이 벌어지는데 말이다. 잔인한 약육강식, 온갖 데에서 부딪치는 갑질, 실력이 아니라 연줄에 의해 좌우되는 직장 세계, 평생을 짓누르는 가부장의 무게와 부양의 책임 등 남성들의 어깨를 짓누르는 부담 역시 만만치 않다. 모욕감, 굴욕감, 억울함을 곱씹으며 '남자답게', 특히 여자 앞에서는 내색을 안 하다 속이 곪아가고 있는지도 모른다.

여성의 한과 남성의 한은 성격이 꽤 다를 것이다. '가지지 못하게 해서 쌓이는 한'과 '가지지 못해서 쌓이는 한'은 다르다. '무시당해서 쌓이는 한'과 '이기지 못해서 쌓이는 한'은 다르다. '아예 기회가 없거나 적어서 쌓이는 한'과 '더 좋은 기회를 갖지 못해서 쌓이는 한'은 다르다. '2인자의 한'과 '1인자의 한'이라고 할까? '1인자를 못 하게 하는 한'과 '1인자가 못 되는 한'이라고 할까? 여하튼 한은 여러 방식으로 쌓인다.

한이 쌓이지 않게, 화병이 나지 않게 하려면 어떻게 해야 할까? 가지게 하거나 이기게 하거나 1인자가 되면 문제가 안 될까?

대개 그렇게들 생각한다. 하지만 이것은 해결책이 아니다. 우선 여러 제약들 때문에 현실에서는 모두 가지고, 이기고, 1인자가 되는 자체가 절대 불가능하다. 게다가 인간의 가지려는, 이기려는, 올라가려는 욕망에는 한계가 없어서 그 과정에서 또 다른 문제를 낳기 십상이다.

그렇다면 어떻게 해야 할까? 살아가는 과정, 과정에서 자신의 고민과 괴로움과 소망을 알아주고 인정받는 분위기가 절대적으로 필요하다. 특히 가까운 사람으로부터의 이해와 인정은 무척 중요하다. '나를 알아주는 단 한 사람만 있다면, 나를 인정해주는 단 한 사람만 있다면' 한은 쌓이지 않고 화병으로까지 이어지지는 않는다. 남녀가 바로 그 단 한 사람이 될 수 있는 것이다. 가만히 들여다보라. 남녀 간의 갈등 문제는 외부에서 일어나는 어떤 사건에 의해 촉발되지만, 더 힘들게 만드는 것은 상대의 반응 때문인 경우가 많다. 속상하고 힘들고 기대고 싶고 같이 분노해주기를 기대하고 가장 가까운 사람에게 털어놓았는데, 반응이 심드렁하거나 "다 그런 거야!" 하거나 "별 수 있나? 참아야지!" 식으로 나오면 갑자기 당초의 문제 자체가 문제가 아니라 상대의 반응에 더욱 깊은 마음의 상처를 입는 것이다.

이것은 근본적인 태도의 문제다. 2장, "이 사람인가?"에서 논했던 정치적 올바름(PC)의 태도와도 통한다. 즉, 너와 내가 같은 인간이라는 것, 같은 욕구와 같은 희망을 갖고 있다는 것, 각기 모자라지만 열심히 애를 쓰고 있음을 서로 인정해주는 올바름을 갖추고 있느냐 아니냐 하는 것이다. 이런 점에서 남녀가 서로 지켜야 할 원칙들이 있다.

첫째, '올드송'은 부르지 마라! 과거와 현재를 비교하지 말라는 뜻이다. 후회와 연민의 감정에 휩싸여 "아, 옛날이여!"를 부르짖지 말라는 뜻이기도 하다. '잘나가던 젊은 시절, 떠받침 받던 어린 시절, 좋기만 하던 대학 시절, 돈 잘 벌던 시절, 뜨거웠던 연애 시절, 서로 잘해줬던 신혼 시절' 등을 안주 삼지 말라는 것이다. 우리는 의외로 이런 함정에 잘 빠진다. 열패감, 실망감, 좌절감을 이기려 아름다운 추억을 떠올리는 것이지만 옛날이야기를 할수록 현재의 에너지는 떨어진다. 알아주고 인정하는 일은 현재에 충실하고 미래에 대한 희망을 불러일으키는 데에서 나온다.

둘째, 상대의 고민과 나의 고민을 비교하지 마라. 어느 고민이 더 괴로운가, 더 힘든가 비교하지 마라. 상대의 입장에서 힘들고 괴롭다는 것을 알아줘라. '역지사지'하라는 말이다. "뭐 그런 거 때문에 고민해? 다들 하는 일인데 뭐가 힘들어? 괴로워할 걸 괴로워해" 같은 말을 내뱉지 말자. 나에겐 아무렇지도 않은 것이 다른 사람에게는 그렇게도 힘든 것이다.

셋째, 상대의 역할과 나의 역할에 우열을 두지 마라. 남녀가 가장 많이 싸우게 되는 사안이다. 대표적인 말이, "집에서 뭐하는 거야?" "밖에서 뭐하는 거야?"일 것이다. 듣는 사람은 모욕감을 느끼게 된다. "내가 더 힘들어, 내가 더 일 많이 해, 내가 더 피곤해. 당신이 한 일이 뭐 있어?" 같은 말도 금물이다. 이 말을 하는 지금 나도 반성하고 있다. 나도 가끔씩 이런 말을 입에 담기 때문이다.

넷째, '후렴구'를 되풀이하지 마라. '타령조'를 하지 말라는 뜻이다. 똑같은 말을 반복하지 말라는 뜻이다. 타령조가 되면 한 귀로 듣고 한 귀로 흘려버리게 된다. 물론 우리는 계속 힘들기 때문에 계속 같은 말을 하게 된다. 주의할 점은, 원론으로 돌아가지 말고 당장의 사안과 상황에 집중해서 얘기를 풀어가라는 것이다. 현재의 상황에 집중해서 변주를 하면 듣는 사람도 집중할 수 있게 된다. "난 안 되나 봐, 난 어쩔 수 없는 모양이야" 같은 말은 금물이다. 한탄조가 되면 자신도 움츠러들고 듣는 상대도 움츠러들게 만든다.

다섯째, 때로는 가만히 들어주기만 하라. 다들 경험해본 바와 같이, 많은 문제들은 이야기를 하는 과정에서 스스로 풀리는 경우가 많다. 이야기를 하는 사람도 해결책을 모르기 때문에 하는 게 아니라 그저 하소연하기 위해서 또는 선택하기 어려운 심정을 털어놓기 위해서일 수도 있다. 이야기하는 것만으로도 스스로 답을 찾는 경우가 많다. 필요한 것은 들어주는 존재다. 성의 있게 귀를 열어주는 것만으로도 남자와 여자는 제 할 일을 다 하고 있는 것이다.

여섯째, 인정받으려면 인정해줘라. 참으로 오묘한 것이 사람이다. 인정은 오고가는 것이다. 사람은 자신을 인정해주는 사람이라면 간이고 쓸개고 다 내줄 듯이 군다. 인정 욕구란 사회적 동물로서의 인간이 갖는 욕구 중에서도 아주 강력한 것임에 분명하다. 당신이 인정해주면 당신을 인정해주는 보답이 꼭 돌아오기 마련이다. 인정받는 느낌의 그 뿌듯함이 기억나는가? 상대도 똑같다. 부디 각기의 차이를, 바람을, 능력을, 역할을, 기여를 인정해줘라. 물론 더 중요한 것은 각기의 모자람을, 약점을, 단점을 인정해주는 것이다.

이 시대의 많은 남녀들이 화가 많이 나 있고 한이 쌓여간다. '분노 조절 장애, 충동 장애'가 사회적 문제가 될 만큼 심각하다. 인정받지 못하기 때문이고 무시당한다는 생각 때문이고, 희망이 없어 보이기 때문이고, 미래가 보이지 않는다는 절망감 때문이다. 세상은 너무도 혹독하고 잔인하고 경쟁이 치열한데 그 경쟁은 공정하지도 않다. 이런 한을 사회적으로 풀어나가는 것은 사회의 몫이되, 개인적인 방어체제는 절대적으로 필요하다. 그 힘이 가까운 사람으로부터 나온다. 인간적인 신뢰를 가질 수 있는 사람이 나의 실력과 희망과 노력뿐 아니라 나의 문제, 좌절, 고민, 약점, 모자람까지도 알아주고 인정해줄 때 이겨나갈 힘을 얻게 된다. 드디어 통하는 것이다. 한은 통하지 않음으로써 쌓이는 것이다.

통하라, 두 남녀여. 상대의 괴로움을 알아줘라. 아무것도 아니라고 하지 마라. 남들도 다 겪는 일이라고 하지 마라. 상대의 고민을 알아줘라. 별 거 아니라고 하지 마라. 그 고민이 얼마나 깊어지고 있는지 알아줘라. 상대의 관심사를 인정해줘라. 왜 그런 데 관심 갖느냐고 하지 마라. 상대의 취미를 인정해줘라. 왜 그런 거 좋아하느냐고 핀잔주지 마라. 그 사람에게는 유일하게 숨을 쉬는 계기일지도 모른다. 상대의 능력을 인정해줘라. 다른 사람과 비교하지 마라. 옆집 남자, 옆집 여자랑 비교하지 마라. 무시하지 마라. 아무리 상대가 부족하더라도 참여시킬 수 있어야 한다. 고마워하라. 그 자리에 있어준다는 것만으로도 이 사람은 자신의 역할을 다한 것이다.

너의 한이 나의 화병이 되지 않게,
나의 한이 너의 화병이 되지 않게,
우리 서로 알아주고 인정해주자.

훈련 6
: 말을 하라 – 몸을 써라

남자는 말에 약하고 여자는 몸에 약하다. 아니, 그 반대인가? 남자는 몸에 약하고 여자는 말에 약한가? 주체인가 객체인가에 따라 달라질 것이다. 남자들은 자신이 입에 그 말을 담지는 못해도 그 말을 들으면 흐뭇해한다. 남자들은 터치에 완전히 녹지는 않더라도 잘 풀어진다. 여자들은 아무리 힘들어도 남자의 그 말 한마디에 풀리는 것은 물론 그 터치 하나에 완전히 녹기도 한다.

말만큼 사람 사이에 큰 영향을 미치는 것도 없다. '말로 천 냥 빚을 갚는다'는 속담은 진실이다. '아 다르고 어 다르다'는 속담도 진실이다. 어떻게 말하느냐에 따라 마음의 빚을 크게 갚을 수 있다. 같은 메시지의 말도 어떻게 하느냐에 따라 통하는 수준이 다르다. 매일매일 부딪치는 남녀가 갈등을 일으키는 사건도 말 때문이기 십상이다. 오고 가는 말이 곱지 않거나, 오고 가는 말에 가시가 돋쳐 있거나, 오고 가는 말 한마디마다 상대를 힐난하거나 하면 위험수위가 높아진 신호다. 오고 가는 말 자체가 아예 없으면 심각한 사태로 달려갈 위험이 높아진다.

다행스럽게도 남녀의 소통에는 한 가지 수단이 더 가능하다. 몸짓이다. 타인 사이에도 몸짓이 효과가 있는데 남녀 사이의 몸짓은 오죽 효과가 크겠는가? 성적 욕망이 부글부글 끓는 시절에는 섹스를 통해 김을 뿜을 수 있고, 원초적 본능이 그리 뜨겁게 발동하지 않을 때에는 스킨십이 큰 역할을 한다. 인간이 가진 본능이다. 피부가 닿으면 그 따뜻한 체온과 그 말랑말랑한 부드러움으로 몸도 녹고 마음도 녹는 것이다.

말이 먼저일까, 몸이 먼저일까? 말이 효과가 있을까, 몸이 효과가 있을까? 개인적인 차이는 물론 존재한다. 몸짓은 몸짓이고 말은 말이라고 하는 사람도 있고, 몸짓에서 말의 의미를 읽는 사람도 있고, 몸짓과 말이 같이 가야 비로소 풀어지는 사람도 있다. 말에 강한 사람이 있고 몸을 쓰는 데 강한 사람도 있다. 그런가 하면 남이 하는 말에 잘 풀어지고 남이 쓰는 몸짓에 잘 녹는 사람도 있다.

남녀관계란 '서로 길들이고 서로 길들여지는 관계'다. 어떤 말과 어떤 몸짓을 어떤 타이밍과 어떤 상황에서 쓰는 게 좋으냐를 탐험하는 여정이라 봐도 좋다. 이 여정에서 남녀는 서로에 대한 '지도'를 그려나간다. 주어진 지도가 있으면 좋으련만 그렇지 못하다. 사실 주어진 지도가 있다면 또 얼마나 재미가 없겠는가. 남녀는 직접 지도를 그려가야 한다. 직접 발로 딛고 눈으로 보고 손으로 더듬으며 오감을 총동원해서 탐험을 하고 방향감각을 찾으면서 지도를 그려가는 것이다.

문제는 우리가 서로의 지도 그리기에 꽤나 서투르다는 사실이다. "내 마음 몰라?"(물론이다, 당신 마음 모른다. 말을 하지 않는데 어떻게 알 수 있단 말인가?) "내 마음 알지?"(모른다. 당신의 말로 해봐라. 진정인지 아닌지 알 수 있도록.) "내가 무슨 생각하는지 알아?"(모른다. 말해줘야 알지!) "내가 뭘 원하는지 알지?"(모른다. 표현을 해야 알지!)

하기는 자기도 자기 마음을 모를 때가 있고 자신이 무슨 생각을 하고 있는지 모를 때도 있다. 그럴 때 나를 찾게 도와주는 사람이 너의 존재다. 너를 통해 나의 마음, 나의 생각을 들여다보고,

너를 통해 나의 몸을 확인하는 것이다.

관계를 그린 영화 중에서 최근 나온 「그녀(Her)」는 놀라웠다. '우리는 얼마나 완벽한 연인을 바라는가? 완벽한 연인이란 어떤 사람일까? 완벽한 연인이란 가능한가? 완벽한 관계란 어떤 것일까?'라는 의문들이 저절로 떠오르게 해준다. 주인공 남자는 지극히 내성적인 남자다. 남들의 연애편지를 대필해주는 일을 한다. 이런 아날로그식 비즈니스가 아예 기업화되어 있는 미래사회로 설정했다는 게 흥미롭다. 남자는 '내가 원하는 바로 그녀'를 프로그래밍해주는 인공지능 서비스를 받게 된다.

드디어 '그녀'가 왔다. 환상적이다. 내가 원하는 그대로다. 은근히 원하던 바로 그 반응을 보인다. 살포시를 원할 때는 살포시, 화끈해야 할 때는 화끈하게, 촉촉해야 할 때는 촉촉하게, 쿨할 때는 쿨하게, 완전히 환상이다. 내가 뭘 좋아하는지 다 알고 뭘 싫어하는지도 다 안다. 내가 힘들어하면 금방 알아챈다. 내가 막히면 먼저 대화를 끌어가준다. 그녀는 나를 다 안다. 그녀는 벌써 내 마음의 지도, 생각의 지도를 다 그려내고 있다. 어디에 가든 함께 할 수 있다. 여행을 가든, 바닷가에 가든, 숲 속에 가든, 회의에 가든 그녀는 나와 함께 있다. 게다가 더 환상적인 것은 내가 원할 때만 불러내면 된다. 접속만 하면 되는 것이다.

우리 영화 「내 아내의 모든 것」도 발상이 최고였다. 점점 짜증이 극심해지는 아내와 헤어지고는 싶은데 과격한 그녀 앞에서 말을 꺼낼 용기는 없고 그렇다고 그대로 살기도 싫은 소심한 남편은 자칭 타칭 '역대급 카사노바'인 옆집 남자에게 아내를 유혹해달라고 한다. 그 옆집 남자는 아내의 모든 것을 연구한다. 좋아하는 것, 싫어하는 것, 매일 하는 일, 책, 영화, 가족관계, 스킨십 습관 등 온갖 질문 리스트를 만든다. 그 질문들에 답하는 남편은 '내가 이렇게 아내를 몰랐던가?' 하고 자문한다. '뭐, 이런 것까지 알려고 하는 거야?'라는 생각도 한다. '내 아내의 모든 것'을 알아가는 그 카사노바가 드디어 아내에게 사랑을 느끼게 되었을 때, 영화는 새로운 결말로 나아간다.

우리는 내 아내, 내 남편을 알기 위해 얼마나 노력하고 있을까? 내 연인, 내 애인의 모든 것을 파악하려고 얼마나 노력하는 걸까? 내 아내, 내 남편의 지도를 그려가고는 있는 걸까? 우리가 인공지능 '그녀'처럼 완벽하게 마음의 지도를 그리진 못하더라도 우리에게는 다행스럽게 '몸'이라는 소통 매체가 있다. 우리가 그 카사노바처럼 그녀의 모든 것을 연구하고 숨은 욕구를 만족시키려 노력하지는 못할지언정, 우리에게는 여전히 말과 몸이라는 강력한 소통 매체가 있다.

손을 잡아라. 팔짱을 껴라. 어깨동무를 하라. 기대라. 팔베개를 해줘라. 프리허그를 남발하라. 스킨십을 나눠라. 몸을 나누면 체온이 전달된다. 인간의 몸이 36.5도라는 것은 참으로 축복이다. '메이팅 콜(mating call, 짝짓기를 위한 구애 표현)'을 익혀라. 말을 하

라. 이야기를 나눠라. 의외로 모든 남녀는 약하다. 정다운 말에 약하고 정겨운 몸짓에 약하다. 그것이 진심에서 우러나는 것이기만 하다면 온기로 통한다. 말과 몸을 섞자.

남녀관계란 서로의 지도를 그려가는 여정이다.
발로 딛고, 손으로 더듬고, 탐험하면서
서로의 지도를 그려나가라.
내 여자의 모든 것, 내 남자의 모든 것을 공부하라.

훈련 7
: 눈치를 좀 줘라 - 눈치를 좀 봐라

하지만 사람 사이란 모든 것을 말로 풀어낼 수 있는 것도 아니고 몸짓으로 다 풀어낼 수 있는 것도 아니다. 그래서 필요한 것이 '눈치'다. '센스(sense)'라고 해도 좋고, '촉(觸)'이라고 해도 좋고, '감(感)'이라고 해도 좋지만, 우리말 '눈치'가 아주 제격이다.

눈치에 대해서 아주 좋게 해석해보자. 눈치가 있다는 뜻은 '변화에 대한 감수성이 뛰어나다'는 뜻이다. '상황을 잘 읽는다'는 뜻이다. '정확한 맥을 짚는다'는 뜻이기도 하다. 눈치를 본다는 것은 '상대에 대한 관심이 있다'는 뜻이다. 관심이 없으면 눈치 볼 일이 없다. '당신을 좋아한다' '당신의 마음에 들고 싶다'는 뜻이기도 하다. 눈치를 준다는 뜻은 '상대에 대한 관심을 표현한다'는 뜻이다. '내 마음을 알아달라'는 뜻이기도 하다

눈치에 대해서 아주 나쁘게 해석해보자. 눈치가 있다는 뜻은 '알아서 긴다'는 뜻이기도 하고 '자기 뜻대로 움직이려 든다'는 뜻이기도 하다. 눈치를 본다는 뜻은 '주눅이 들어 있다'는 뜻이기도 하고 '자기 원하는 대로 할 수 있는지 살핀다', 특히 '타이밍을 살핀다'는 뜻이기도 하다. 눈치를 준다는 뜻은 '상대를 자기 뜻대로 움직이려 든다'는 뜻이거나 '상대를 손아귀에 꽉 쥐려 든다'는 뜻이기도 하다.

눈치란 이렇게 양날의 칼이다. 아주 좋을 수도, 아주 나쁠 수도 있는 것이다. 우리는 남녀관계에서 눈치라는 물건을 어떻게 사용해야 할까? 눈치가 있느냐 없느냐를 가지고 뭐라고 하기란 곤란하다. 눈치란 환경에 대한 민감성의 정도인데, 분명 타고나는 차이가 있기 때문이다. 정서적으로 아주 예민한 사람이 있는가 하면 무신경하다 싶을 정도로 둔감한 사람도 있기 마련이다. 예민한 사람은 좋을 때는 다정다감해서 좋지만 싫을 때는 신경 쓰이고 피곤하게 만든다. 둔감한 사람은 싫을 때는 '둔탱이' 같아서 질색을 하게 되지만 좋을 때는 적당히 눈감아준다는 점이 무척 고맙다.

여자는 예민한 편이고 남자가 둔감한 편이라고? 꼭 그렇지

만도 않다. 주변을 보라. 정서적으로 예민한 남자가 둔감한 여자에게 불만을 토하는 경우도 많다. 에피소드 하나를 들어보자. 보통 남자의 경우다. "내가 노래를 크게 틀고 완전히 빠져 있는데, 아내가 밥 식는다고 채근하면 정말 짜증나요." 한 남자가 이렇게 얘기하기에 나는 아내 편을 든다고 "따끈따끈할 때 먹으라고 그러는 거죠!" 하고 대꾸를 했다. 그랬더니 그 남자 하는 말인즉, "전 '식은 밥'을 좋아한단 말예요!" 하는 것이었다. 좌중이 와르르 웃었다. 다들 "그 심정, 알지!" 하는 기색이었다. 왜 한쪽은 분위기를 잡으려 하는데 다른 한쪽은 전혀 눈치를 못 채며, 왜 한쪽은 자기만의 선호와 습성이 있는데 다른 쪽은 전혀 눈치를 못 채는 것일까?

남녀관계에서 눈치란 절대로 필요하다. 모든 것을 하나하나 다 말할 수 없고, 몇 번 되풀이했으면 눈치 채야 하고, 같이 시간을 보내면 보낼수록 서로가 말로 표현하지 못하는 것을 눈치 챌 수 있어야 한다. 눈치를 보지 않는 이유는 분명하다. 눈치 보지 않아도 아무 문제가 없기 때문이다. 자기 생명에 문제도 없고, 잘릴 걱정을 하는 것도 아니고, 자기 기분을 잡치는 것도 아니고, 자기 돈이 나가는 것도 아니니 아예 무시해버린다. 밖에서 하도 눈치들을 보고 살아야 하니 집에서만이라도 눈치 보지 않고 살고 싶은 마음도 작용할 것이다. 물론 타고나기를 정말 다른 세계에 사는 것처럼 생겨먹었을 수도 있지만, 그런 경우는 희귀하다.

서로 믿을수록, 서로 기댈수록, 서로 눈치를 보고 눈치를 주는 관계가 돼야 한다. 아니 왜 밖에서는 온갖 눈치를 다 보면서, 가장 소중한 사람의 눈치를 보는 데는 소홀한 것인가? 왜 이 세상에 하나밖에 없는 사람에게 당신의 속을 알아달라고 눈치를 주지 않는 것인가? 눈치를 보고 눈치를 주는 것을 자연스럽게 받아들여야 한다.

물론 눈치에도 훈련이 필요하다. 감을 기르고 촉을 발달시키는 훈련을 끊임없이 해야 한다. 눈치 채는 훈련도 필요하고 눈치 주는 훈련도 필요하다. 눈칫밥 먹고 사는 것 같은 사람을 보는 것도 괴로운 일이지만, 눈치 없는 사람을 보는 것도 참으로 괴로운 일이다. 천방지축, 오만불손, 독선적인 모습이 싫을 때도 있지만 무신경하고 둔감한 모습 자체가 괴롭게 만드는 것이다. 하지만 훈련은 된다.

첫째 훈련, 종종 육감으로 '오버'하라! 육감이 없더라도 육감이 있는 척, 눈치로 상대의 생각과 기분을 짚어보는 것이다. 분위기를 파악하는 훈련이라 해도 좋다. 파악이 잘 안 되더라도 파악한 것이라 치고 그에 상응한 행동으로 옮겨본다. 많은 경우 자기가 오버했다는 것을 알게 될 수도 있다. 하지만 그렇게 오버해보지 않으면 눈치가 익혀지지 않는다. 눈치 보는 것은 물론 눈치 주는 것도 마찬가지로 오버해봐야 한다. 어디까지 눈치를 줘야 상대가 반응하는지를 가늠하기 위해서도 필요하다. 물론 어느 정도 익히고 나면 오버하지 말아야 한다. 지나친 오버는 자칫 '양치기 소년 효과'를 낳기 때문이다.

둘째 훈련, '관찰'을 습관화하라! 한번은 딸들에게 "우리 팀원들은 알아서 분위기 살려주는 이벤트를 만들어내더라. 왜 너희들은 안 하니?" 했더니 "우리도 봉급 주는 사람한테는 다 그렇게 해요!" 하고 즉답을 한다. 맞는 말이다. 아무리 눈치 없는 사람도 일터에 가면 상급자들의 눈치를 파악하려 든다. 수시로 관찰하는 습관이 있는 것이다. 왜 그 관찰을 가까운 사람들에게는 적용하지 않는가? 언제 기분이 좋고 어떠한 때 기분이 업 되는지, 기분 좋지 않을 때는 어떤 방식으로 표현하는지, 말이 없으면 없는 대로 말이 많으면 많은 대로 예의 주시하는 습관을 길러야 한다.

잘 안 믿는 눈치지만, 나는 가까운 친구들 사이에서 '은여우'라는 별명으로 통하기도 한다. "내가 은근히 '여우과'라오!"라고 했더니, 친구들이 바로 붙여준 별명이다. 직설적인 내가 그나마 살아남는 방법이라고 할까? 짝의 분위기를 파악하고 관찰을 통해 기분을 측정하고 때로는 립서비스도 하고 때로는 오버를 하기도 한다.

인생을 같이하는 짝도 서로 못 하는 말이 있기 마련이다. 모든 것을 말할 수 있다면 얼마나 좋겠는가? 하지만 오히려 짝이기 때문에 못 하는 말도 있기 마련이다. 같은 배에 타고 있는 협력적인 관계임에도 불구하고, 바로 그 때문에 짝에 대한 나의 이기심 섞인 바람과 편견을 떨쳐버리기 어렵다. 상대가 나를 위해서 또는 가족을 위해서 무언가 해주기를 또는 하지 않기를 기대하게 되기 때문이다. '우리'의 안전과 안정을 바라게 되는 심리, 책임이라는 이름으로 부여되는 봉사와 희생, 가족이라는 울타리에 대한 생각 등 인생을 같이하는 짝에게 부과된 짐의 무게는 상당하다. 그래서 한 인간으로서의 짝에게 진정한 편이 되어준다는 것은 그렇게도 어렵다.

우리가 눈치를 제대로 발동한다면 이 남자, 이 여자의 무언의 발언을 알아챌 수 있을지도 모른다. 남자의 이마에 '고독'이 쓰여 있는 것을 알아채고, 여자의 입술 끝에 '외로워'라고 쓰여 있는 것을 알아챌 수 있을 것이다. 남자의 입술이 굳게 닫혀 있는 의미, 여자의 이 악문 듯한 모습의 의미를 알아챌 수 있을 것이다.

그러고는 우리 나름대로 무언가를 할 수 있다. 정신없이 바쁠 때 살그머니 문을 닫아주는 순간, 아이들을 데리고 놀러 나가주는 순간, 피곤에 젖어 잠에 떨어졌을 때 불을 꺼주는 순간, 아이들에게 '쉬잇' 해주는 순간, 몸살에 걸려 뻗었을 때 한 끼 준비해주는 순간, 한마디 유머로 웃겨주는 순간 등 우리는 무언가 작은 일을 할 수 있다. 우리는 왜 작은 일에 감동하는가? 큰일은 전체가 잘 들어오지 않지만, 작은 일은 즉각적으로 반응하게 되기 때문이다. 큰일은 머리로 이해해야 하지만 작은 일은 감정이 동하기 때문이다.

"우리는 왜 작은 일에만 분노하는가"라는 말에 공감하는가? 큰일에 분노할 용기는 부족하지만 작은 일에는 어떻게 해볼 도리를 찾을 수 있기 때문이고 작은 일에 큰 것이 다 담겨 있기 때문일 수도 있다. 짝과의 삶이란 수많은 작은 일들로 구성되어 있다. 그 작은 일들의 의미를 찾아보라. 눈치를 제대로 주고 눈치를 제대로 보자. 말을 하지 않더라도 내 짝의 마음속에서 무슨 일이 벌어지고 있는지, 진심으로 관심을 가져보자.

남녀관계란 눈치를 보고 눈치를 주는 관계다.
모든 것을 말로 풀 수는 없다.
내 남자, 내 여자의 깊은 속에서 무슨 일이 일어나고 있는지
눈치를 훈련하라!

훈련 8

: 혼자 좀 놔둬라 - 혼자 좀 놀라

마지막 훈련은 좀 까칠하다. 남녀관계의 조건은 시간과 공간을 같이하는 것이 기본인데, 혼자 좀 놔두고 혼자 좀 놀라는 조언이니 말이다. 이것은 정말 훈련이 필요한 사안이다. 신뢰와 담력, 진정한 관심과 지혜롭게 모르는 척해주는 전술을 적절히 섞어야 하기 때문이다.

한번은 해외 출장을 갔는데 동행했던 남자 후배가 매일 아침저녁으로 아내에게 전화를 거는 것을 봤다. 돌아갈 때는 그의 아내가 공항에 마중까지 와 있었다. 평소 그렇게 보이지 않았던 후배의 전혀 다른 모습에 나는 깜짝 놀랐다. 우리 집은 정반대다. 나나 이 남자나 전화라곤 하지 않는다. 스마트폰이 일상화된 후에 SNS로 소식을 전하는 것은 최근 들어 완전히 달라진 풍경이지만 여전히 전화는 거의 하지 않는다. 예전엔 전화비 아끼느라 그런 모양이다 하던 딸들도 공짜 전화조차 하지 않는 우리 커플을 이상하게 본다. "어디 문제 있는 거 아냐?" 하는 눈치다.

우리 커플의 묵계 중 하나는, '자기 시간에는 자기가 푹 빠질 수 있도록 하자'다. 여행을 간다는 것은 일상에서 떨어져 모르던 공간을 유랑하며 자기만의 시간을 가지는 기회이니, 그 기회를 마음껏 누리라는 것이 이런 묵계 중 하나다. 서로의 자유와 집중에 대한 배려라고 할까? 우리는 업무 시간에도 여간해서 통화를 하지 않는다. 어쩌다 전화가 오면 "무슨 일이 터졌나?" 하고 지레 놀랄 정도다. "우리 부부는 바람피우겠다고 마음만 먹으면 아주 적격의 환경인데" 하고 농담도 한다.

딸들이 우려하는 것처럼 나도 가끔은 이런 우리 관계에 대해서 별 문제 없는 건지 의문하곤 했다. 어쩌다 우리가 이렇게 전화를 통 안 하는 사이가 되었지? 우리가 워낙 서로를 믿어서 그런 걸까? 워낙 각기 바쁘다 보니 그렇게 된 걸까? 각기 회의나 사람 만날 일이 많은 편인지라 전화를 걸자면 신경이 쓰이는 것도 사실이다. 연애할 때는 밤새도록 전화통을 붙들고 있기도 했는데, 변해도 너무 변한 것 아닐까? 이런 상황이 계속돼도 괜찮은 걸까? 나는 이래저래 생각을 굴리곤 했다.

잘 들여다보니, 역시 그대로가 좋다. 첫째는 말 뜻 그대로 개인으로서 자유롭게 숨 쉴 시간과 공간이 필요하다. 둘째, 무슨 문제가 생기면 내가 1순위가 된다는 것을 알고 있다. 순간순간 확인할 필요는 없다는 전제다. 셋째, 나도 똑같은 것을 원하고 있다. 넷째, 연애 시절과 달리 밤 시간에는 확실히 만날 수 있음을 안다. 여행을 떠나더라도 돌아오면 확실히 만날 수 있다는 것을 알고 있다.

남녀가 공유할 수 있는 것은 무수히 많다. 같이하는 시간, 같이하는 공간, 공동의 프로젝트, 공동의 적, 살림, 집, 아이 등 현실 속의 모든 것들을 공유한다. 이런 공유에 대한 마음이 안정감과 평안을 주지만 때로는 숨 막힐 것 같은 압박감을 줄 수도 있음을 우리는 인정해야 한다. 그래서 우리는 각기 혼자 놔둘 줄 알아야 하고 각기 혼자 놀 줄도 알아야 한다.

오랜만에 만난 정다운 모임에서도 집 때문에 안절부절못하는 여자를 보면 안되긴 했다. 어차피 들어갈 집인데 왜 그리 연연해해야 하는가? 무슨 눈치를 보고 있는 건가? 어린 아이들 때문이라면 오케이 하겠는데 남편보다 먼저 들어가야 한다, 저녁 차려야 한다는 행동을 보면 이해는 가지만 용납이 되지는 않는다. 하루 저녁 외식하면 큰일 나나? 아내 없는 하루 저녁을 보내면 큰일 나나? 저녁 모임에서 아내의 전화를 자꾸 받는 남자를 보게 될 때도 있는데, 안되긴 했다. 스마트폰이 생긴 후에 구속이 더 심해진 건가? 전화가 오가고 수시로 문자 체크하고 SNS 메시지를 체크하는 행태를 '아름다운 구속'이라 보기도 어렵고, '저렇게 사이가 좋다는 거야 뭐야? 도대체 이 남자는 평소 얼마나 잘못을 저지른 거야? 서로 못 믿겠다는 거야 뭐야?' 하는 생각이 들어서 신뢰도가 뚝 떨어진다.

가끔은 서로 각기 홀로 내버려두어야 한다. 여자는 과감하게 며칠간 집을 떠나라. 당신의 자유를 위해서만이 아니라 남자가 집에 홀로 있을 자유를 위해서. 남자 밥 먹는 거 걱정하지 마라. 어차피 배고프면 먹게 되어 있다. 남자는 여자를 걱정시키지 마

라. 남자는 부디 며칠 동안 여행을 떠나라. 혼자 짐을 꾸려라. 여
자가 당신 먹을 거, 입을 거 걱정하게 만들지 마라.

'이렇게 홀로 놔두다가 혹시 영영 떠나버리는 것 아닐까? 혹
시 훌쩍 떠나서 다시는 안 돌아오는 것 아닐까?' 이런 걱정을 지
레 하지 않으려면, 평소 상대에게 홀로 있을 자유를 줘라. 그리고
당신이 혼자서도 아주 잘 놀 수 있음을 보여줘라. 우리는 소울메
이트임을 믿어보자. 우리 각기 숨을 쉬자. 큰 숨을 쉬자.

홀로 나서 홀로 가는 인생이다.

소울메이트는 옆에 없어도 옆에 있다고 느낄 수 있다.

홀로 놔두고, 홀로 놀 줄 알아라.

장점은 단점이 되고,
단점은 장점이 된다

남녀관계의 레벨을 올리기 위해서 쓸 수 있는 여덟 가지 훈련을 뽑아봤지만, 사실 이런 훈련 리스트는 무한할 정도로 만들어낼 수 있다. 경험이 있는 사람들은 다 알겠지만 남들이 제안하는 방식이 꼭 자신에게 맞는 것도 아니고 고대로 효과가 있는 것도 아니다. 우리는 각기 수없이 많은 훈련 태도, 훈련 철학, 훈련 기술들을 고안해내고 써보고 효과가 있다고 좋아하기도 하다가 또 전혀 효과가 없어서 불만스러워하고, 속상해하고, 한탄하고, 슬퍼하고, 희망을 버리고 이윽고 포기하곤 한다.

각종 의문부호가 떠오른다. 우리가 이렇게 달랐던가? 이 사람이 변한 건가? 이 사람은 내가 힘들어하는 걸 모르나? 이 사람은 내가 괴로워하는 게 안 보이나? 이 사람은 내가 지쳐 있는 게 안 보이나? 이 사람은 나의 행복에 어찌 이리 둔감한가? 이 사람은 나의 불행에 어떻게 이렇게 신경을 쓰지 않는가? 이 사람은 어떻게 이렇게 배려가 없는가? 이 사람이 이렇게 무감각한 사람이었던가? 이 사람이 이렇게 이기적이기만 했던가? 이 사람은 혹시 나를 쓸모 있는 도구로만 생각하는 건가? 이 사람은 나를 그저 동거인으로만 보고 있는 건가? 이 사람은 나를 돈 버는 사람으로만 보고 있나? 이 사람은 나를 밥 차려주는 사람으로만 보는 건가?

그러고는 자책이 시작된다. 내가 무엇을 잘못하고 있는 건가? 내가 이토록 모자랐던가? 내가 이렇게 눈치가 없었던가? 내가 이렇게 어리석었던가? 내가 이렇게 재주가 없던가? 내가 충분히 성의를 보이지 않고 있는 건가? 내가 눈에 콩깍지가 씌였던 건가? 이 사람이 변한 건가, 내가 변한 건가? 내게 더 이상 아무런 가치가 없는 걸까? 내가 출세를 하지 못해서 그런가? 내가 살림을 잘하지 못해서 그런가? 내가 돈을 잘 못 벌어서 그런가? 내가 이렇게 굴욕적으로 살아야 하나? 내가 이렇게 상처를 받아야 하나?

이런 의문도 자책도 다 필요한 과정이다. 이런 의문을 안 하는 사람은 이 세상에 없을 것이다. 말로는 안 하더라도 마음속에는 맺히기 마련이다. 물론 자책은 모든 사람이 다 한다고 볼 수는 없을 것이다. 남녀가 각기 자책을 많이 한다면 문제가 풀릴 가능성이 훨씬 높아질 테니 말이다. 이런 의문을 하는 자신, 이런 자책

'이 사람'은 나와 다르지만,
'내가 좋아하는 사람, 같이 있어 썩 괜찮은 사람'이다.
달라서 좋은 점을 만들어가는 게 남녀가 함께 살아가는 지혜다.

을 하는 자신은 오히려 건강한 것이다.

이 장에서 내가 제안하는 훈련 방식들은 남녀관계를 지나치게 개인적인 차원의 문제 또는 감정적 차원의 문제라고만 보지 말라는 뜻에서 선별한 것이다. 당장 닥친 현상적인 문제들에 너무 함몰되지 말고, 문제에서 약간 떨어져서 객관화시켜보라는 뜻이기도 하다. 세간에서 자주 얘기하는 테크닉에 너무 집착하지 말라는 뜻이다. 세밀한 기교만으로는 근본적인 태도를 고치지 못한다.

남녀의 갈등이 생길 때마다 우리가 자주 내뱉는 말들의 속성을 한번 들여다보자. "변했어!"라는 말을 자주 하곤 하는데, 대개의 경우는 '내가 미처 보지 못한 것'이거나 '상황에 따라 반응이 달라지는 것'인 경우가 대부분이다. 한때는 장점이라고 여겼던 점이 단점으로 변하는 것은 순간이다. 예컨대 연애 시절에는 분위기를 위해서라면 지갑을 마음껏 여는 것이 그리 멋져 보이지만 같이 살게 되면 그 하나하나가 다 걸리적거린다. 언젠가는 '멋'이었던 것이 '철이 없다'로 돌변하는 것이다. 그런데 흥미롭게도 예전에는 단점으로 보이던 것이 같이 살면 장점이 되는 경우 역시 왕왕 있다. 똑같은 예로, 평소에 너무 자린고비처럼 군다고 싫어하다가 비상시에 저축을 내놓으면 너무 믿음직스러워 보이는 것이다.

장점은 단점이 될 수 있고 단점은 장점이 될 수 있다. 정확하게 표현하자면, 장점 속에 단점이 숨어 있고 단점 속에 장점이 숨어 있다. 이것이 인간관계의 흥미로운 점이다. 한때는 '너무 무겁다'라고 했던 것이 이제는 '진중하다'로 바뀐다. 한때는 '너무 가볍다'라고 느꼈던 것이 이제는 '재미있다'로 바뀐다. 한때는 '너무 수다스럽다'라고 했던 것이 이제는 '분위기 메이커'로 느껴진다. 한때는 '너무 말이 없다'라고 했던 것이 이제는 '과묵해서 좋다'로 바뀐다. 당신의 상황을 한번 잘 들여다보라. 각기 변한 게 아니라 같은 본질의 다른 모습이 나타나는 것이다. 그 본질을 파악해보라.

"내가 부족해서!"라는 말은 어떤가? 이런 말은 자기 격려를 위해서 가끔씩 필요하지만 지나친 자책은 금물이다. 남녀관계가 삐걱거리는 것은 쌍방의 문제이지, 어느 한쪽이 부족해서 생기는 문제가 아니기 때문이다. 사실 이런 '자기비판'은 자칫하면 '상대비판'으로 순식간에 뒤바뀔 수 있는 위험도 있다. "나는 이렇게 반성하는데, 너는 왜 잘못이 없다고 하느냐?"로 둔갑할 수 있는 것이다. '내가 부족해, 네가 부족해'를 따지는 것보다 훨씬 더 중요한 것은 "우리 이렇게 해보자!"로 바꾸는 것이다. 문제의 원인을 들이판다고 해결되지 않은 것이 남녀 갈등인 경우가 많다. 그보다는 갈등을 줄일 수 있는 '어떻게?'에 동의하는 데에 에너지를 쏟는 것이 바람직하다.

"참 달라!"라는 말을 참으로 많이 한다. 그런데 이것이 나쁜 것만은 아니다. 남자, 여자라서 다른 게 아니라 이 남자, 이 여자라서 다른 것이다. 그리고 그 다름은 그냥 다름이다. 틀림이 아니라 다름인 것이다. 그렇게 달라서 좋은 점을 만들어가는 것이 남녀가 함께 살아가는 지혜다. 너와 내가 달라서 얼마나 다행인가? 내가 못하는 것을 네가 하고, 네가 못하는 것을 내가 할 수 있다. 네가 좋아하는데 내가 싫어한다면 기꺼이 또는 유세를 하면서도 양보할 수 있다. 네가 싫어하는데 내가 좋아하면 너는 나에게 양보하면 된다.

자신의 짝이 같은 생각, 같은 마음, 같은 태도, 같은 기준, 같은 원칙, 같은 소신, 같은 철학을 가지리라 생각하는 자체가 무리수다. '이 사람'은 '나와 다르지만 내가 좋아하는 사람, 같이 있어 썩 괜찮은 사람'이지 모든 점에서 완벽한 사람일 수는 없는 것이다. 기실, 한 사람이 다른 한 사람과 공유할 수 있는 것은 제한되어 있다. 아무리 '천생연분, 운명의 사랑, 나의 반쪽'이라도 마찬가지다. 포개지는 게 많으면 좋을 것 같지만, 꼭 그런 것만도 아니다. 비슷한 성향의 사람이라 해서 잘 지내는 것도 아니고, 완전히 다른 성향의 사람이라 해서 잘 못 지내는 것도 아니다. 남녀관계는 그렇게 오묘하다.

우리 커플 역시 무척 다르다. 요즘 우리의 다른 점을 몇 가지 묘사해보자면 다음과 같다. 나는 방에 들어가기를 싫어한다. 짝은 방에 들어가기를 좋아한다. 그래서 나의 작업대는 마루에 있지

230

만, 짝은 사방이 막힌 방으로 들어간다. 나는 청각에 둔한 편이지만 짝은 무척 예민하고, 나의 시각은 극도로 예민하지만 짝은 시각에 둔하다. 그래서 볼륨과 불 켜기에 원칙을 정한다. 나는 저녁을 거의 안 먹는 편이지만, 짝은 든든한 저녁을 좋아한다. 그래서 저녁은 대개 따로 먹는다. 짝은 가족의 감정 문제가 일어나면 잠을 못 이룰 정도로 예민하지만, 나는 해결할 묘수를 정해놓고 쿨쿨 잘 잔다. 그래서 가족의 문제에 대해서만큼은 항상 내가 멘토 역할을 한다. 짝은 조직의 경영 문제를 이를 데 없이 쿨하게 처리하지만, 나는 인간관계의 인연에 신경을 쓴다. 그래서 경영에 관한 결단의 순간에는 짝이 멘토 역할을 한다. 이런 리스트는 수없이 많다. 이게 서로 다른 우리 커플이 서로의 다름을 받아들이는 방식이다.

"그는 항상 어른이었다. 사랑을 할 때도 어른이었다." 사춘기 시절 이 말을 소설에서 읽고 그럴듯하게 생각했다. 『바람과 함께 사라지다』에서 스칼렛이 레트를 표현한 말이다. 처음 만났을 때 여자는 겨우 17살, 남자는 30대 중반이었다. 스칼렛은 왜 그리 바보같이 어릴 적 사랑의 로망에서 벗어나지 못했을까? 여자가 비로소 그 사실을 깨닫는 순간은 남자가 떠나버리는 때였다.

'부부가 서로 닮아간다'는 이야기가 있다. 서로 다른 사람이 남녀관계 속에서 어른으로 성장한다는 뜻일 것이다. 어른으로서의 역할을 한다는 뜻이기도 하고 비로소 어른의 사랑을 하게 된

다는 뜻이기도 하리라. 남녀관계 속에서 우리는 이렇게 어른으로
서 현실 속에서 사랑하는 법을 터득하게 되는 것이다.

너와 나는 분명 다르다.
바로 그래서 같이 있는 게 좋다.
가장 원초적인 남녀관계다.
다름을 받아들이며, 어른의 사랑을 하라!

5장

관계가 흔들릴 때, 어떻게 할까?

나를 위한
나의 선택

흔들리지 않는 남녀가
어디 있으랴?

남녀관계의 흔들림은 언제 어디서 어떻게 올지 모른다. 괜찮은 줄 알았는데, 다 잘되고 있는 줄 알았는데 어딘지 삐걱거리는 느낌, 언제나와는 어쩐지 다른 느낌, 뭔가가 끼어드는 느낌, 왠지 익숙하지 않은 분위기, 아니 너무도 익숙해서 낯선 느낌 같은 것이 불쑥 들 때가 있다. 이미 거기에 오랫동안 있던 불안의 단서들이 각을 잡고 들쑤시고 나올 수도 있고, 갑자기 새로운 불안의 단서들이 스멀스멀 출몰할 수도 있다. 뭔가 아쉬움, 뭔가 빠진 듯한 허전함, 정체 모를 불안, 은근히 찾아오는 유혹, 흔들리는 마음, 솟아오르는 의심, 가속되는 회의, 계속되는 원망, 끊지 못할 미움, 끓어오르는 증오…… 그러다가 결국에는 파국으로 가게 되는 걸까?

나의 흔들림, 너의 흔들림, 그리고 우리의 흔들림은 어떻게 시작해서 어떻게 전개되고 어떤 결말을 향해 가는 걸까? 밖에서 오는 유혹도 있고 안에서 오는 불안도 있다. 흔들리지 않을 것이라는 전제 자체가 틀린 전제다. 사랑에 빠질 때, 빠져 있을 때는 '영원한 사랑'을 얘기할 수 있을지 몰라도 본격적인 남녀관계로 넘어가면 '흔들리는 사랑' 그것도 '끊임없이 흔들리는 사랑'이라고 해야 할지도 모른다.

'사랑이 맺어지는 이야기'만큼이나 '사랑이 깨지는 이야기'들이 이 세상에는 수없이 많다. 사랑의 약속으로 굳게 맺어진 남녀관계가 결국엔 깨지고 마는 사연 하나하나가 괴롭기 짝이 없어서, 과연 이 세상에 지속 가능한 사랑, 지속 가능한 남녀관계라는 것이 있을까 싶을 정도다.

어릴 적에 "그리고 그들은 행복하게 살았대"라는 식으로 끝나는 동화를 읽으면서 나는 속으로 구시렁댔다. "그래서 어떻게 되는 건데? 왕자 만나면 다 해결되는 거야? 공주라는 거 알았으면 다 된 거야? 우여곡절 끝에 둘이 키스하면 다 된 거야? 성대한 결혼식 하고 축복받으면 이야기는 다 끝나는 거야?" 어린 마음에 뭔가 석연찮았던 것이다. 사랑과 남녀관계라는 것이 다른 것임을 어렴풋이 눈치 챘는지도 모른다. 황홀한 사랑이란 그리 길게 가지 못한다는 것을 본능적으로 알았는지도 모른다. 그 시절에 전혀 몰랐던 사실은, 남녀란 끊임없이 흔들린다는 것이었다.

우리에게는 '믿음에 대한 잘못된 믿음'이 있다. 한 번 믿으면,

정말 믿으면 절대로 흔들리지 않아야 진정한 믿음이라는 잘못된 믿음이다. 그러나 그렇지 않다. 하물며 종교적 믿음에서도 끊임없는 흔들림이 있다. 시험은 도처에 있으며 그 시험에 들 때마다 사람은 수없이 흔들린다. 진정한 믿음은 흔들리지 않는 것이 아니라 흔들림에도 불구하고 믿음의 원천으로 돌아올 수 있는 상태, 믿음의 태도를 잃지 않는 태도인 것이다. 하물며 신앙이 이러할진대 인간 사이의 관계에서 어떻게 흔들림 없는 사랑이 가능하겠는가?

그럼 흔들릴 때 어떻게 해야 하는가? 이것 역시 사랑만큼이나 영원불멸한 의문이 아닐 수 없다. 흔들림 자체가 문제가 아니라, 흔들릴 때 어떠한 태도를 갖느냐가 관건이다. 흔들림을 인정하고 흔들림의 실체를 파악하고 흔들릴 만큼 흔들려보고 다시 균형의 평온을 찾을 수 있을까? 어떠한 흔들림인가? 불만이 쌓인 것인가? 근본적으로 정이 안 가는 것인가? 오만 정이 다 떨어진 것인가? 이렇게 사는 게 아니라는 생각이 드는 건가? 더 이상 가슴이 뛰지 않아서 속이 상한 것인가? 다른 사랑의 유혹이 다가오는 것인가? 믿음이 안 가는가? 자신이 믿어지지 않는가? 남녀관계를 지속하려고 아무리 노력해도 도저히 나아지지 않는 것인가? 아무리 소통을 하려 해도 일방적으로 느껴지는가? '이 사람이 아닌가 봐!'라는 결론으로 향하게 되는가?

우리의 육감은 정확할지도 모른다. 강박이나 피해망상이 아니더라도 '흔들리는 관계'에 대해서 갖는 육감은 정확하기 이를 데 없다. "사랑이란 걸 그냥 아는 거지"라고 하는 것처럼, "사랑이 흔들리는 걸 그냥 아는 거지" "사랑이 깨지는 걸 그냥 아는 거지" 라고 느끼는 것이다. 파국은 기어코 올지도 모른다. 하지만 파국 으로 치닫기 전에 우리는 여러 가지를 할 수 있고 또 해봐야 한다. 지키기 위해서, 버리기 위해서, 선택하기 위해서, 결단하기 위해 서, 자신을 다독이기 위해서, 생의 기운을 잃지 않기 위해서, 다시 힘을 차리기 위해서.

하지만 결론으로 치닫기 전에 잊지 말자. 우리는 흔들린다는 것을. 흔들릴 때 더 깊어진다고 하던가? 흔들리지 않고 피는 꽃이 없다고 하던가? 흔들리지 않고 전개되는 인생은 없다고 하던가? 흔들리지 않고 이어지는 남녀관계란 없다. 그러니 흔들릴 때 무 엇을 할 수 있는지, 해야 하는지, 하지 않는 게 좋은지, 하지 말아 야 할지 깊게 생각해보자.

흔들리지 않고
지속되는 관계가 어디 있으랴.
남녀관계도 마찬가지다.
흔들리지 않는 남녀가 어디 있으랴?

가까운 사람과는 사랑 컨설팅을 하지 마라

가까운 사람과 사랑에 대한 컨설팅을 하지 말라는 조언에 대해서는 좀 이상하게 생각할지 모르겠다. 뭔가 삐걱거리고 뭔가 흔들릴 때 우리는 가까운 사람에게 달려가서 고민을 털어놓지 않는가? 친구가 1순위, 형제자매가 2순위, 선배가 3순위, 다 큰 자식이 4순위쯤 되려나. 그다음은 스승, 멘토, 이모, 삼촌, 아마도 부모는 순위가 꽤 낮을 것이다.

부모들은 기분이 좀 나쁘겠지만 어쩔 수 없다. 다 큰 자식들은 자신이 결정을 내린 후에야 부모에게 이야기하려 드는 게 지극히 정상이다. 요새는 어린 아이들도 그럴 것 같다. 하도 '마마보이, 대디걸'들이 많으니 혹시 성인이 되어서도 오히려 엄마 아빠에게 달려갈까? 이건 문제다. 성년이 된 자녀들이라면 부모를 걱정시키지 않기 위해서, 부모의 기대를 저버리는 것 같아서, 부모의 눈에 떠오를 실망의 빛이 무서워서, 또는 부모가 자신의 결심을 말릴까 봐 고민을 털어놓기 힘들어하는 게 자연스러운 현상이다. 꼭 세대 차이나 가치관 차이 때문이 아니더라도, 부모는 언제나 우선적으로 자식의 안정을 바라는 입장에 있기 때문에 보수적인 판단을 하려 들 뿐 아니라 자칫 자식의 생각을 바꾸려고 여러 압력을 가하기도 하기 때문이다. 인정할 것은 인정하자. 때로는 부모의 보수적이고 완고한 태도가 건강한 남녀관계의 걸림돌이 되기도 하는 것이다. 나 역시 젊어서뿐 아니라 지금도 부모에게 걱정시킬 이야기는 아예 하지 않으려 드는 성향이 있다. 부모의 입장이 되고 난 후에는 최대한 열려 있으려 노력한다. 물론 그래도 아이들이 느끼는 압박은 분명 있을 것임을 알고 있다.

자식들도 마찬가지다. 자식들은 부모를 남녀로서보다는 부모로 대하려는 성향이 있다. 부모가 부부로 남아 있어야 자신들에게 좋은 것이다. 어린 자식들만 부모가 갈라서는 것을 걱정하는 게 아니라 다 큰 자식들 역시 부모의 불화와 이혼에 속을 끓인다. 어릴 때에는 양육 문제가 관건이 되지만 아이들이 커서는 재산 분할, 노부모 부양 등 문제가 훨씬 더 복잡해진다. 그러니 자식들에게 인간으로서의 고민 또는 한 남자, 한 여자로서의 고민을 털어놓기란 쉽지 않다. 자식 된 입장이라면 부모의 남녀관계에 대한 태도를 스스로 점검할 필요가 있다. 자신의 삶뿐 아니라 부모의 삶 역시 그 자체로 온전한 의제로 대해야 할 것이다.

부모나 자식은 그렇다 치고 왜 다른 가까운 사람과는 사랑 컨설팅 또는 남녀관계 컨설팅을 구하지 말라고 하는가? 단순하게 말하자면 가까운 사람은 감정을 다독여줄지는 모르지만 냉정한 판단을 하게 도와주는 데는 한계가 있기 때문이다. 물론 일상적으로 부딪치는 문제와 불만들은 당연히 가까운 사람들에게 토해놓게 된다. 마음 가볍게 위로를 주고받고 같이 불만을 토해주기도 하고 같이 화를 내주기도 하면서 우리 마음을 풀어줄 수 있다.

속내를 털어놓는 사람이 가까이 있으면 정신 건강과 마음 건강을 지키는 데에 도움이 될뿐더러, 때로는 좋은 묘수를 가르쳐주기도 한다.

그런데 심각한 고민에 빠지는 경우에는, 특히 어떤 결단을 내릴 필요가 있을 때에는 가까운 사람들이 도움이 안 될 때가 많다. 일단 그들은 지나치게 감정이입을 한다. 거의 나와 같은 심리 상태에 있는 것이다. 전후 사정을 잘 알기 때문에 같이 분노하거나, 지나치게 나에 대한 걱정을 많이 해주거나, 일방적으로 내 편을 들어주거나, 나의 흔들림에 같이 동요하곤 한다. 게다가 가까운 사람이란 부모 자식 사이 정도는 아닐지라도 어느 정도 이해관계를 공유하기 마련이니 그들 자신이 객관적인 입장을 견지하기 어려울 수도 있다.

가까운 사람은 대개 맞장구를 쳐주거나 또는 야단을 치거나, 둘 중 하나의 태도를 취한다. 상황이나 성향에 따라 이 두 태도가 각기 도움이 되기도 한다. 일상에서 일어나는 에피소드에 대해서는 아주 효과가 좋다. 하지만 일정 단계 이상으로 넘어가면 아쉬움이 느껴진다. 친구, 선배, 언니, 형 등 평소 가까운 사람에게 술 한잔 기울이며 몇 시간씩 이야기하고 나서 돌아오는 길에 가슴속에 다시 불어오는 황막한 바람을 느껴본 적이 있을 것이다.

그래서 남녀관계에 대해서는 평소 가깝지 않은 사람에게 객관적인 조언을 듣는 것이 낫다. 감정에 휘둘리지 않고 균형적인 시각을 유지하고 어느 편도 쉽사리 들어주지 않는 사람이 좋은 것이다. 그런 사람을 친구로 갖고 있다면 무척 행운이다. 다만 깊은 흔들림이 있을 때에는 '제2의 의견, 제3의 의견'을 청하는 것이 좋다. 고백이라고 해도 좋고 상담이라고 해도 좋다. 어떻게 의견을 구하는 것이 좋을까?

첫째, 냉정하게 질문해주는 사람을 찾아가라. 누구도 감정 문제에서 자유롭지 않다. 아무리 냉철해지려 해도 감정에 휩싸이게 되는 것이 사람이다. 누구도 자신의 감정을 다 파악하고 있지 못하다. 게다가 드러내는 감정과 숨은 감정과의 관계를 파악하기 쉽지 않다. 균형적 시각을 갖기 힘든 것이다. 게다가 누구에게나 감정 문제와 현실 문제는 서로 엉키기 쉽다. 이런 복잡한 심정과 생각을 하나하나 풀어갈 수 있도록 질문해주는 사람의 존재는 무척 중요하다. 평소에 자신을 모르는 사람이 오히려 질문을 잘 해주고 잘 들어줄 가능성이 높다.

남녀관계가 삐걱거릴 때는 단지 그 하나의 문제가 아닌 경우가 대부분이다. 당장은 불륜, 유혹, 흔들림, 거짓말, 불성실, 무시, 배려 없음, 서러움 등의 사건 때문에 문제가 불거지지만, 그 속에는 깊이 엉켜 있는 원인, 사연, 심리가 있기 마련이다. 짝의 문제가 아니라 자신에게 문제가 있을 수도 있다. 또는 자신을 책망하고 있지만 자신의 문제 때문이 아닐 수도 있다. 그것을 차근차근 풀어보려면, 나에 대한 고정관념을 갖지 않는 사람, 우리 커플의 관계 때문에 자신의 삶에 영향을 받지 않는 사람, 나로 인해 지나치게 아파하지 않을 사람, 당장의 나의 괴로움 이상으로 나의 1년 후, 3년 후, 5년 후, 10년 후를 상상해주는 사람의 지혜가 필요하다. 그런 사람을 찾아보라.

둘째, 자신의 상황을 냉철하게 얘기하려고 노력하라. 마치 법정에 서듯, 마치 정신분석가에게 얘기하듯, 마치 심리학자에게 얘기하듯, 마치 상담사 앞에서 얘기하듯 전후좌우를 준비해보는 것이다. 사연을 듣는 당사자는 나를 모르고 나의 짝을 모르고 우리 커플도 모른다는 것을 전제로 하라. 억울하다거나 속상하다거나 하는 감정적 고통을 잠시 유보하라. 상대가 자신의 편을 들어줄 것이라는 전제를 버려라. 마치 리포트를 쓰듯, 마치 에세이를 쓰듯 자신의 상황, 감정, 선택의 시나리오, 우려 등을 차근차근하게 담아보라. 실제로 말로 하는 것 이상으로 효과적인 것이 글로 쓰는 것이다.

왜 우리는 교육 상담이나 진학 상담, 취업 상담은 별 거부감 없이 받으면서 연애, 남녀관계, 이혼과도 같은 중대한 문제에 대해서는 객관적인 상담을 받기 무서워할까? 왜 우리는 직장에서 온갖 리포트를 쓰면서도 자신의 관계에 대한 리포트를 쓰는 것은 이상하다고 생각할까? 혹시나 나를 심판할까 봐, 혹시나 나를 경멸할까 봐, 혹시나 나를 비판할까 봐, 혹시나 내 비밀이 드러날까 봐 걱정돼서 그런가? 나의 문제는 내가 가장 잘 알고 있다고 생각해서 그런가? 아니면 자신이 다 드러나면 더 이상 간직할 것이 없어진다는 두려움 때문에 그런가? 이런 두려움을 이기고 한번 시도해보라. 절대적으로 효과가 있다.

사실 가장 좋은 고백 대상은 가만히 들어주는 사람일 것이다. 우리는 이야기하면서 스스로 자신을 정리한다. 감정과 생각과 입장을 차근차근 풀면서 스스로를 정리하는 과정을 거치는 것이다. 그 효과는 지대하다. 상담의 상대가 무슨 비법을 제시해주는 게 아니다. 이야기하면서 스스로 자기 자신을 알아가고 짝을 알아가고 관계의 문제를 파악하게 되는 것이다.

이 책의 서두에서 얘기한 것처럼 누구에게나 비밀은 있다. 그 비밀을 털어놓을 수 있는 자신의 묘수를 어떻게 가질까? 자신이 생각하는 그 모든 것이 진실일지 아닐지 또 어떻게 알 수 있을까? 많은 경우, 비밀을 100퍼센트 다른 사람에게 털어놓지는 않는다. 그렇게 할 수 없는 것이 사람이기 때문이다. 하지만 적어도 나 자신에게 만큼은 100퍼센트 솔직할 수 있지 않을까? 이것이 고백의 과정이다.

흔들림은 그 자체로 문제가 아니다. 다만 흔들림을 간과했다가는 그 진동이 점점 커져서 결국 파국에 이르게 될 수도 있다. 흔들림은 자신에게 찾아온 경고일 수도 있다. 그 흔들림은 자신을 깨우게 만드는 자극일 수도 있다. 흔들림을 통해서 우리는 자신을 알게 되고 좀 더 자라게 되고 상대와의 관계에서 새로운 지평

흔들림은 어떻게 시작해서 어떻게 전개되고 어떤 결말을 향해 갈까?
남녀관계가 삐걱거릴 때, 그 속에는
깊이 엉켜 있는 원인, 사연, 심리가 있기 마련이다.

을 열 수도 있다. 흔들림에 솔직해보라.

가장 내 편일 것 같은 사람이

때로는 가장 먼 사람일 수도 있다.

가깝지 않은 사람에게 흔들림을 고백해보라!

결국은 자기 자신에게 하는 고백이다.

흉보고 욕하라, 흉잡히고 욕먹어라!

남편 흉을 달고 사는 여자들이 꽤 있다. 아내 흉을 달고 사는 남자들은 별로 못 봤다. '팔불출'이라는 소리를 들을까 봐 그럴 것이다. 아내 자랑은 불출로 여기고, 아내 흉은 불출 중의 불출이라고 보는 것이 남성 문화다. '어떻게 여자 하나 다스리지 못하냐?'라는 전제가 깔려 있는 것이다. '아내에게 꼼짝 못 하고 꽉 쥐여 산다'는 말을 즐겨하는 사람들도 있지만, 그런 '립서비스'조차 못 하는 남자들도 꽤 된다. 여자를 무시하는 정도를 지나 아예 깔아뭉개듯 하는 남자들 꼴은 꽤 봤다. 그렇게 하는 것이 '최악의 불출'임을 모르는 남자들이니 딱할 뿐이다.

여자 흉을 보지 않는 게 과연 남자들의 마음 건강에 도움이 되는지는 모르겠다. 흉을 본다는 건 자신의 모자람을 기꺼이 드러내며 스트레스를 푸는 행위인데, 흉을 안 보면 스트레스가 잘 풀릴 리가 없으니 말이다. 남자들이 잘 빠지는, '보호자'인양 하는 이른바 '패트론(patron) 신드롬', 자꾸 여자를 가르치려 드는 '맨스플레인(mansplain, man과 explain의 합성어, 리베카 솔닛이 쓴 책『남자는 자꾸 나를 가르치려 든다』에서 나온 말)' 현상, "오빠가 해줄게. 오빠가 가르쳐줄게. 오빠, 믿지?" 같은 이른바 '오빠 신드롬'은 다 뿌리가 같은 현상이다. 여자 위에 서려는, 자신의 우위를 확인하고 우월성을 과시하고 싶은 심리가 바탕에 깔려 있다.

그렇다면 왜 여자들 중에는 남편 흉을 달고 사는 여자들이 많을까? 그나마 최소한의 저항일까? 그냥 버릇일까? 한이 쌓여서 그럴까? 스스로 모자라다는 고백일까? 욕까지는 안 하더라도 남편 흉을 보는 여자들의 심사를 모르는 바는 아니다. 한번은 SNS에 이런 글을 올린 적이 있다. 한 친구의 '기계치' 콤플렉스를 풀어주려고 "우리 '옆 지기'가 기계치인 거 알아? 하물며 공대 출신이라오!" 하면서 흉을 본 것이다. 그랬더니 여자들이 일제히 남편 흉을 보기 시작했다. 못 하나도 못 박는다, 불도 못 피운다, 쓰레기 버리러 갈 때도 같이 가자고 그런다, 막힌 하수구 뚫어 달랬더니 아예 철사를 쑤셔 박아버렸다 등 평소에는 별로 사생활을 드러내지 않는 성향의 여자들인데도 마치 예능 프로에라도 나온 것처럼 남편 흉을 신 나게 보았다. 그 열광적 분위기에 우리는 호탕하게 웃으며 모처럼 스트레스를 풀었다.

흉을 보는 것과 욕을 하는 것의 차이는 무엇일까? 사실 그 차이는 아주 미묘하다. 우리는 어떨 때 욕을 할까? 우리를 이용하려고 들 때, 우리를 인간 대우하지 않을 때, 차별할 때, 무시할 때, 능력도 없이 그 자리에 올라갈 때, 지위로 우리를 누르려고 할 때, 부당하게 지위를 사용할 때, 제 노력 없이 누리려고만 할 때, 인간성이 의심될 때 등이다. 우리는 어떨 때 흉을 볼까? 우리랑 다르다고 생각할 때, 당연하다고 생각되는 기준에 부합되지 않을 때, 미운 짓을 할 때, 능력이 없을 때, 일을 못할 때, 일을 안 하려 들 때, 누리려고만 할 때, 나누려 하지 않을 때, 말이 너무 많을 때, 말이 너무 없을 때, 주체성이 없을 때, 개성이 없을 때, 어색할 때, 따라 하려고만 할 때, 잘난 척할 때, 너무 잘났을 때, 너무 가진 게 많을 때 등이다.

흉보는 이유는 욕하는 이유보다 훨씬 더 다양하고 개인적인 취향이 섞이는 경우가 많다. 욕을 하는 이유에 대해서는 만인 공통까지는 아니라 하더라도 많은 사람들이 공감할 수 있는 기준이 적용돼야 그나마 이해받을 수 있다. 흉보기에는 애정이 배어 있는 경우가 많고 유머가 섞이기도 한다. 그러나 욕하기에는 애정은커녕 혐오감이 깔려 있고 유머는커녕 냉소와 독설, 때로는 육두문자까지 섞이기도 한다.

흉보기와 욕하기는 인간살이에서 필수 행동에 속한다. 술자리 뒷담화를 하건, 화장실 뒷담화를 하건, 카페 뒷담화를 하건, 밤

샘 뒷담화를 이어가건, 아니면 진지하게 문제를 지적하며 토론하건 간에 이 세상에 흉보지 않고 욕하지 않는 사람은 한 사람도 없다고 해도 과언이 아닐 것이다. 교양으로 완벽하게 무장한 것처럼 보이는 사람들도 삶의 어느 순간에는 스스로 무장해제를 하기도 한다. 인간이 감정적 동물이라는 증거일 것이다.

그러니 흉보기나 욕하기를 꼭 나쁜 것으로 볼 건 아니다. 스트레스를 풀어주는 효과적 방법 중의 하나다. 관건은 정도와 수준이다. 긍정적인 '자위(자기위로) 행위'인 경우는 오케이다. 하지만 부정적인 '자해 행위'가 되는 것은 경계해야 한다. 한번 자신을 곰곰이 들여다보라. 관계를 소재로 흉을 보는 이유가 어떤 것인가?

+ '그 사람은 못됐고 나는 착하다'를 증빙받기 위해서?

+ '나는 유능하고 그 사람은 무능하다!'고 인정받기 위해서?

+ "그래, 네가 잘 참고 산다!"고 해주기 바라서?

+ 단순히 스트레스를 풀기 위해서?

+ 화나는 걸 견딜 수 없어서?

+ 안 하고는 도저히 못 견디겠어서?

+ 그냥 입 밖으로 나오고 말아서?

+ 참을 수 없는 증오감을 뿜어내기 위해서?

이외에도 수없이 많은 이유들이 있겠지만, 뒤쪽의 이유로

갈수록 자위보다는 자해가 될 위험이 높다. 어떻게 하면 자해 행위를 하지 않을 정도로 흉보기와 욕하기를 적절히 구사할 수 있을까?

첫째, 유머를 적당히 섞는 것이다. 특히 자신의 단점, 상대의 단점을 유머 소재로 삼는 것은 나쁘지 않다. 이게 바로 흉보기의 진수고 유머의 진수다. 자기 여자, 자기 남자를 칭찬하며 은근히 자랑하는 '위선'을 떠는 것보다는 단점, 약점, 못난 점, 잘못한 점을 유머를 섞어 하는 흉보기는 아주 인간적이다. 물론 자신은 유머러스하게 생각하지만 상대는 상처를 받을 수 있음을 잊지 말자. 어디까지가 임계점인가? 어디까지 하면 웃음이 터지고 어디까지 하면 화가 나는지 자꾸 훈련해보는 것을 잊지 말자.

둘째, 나만 흉볼 거리, 욕할 거리가 있는 게 아니라는 사실을 잊지 마라. 나 역시도 흉잡히고 욕을 먹는 대상이 될 수도 있음을 알라. 이 세상에 흉볼 게 없는 사람은 아무도 없기 때문이다. 게다가 내가 흉을 보는 사람은 십중팔구 나를 흉보고 있을 가능성이 농후하다는 것도 잊지 말자. 만약 아내가 남편 흉을 보는 정도로 남편들이 공개적으로 아내 흉을 보기 시작하면 아마 세상이 너무 시끄러워져서 견딜 수 없게 될지도 모른다.

셋째, 남들 앞에서 흉보기보다 직접 앞에서 흉보는 건 어떤가? 둘만 있을 때 하면 건전한 비판이 될 수도 있으니 말이다. 물론 싸움의 단서가 되는 경우가 왕왕 있지만, 입을 다물고 있다가 점점 긴장감을 고조시키는 것보다는 백 배 나을 것이다. 긴장감을 덜어내기 위해서 아이들과 있을 때 서로 흉보는 것도 나쁘지 않다. 아이들이 객관적인 심판 역할을 해줄 수도 있다. 부모에 대한 자식들의 의무 중 하나일지도 모른다.

넷째, 하지만 아이들 앞에서 상대가 없을 때 흉보고 욕하는 것은 절대 자제하라. 아이들에게 못할 짓이다. 두 가지 압력을 가하는 것이기 때문이다. 첫째 "내 잘못이 아니란다!" 둘째 "네가 내 편을 들어줘야지!" 하는 압력. 아이에게 편 가르기 압력을 가하는 것은 아주 저급한 짓이고 반인륜적인 짓이라고까지 할 수 있다. 다 큰 자식들에 대해서도 마찬가지다. 자식들 앞에서 남편 흉, 아내 흉을 보지 마라! 자식들 입장에서는, 그 두 종류의 유전자가 모두 내 안에 있으니 곤혹스럽기 짝이 없다. 물론 우리는 그 자리에 없는 사람보다는 그 자리에 있는 사람 편을 들어주려 노력하게 되기 마련이다. 그러니 얼마나 고역스러운가? 자식들이 갖고 있는 부모에 대한 최소한의 존경심마저 짓밟지는 말자.

가장 좋은 것은 서로 대놓고 폭발하는 것일지도 모른다. 갈 데까지 가보는 것이다. "꽤 선동을 했는데, 잘 안 통하대!"라는 작전이 나을 수도 있다. 남녀는 어느 정도를 넘어서면 서로 자제하게 되는 경우가 많기 때문이다. 안으로 꿍꿍하는 것보다는 한 번씩은 폭발해주는 것이 활화산을 잘 관리하는 방법일지도 모르는 것이다. 물론 "말하는 것도 듣기 싫고, 만지는 것도 싫고, 숨소리도 싫고, 냄새도 싫다!" 하는 정도가 되면 거의 '적과의 동침' 수준이 된 것이니 도망칠 묘수를 꾀하거나 갈라설 명분을 찾는 것이 맞을 것이다. 흉보기, 욕하기가 자해 수준이 된 것이니 말이다. 그렇게 되기 전에, 삶의 유머를 잊지 않기를 바랄 뿐이다. 웃으면서 욕하고 흉보자. 웃으면서 욕먹고 흉잡혀보자. 삶의 지혜다.

흉보기, 욕하기는 삶의 한 부분이다.
다만, 자신도 흉잡히고 욕먹을 각오를 하라.
흉보기 욕하기의 지혜를 터득해보자.

완전범죄를 상상해봐도 좋다

남녀관계의 기이함에 대해서 가장 최근에 나를 충격에 빠뜨린 소설이 있다. 공전의 베스트셀러가 된 책인데, 어두운 누아르 영화를 잘 만들기로 유명한 데이비드 린치 감독이 영화로도 만들었다. 제목이 『나를 찾아줘』다. 원제인 『Gone Girl(사라진 여자)』보다 훨씬 더 강렬한 제목이다. 살해당했거나 납치당했을 것으로 추정되는 실종된 여자가 배신한 남편에게 남긴 메시지이자 한때 같은 곳을 바라보며 같은 꿈을 꿨다고 생각했던 남편에게 전하는 메시지다. 무엇보다도 자기 자신을 수없이 납득시키려는 메시지일 것이다. '나를 찾고 싶다. 나는 어디 있는가? 나를 좀 찾아줘라!' 우리는 모두 마음속에서 이런 절규를 하고 있는 것은 아닐까?

　이 소설이 충격적인 것은 꿈같은 연애 시절부터 흔들리는 결혼 과정을 통해 완전범죄를 계획하고 실천하는 데 이르기까지 사랑과 남녀관계와 결혼이라는 제도에 대해서 주인공 여자가 냉철하게 분석하고 있다는 것이다. 통렬한 촌철살인이 쓴웃음을 자아내고 통쾌한 분석이 그야말로 '썩소'를 짓게 만든다. 인간의 속물성, 천박성, 허영심, 배신하기, 모욕 주기, 자기 파괴와 복수 심리가 적나라하게 표현된다. 주인공 남자는? '어리버리'하기 짝이 없는 남자, 아무 때나 꽃미남 미소를 던지는 남자, 남의 여자에게는 언제나 친절을 베푸는 남자, 그런가 하면 진실은 절대로 이야기하지 못하는 남자, 여동생에게는 꼬치꼬치 털어놓으면서도 자기의 여자에게는 입을 닫는 남자, 아내에게는 동물적 섹스를 할 뿐이지만 철부지 애인에게는 예전 아내에게 썼던 똑같은 몸짓으로 구애하는 남자, 한마디로 구제불능이다. 그러나 그 구제불능의 남자도 코너에 몰리자 현실 속의 아내라는 여자를 마주하고 이윽고 자신을 마주한다. 이 완벽하도록 치밀한 여자와 이 완벽하도록 허술한 남자의 관계는 어떻게 전개될까?

　이 책에서 계획한 완전범죄는 배신한 남편을 응징하는 방법이라 해도 참 간담이 서늘해진다. 그 완전범죄는 남자를 감쪽같이 없애는 게 아니다. 자신을 제물 삼아 남자를 범인으로 몰고 그가 사회적으로 응징을 받으면 자신도 세상에서 사라져버리겠다는 것이니, 이건 자기 파괴와 복수가 뒤섞인 괴상망측한 상태가 아닐 수 없다. 이런 상상을 그럼직한 플롯으로 써내려간 작가의 현실감이 놀랍지 않을 수 없다. 혹시 모든 남녀의 마음속 어딘가에서 이런 상상이 일어나고 있는 게 아닐까? "당신 옆에 누워 있는 사람이 누구인지 모른다"라는 말처럼 으슬으슬해진다.

배신한 남자, 배신한 여자에게 복수하는 범죄들은 수없이 많지만 대개는 격정에 사로잡혀 저지르는 충동적인 'crime of passion(치정 범죄, 열정 범죄)'이다. 사랑하는 아내 데스데모나를 의심하다 충동적으로 목을 졸라 죽인 후 아내의 충실함을 알게 되고 자살해버리는 오셀로의 비극처럼, 질투와 의심과 배신감과 복수는 열정적 남녀관계에 동반되는 악감정 중의 하나다. 지금도 수많은 복수극들이 뉴스를 어지럽힌다. 그런데 배신의 괴로움에 몸부림치며 복수하는 살인은 차라리 인간적이라고 할 수 있을지도 모른다. 다른 동기로 아내나 남편을 없애버리는 일도 비일비재하니 말이다.

자기 아내, 자기 남편을 살해하는 게 어떻게 가능한가 싶지만 역사상 그런 일들은 숱해 있었다. 아들을 황제에 앉히려고 남편을 독살한 로마의 아그리피나는 결국 아들 네로에게 같은 수법으로 죽임을 당한다. 세계의 왕실에서 후계 상속을 둘러싼 살해

음모는 단골 메뉴다. 자기 아내를 반역죄로 몰아서 단두대로 보낸 헨리 8세는 또 어떤가? 앤과 불같은 사랑에 빠져 이혼을 금지하는 가톨릭에서 파문당하는 것을 자초하면서 새로운 영국 종교까지 만들어 결혼을 성사시켰던 그 열정은 어디로 갔던가? 처음 앤을 만나서 그녀의 목을 내리칠 때까지 걸린 시간이 불과 천 일이다. 열정적 사랑일수록 광기 어린 복수로 변하는 데 걸리는 시간도 짧을지 모른다.

권력을 탐하는 자들만 이렇게 배우자를 해치워버리는 걸까? 돈 때문에 배우자를 없애는 일은 지금도 수시로 뉴스를 어지럽힌다. 보험 사기와 재산 상속을 노린 위장 사고사, 위장 병사, 청부 살해 등 종류도 다양하다. 배우자의 지위와 권리와 생활대책을 확보해주려는 결혼이라는 제도의 속성을 악용하는 짓들이다. 재산에 얽힌 범죄도 그 시작은 사랑이 깨지는 배신 행위가 단초가 되는 경우가 많다. 내연남, 내연녀와의 공모가 없다면 어디 그런 범죄를 저지르기가 쉽겠는가?

잭 니콜슨이 마피아 킬러로 나오는 영화 「프리찌스 오너 (Prizzi's Honor)」에서 니콜슨은 또 다른 킬러 여자와 열정적인 사랑에 빠지는데, 결국 아내를 없애지 않을 수 없는 상황에 빠진다. 이 때 마피아 보스가 하던 말은 "She is your wife. We are your life(그 여자는 자네 아내지. 우리는 자네 생명 아닌가)"다. '와이프'와 '라이프'를 교묘하게 배치해 쓴 이 말은 남자를 흔든다. "비즈니스는 비즈니

스일 뿐이야(Business is business!)"라는 킬러 본능이 작동한 것이다.

　배우자 살해를 다룬 영화 중에는 의문을 던지게 만드는 영화도 있다. 영화 「돌로레스 클레이븐」은 남편의 사고사에서 살해 용의를 받았다가 무죄로 풀려난 여자와 그녀를 계속 의심하며 화해하지 못하는 딸과의 이야기다. 점점 드러나는 사건의 전모는, 폭행 남편이 자신뿐만 아니라 심지어 딸에게까지 손을 대려는 기색이 보이자 결국 아내가 남편을 구덩이에 빠뜨리고 그대로 내버려두어 죽게 만든 것이다. 아내 돌로레스가 평생을 파출부로 일하던 대저택의 노부인이 그녀를 부추기던 장면은 꽤 인상적이었다. 자기 남편이 사고로 죽은 얘기를 하면서 "사고는 항상 나는 거잖아. 안 그래?"라고 말하던 노부인의 눈에는 눈물이 번지고 있었다. 배신한 남편을 없앤 비밀을 안고 사는 여자가 그렇게 많을까?

　'애증(愛憎)'이란 참으로 오묘한 말이다. 사랑이라는 감정과 증오라는 감정을 동시에 가질 수 있는 존재가 인간이다. 그리고 그 애증의 관계가 최대한으로 표출될 수 있는 사이가 남녀관계다. 친구의 배신, 가족의 배신 이상의 광기가 표출되는 것이 한때 열렬히 사랑했던 사람의 배신이다. 『나를 찾아줘』에서 애증의 구덩이에서 왜 이렇게 살아야 하냐고 구시렁대는 남편에게 아내가 "그게 '결혼'이야!"라고 한마디 던지는데, 어찌나 등골이 오싹해지던지 모른다. 애증의 생지옥에서 살아야 하는 게 결혼이란 말인가?

배신한 사람에게는 어떤 복수가 좋은가? 김수현 작가의 드라마 「청춘의 덫」에서 "부숴버릴 거야!" 하던 여주인공의 차가운 말은 섬뜩했다. '여자가 한을 품으면 오뉴월에도 서리가 내린다'는 말이 실감나던 장면이었다. 배신에 대한 가장 통쾌한 복수는 행복하게 잘 사는 것이다. 증오를 이겨내고 자기의 삶을 살게 되면 배신한 옛적 사랑은 떠오를 겨를조차 없을지도 모른다. 극중에서 여주인공이 고통을 뒤로 하고 복수의 마음을 치유하게 된 것은 결국 새로운 사랑의 힘이었다. 자신을 사랑하는 사람에게 고통을 안기지 않으려는 사랑의 마음이 삶을 가득 채운 것이다.

증오, 배신, 보복, 복수란 결국 자신을 갉아먹는다. 다행인 것은, 이 세상에 완전범죄란 거의 없다는 사실이다. 무엇보다도 인간의 양심이란 현실 속에서 또 다른 응징으로 돌아온다. 사람을 없애려 상상하는 것과 사람을 진짜 죽이는 것은 완전히 다른 것이다. 19세기 작가 에밀 졸라는 『테레즈 라캥』이라는 소설에서 인간의 적나라한 욕망을 그렸다. 불능 사촌과 강제 결혼한 테레즈는 남편의 친구와 뜨거운 욕망을 불태우며 둘만의 삶을 꿈꾸다 남편을 같이 살해한다. 홀로 된 시어머니가 아들 친구와의 결혼을 허락해서 드디어 함께하게 된 두 사람이 과연 행복했을 것 같은가? 살해 순간의 악몽에 시달리며 둘의 감정은 혐오감으로 변하고 괴로움에 시달리다가 결국 동반자살을 한다.

정말 미칠 듯하면 완전범죄를 상상해보라. 상상만으로도 족하다. 상상만으로도 스트레스가 해소된다. 완전범죄의 전후좌우를 더 알고 싶으면 온갖 영화와 소설을 보는 것으로 충분하다. 완전범죄란 계획하는 것만도 벅차다. 완전범죄를 실천하겠다는 증오 에너지로 가득 차 있다면, 떠나든가 깨뜨려라. 그리고 그 끔찍한 증오 에너지를 완전히 차원이 다른 긍정적 복수 에너지로 바꾸면 되리라. 가장 좋은 복수는 나의 삶을 사는 것이다.

완전범죄를 구상해보면

실현이 얼마나 어려운지 알게 될 것이다.

끔찍한 부정적 에너지 대신에

이윽고 긍정적인 에너지가 떠오를 것이다.

알고 싶은가? 모르고 싶은가?

관계가 흔들릴 때 우리는 상대의 속을 알고 싶어 한다. 말을 통해서는 잘 모르겠고 일상적인 행동으로도 통 모르겠으니 무슨 묘수가 없을까? 휴대전화를 몰래 체크해볼까? 이메일을 뒤져볼까? 뒤를 밟아볼까? 흥신소에 부탁을 해볼까? 차마 못할 짓이지만, 이런 생각이 날 수도 있다. 인간적인 고민이니 이런 고민을 하는 자체를 너무 자책하지는 마라.

그런데 생각해보자. 당신은 정말 알고 싶은가? 가끔 영화나 드라마에서 한 남자, 한 여자가 일상에서 홀로 있는 모습을 묘사하는 장면을 보다 보면 별별 생각이 다 든다. 내가 혼자 있는 장면이 저럴까? 저렇게 방황하고 있나, 저렇게 외로워 보이나, 저렇게 안쓰러워 보이나, 저렇게 좌불안석으로 보이나, 저렇게 보잘 것 없어 보이나? 연기니까, 연출한 거니까 하다가 일상을 돌아본다. 그렇게 방황하고 외로워 보이고 안쓰러워 보이고 추레해 보이고 좌불안석으로 보이는 사람들이 홀로 있는 모습은 방어적이고 공격적이고 고슴도치처럼 도사린 것 같기도 하고 온통 가시로 무장한 것 같기도 하다. 나는 어떻게 보일까?

몰래카메라, CCTV, 앱, 리얼리티 쇼 같은 것을 통해 우리 자신의 삶이 고대로 드러난다면 어떤 사태가 벌어질까? 이른바 '신상 털기'라는 이름하에 인터넷을 통해 자신의 신상과 행적이 고대로 드러날 때 어떤 일이 벌어지는지 우리는 잘 알고 있다. 그런데 한번 상상해보라. 만약 우리 자신이 우리 자신의 모습을 고대로 볼 수 있다면 도대체 어떤 사태가 벌어질까? 당신은 그런 자신의 모습을 보고 싶은가?

당신은 무엇을 알고 싶은 것인가? 이 사람이 나 몰래 다른 이를 만나고 있다는 것을? 이 사람이 다른 곳을 배회하고 있다는 것을? 혹시 이 남자가 '몰카' 행위를 할지도 모른다는 것을? 혹시 이 여자가 다른 누구를 연모하고 있다는 것을? 이 남자 마음속에 수

없이 의심의 마음이 들고 있다는 것을? 이 여자가 자신의 공허함을 수없이 표현하는 것을? 이 남자, 이 여자가 무언가를 찾아서 방황하고 있는 것을? 이 남자가 한밤에 홀로 차를 몰고 나가 무한질주를 한다는 것을? 이 여자가 친구들을 만나 나를 마구 욕하고 있다는 것을? 누구도 절대로 상대를 다 알 수는 없다. 자세한 것은 절대로 알 수 없다. 나도 나라는 사람을 모르는데, 어떻게 너라는 사람을 다 알 수 있겠는가?

그런데 생각해보자. 당신은 정말 모르는가? 짝의 가슴속에 어떤 바람이 불고 있는지, 머릿속에 어떤 상념들이 오가는지, 어떤 한이 쌓이고 있는지, 어떤 불만이 일어나고 있는지, 어떤 스트레스가 풀리지 않는지, 어떤 욕구가 도사리고 있는지, 어떤 흔들림이 있는지 정말 모르는가? 추측을 하지만 혹시 알고 싶어 하지 않는 것은 아닌가? 알고는 있지만 혹시 인정하고 싶지 않은 것은 아닌가? 흔들리는 남녀관계의 징후란 서로가 서로를 모르는 것이 아니라, 서로가 서로를 모른다고 간주하는 것일 게다. 모르는 척할 뿐 사실은 알고 있을 가능성이 많다. 다만 서로 안다는 것을 인정하기 어려운 상태가 문제가 되는 것이다.

우리는 많은 경우 모른 척하기도 한다. 위선일 수 있다. 그런데 이 세상에 위선적이지 않은 사람이 어디 있는가? 우리는 모두 위선 속에서 산다. 쇼윈도 커플의 적나라한 모습을 드러낸 드라마 「밀회」에서 아내에게 그 무엇이 일어나고 있음을 어렴풋이 짐작하는 남편이 모르는 척하던 장면은 얼마나 안쓰럽던가? 자신이 쌓아온 거짓의 성채가 무너질까 봐 전전긍긍하는 그 비겁한 모습은 우리 모두에게 숨어 있는 것일지도 모른다.

마틴 스콜세지가 만든 영화 「순수의 시대」는 제목 자체가 아이러니하다. 마음에 다른 여자를 품고도 결혼한 남자는 결혼을 하고 나서야 연인에 대한 열정을 새삼 확인한다. 이혼한 경력 때문에 남자를 거부하던 여자를 설득한다. 드디어 아내에게 결별을 통보하려던 그날 밤, 안온한 벽난로 불가에서 아내는 순수하게 행복에 겨운 표정으로 임신 사실을 알린다. 남자는 주저앉아버리고 만다. 수십 년 후 옛 연인을 찾아 파리에 간 남자는 창문가에 비치는 여인의 모습만 먼발치에서 볼 뿐이다. 영화 제목이 교묘하지 않은가? 어디까지가 거짓인가, 무엇이 위선인가를 묻는 것이 아니라 무엇이 순수함인가를 묻는다. 순수함의 위장, 순수함의 권력, 순수함의 위선은 어떻게 우리 일상에 젖어 있는가? 어떤 것이 순수하지 못한 것인가? 어떤 것이 순수한 것인가?

사랑하지 않는 사람과 사랑하는 사람 사이에서, 약속을 지키는 것과 약속을 지키지 않는 것 사이에서, 도망치고 싶은 것과 도망치지 않는 것 사이에서, 연모하는 사랑과 현실 속 남녀관계 사이에서, 알고 있는 것과 모르는 척하는 것 사이에서, 알고 싶어 하는 것과 모르고 싶어 하는 것 사이에서, 우리는 수시로 흔들린다. 당신은 그 흔들림을 알고 싶은가 또는 모르고 싶은가? 자신의 흔들림을 또는 이 사람의 흔들림을 대개 우리는 알고 있다. 서로 알고 있는 것도 알고 있다. 알고 있는 것을 안다고 할 것인가, 모르는 척할 것인가는 아주 힘든 선택이다.

흔들릴 때, 무엇을 알고 싶은가?
짝의 마음속에, 당신의 마음속에
무슨 바람이 부는지 알고 싶은가?
그런데, 우리는 정말 모를까?

사랑은 무엇으로도 잡지 못한다

내가 흔들리는 게 아니라 상대가 흔들리는 것이라고 생각되면 잡고 싶어지는 게 인지상정이다. 왜 붙잡고 싶을까? 앞에서 거론한 영화 「순수의 시대」에서는 너무도 순수하고 청순한 모습의 배우 위노나 라이더가 아내로 나온다. 그 아내는 정말 순수했던 걸까, 순수한 척하기로 했던 것일까? 영화 속에서는 남편을 붙잡기 위해 교묘한 작업을 우아하게 수행하기도 한다. 하지만 남편 앞에서는 오직 맑고 순수한 표정일 뿐이다. 그 아내는 왜 남편을 잡고자 했을까? 남편을 사랑해서? 이혼 평판이 무서워서? 남편이 사랑의 덫에 빠진 게 한심해서 구원하느라고? 지나가는 바람 때문에 인생을 망칠 수는 없다는 생각으로? 그녀는 ‘임신’을 볼모로 삼았고, ‘행복으로 순수하게 빛나는 표정’이라는 무기를 사용했다. 그녀는 살아생전 행복했을까?

대중가요에서는 ‘잡고 싶어 하는’ 가사가 참 많이 나온다. “날 떠나지 마!” “다시 돌아와줘!” “너의 뒤에서”까지는 이해가 되겠는데, 하물며 “다른 사람 사랑하면서 내 곁에 있어주면 안 돼요?”라고까지 하면 마치 버림받은 짐승이 울부짖는 것처럼 들린다. 정확히 얘기하자면 속마음은 ‘잡으려는’ 게 아니라 ‘잊지 못하는’ 것이고 ‘사랑을 갈구하는’ 심정이리라.

이렇게 잡고 싶어 하지만, 사실 사랑은 그 무엇으로도 못 잡는다. 아이도, 가족도, 재산도, 커리어도, 지위도, 가문도, 하물며 미모도, 섹스 어필도 사랑을 불러올 수는 없다. 그대를 향한 나의 넘치는 사랑도 그대의 사랑을 나에게 불러올 수는 없다. 도대체 이 사랑의 감정이란 어떻게 불이 붙고 어떻게 사그라지는지 신비할 정도다. 이른바 ‘밀당의 연애 기법’을 가르쳐주는 온갖 교본들도 접촉의 기회를 키워줄지는 모르지만, 사랑까지 불러오지는 못한다. 더구나 그 어떤 방법도 떠나는 마음을 붙잡아주지는 못한다.

물론 상대가 나를 떠나지 않게 하는 방법은 분명 있다. 이른바 볼모, 덫, 무기, 인센티브 등 여러 가지 조건들은 분명 상대를 떠나지 않게 만들 수 있는 방식들이다. 여기엔 아이, 가족, 재산,

커리어, 지위, 가문 등은 물론이고, 넘치는 사랑도 사용될 수 있다. 하지만 마음이 떠난 사람과 같이하는 삶에 얼마나 더 의미를 둘 수 있을까? 마음이 떠난 사람에게 다시 그 마음이 돌아올 수 있을까? 마음이 떠나가버린 사람에 대한 사랑은 과연 얼마나 갈 수 있을까? 그래서 우리는 상처를 받는다.

사랑이 깨질 때 우리는 상처를 받지 않으려고 무척 노력하지만 노력으로 될 수 있는 문제가 아니다. 상처받을 때 피하려고 하지 마라. 사랑할 때 완벽하게 행복해하는 것이 필요한 만큼이나 상처를 받을 때는 완벽하게 상처를 받는 것이 맞다. 상처받지 않은 척, 자존심 상하지 않은 척, 흔들리지 않는 척해봐야 소용이 없다. 깊은 상처, 떨어진 자존심, 흔들리는 존재감에 깊이 잠겨봐야 새로운 사랑에 대한 갈구도 자라난다.

요즘 세대의 강박관념 중 하나가 '쿨해져야 한다'는 것이다. 쓰는 사람마다 의미는 조금씩 달라진다. 젊은이들이 입에 붙이고 사는 '쿨하다'는 '멋지다'에 가깝지만, '관계에 얽매이지 않는다, 상처받지 않는다, 대담하다, 흔들리지 않는다, 졸렬한 감정에 사로잡히지 않는다' 같은 의미로도 사용된다. 그런데 자신의 관계와 감정에 대해 쿨하다는 것이 꼭 좋은 것이기만 할까? 『나를 찾아 줘』를 보면 이 쿨하다는 형용사에 대해 주인공 여자가 시니컬하게 조롱하는 장면이 나온다. "쿨한 여자. 남자들은 이것을 언제나 최고의 찬사처럼 말한다. 그렇지 않은가? 그녀는 쿨한 여자야. 쿨

사랑이 깨질 때, 상처받지 않으려고 애쓰지 마라.
아픈 것이 나쁜 것만은 아니다.
상처는 결함이 아니라 치유의 증거다.

한 여자는 섹시하고, 똑똑하고, 재미있는 여자라는 뜻이다. 쿨한 여자는 절대로 화를 내지 않는다. 화가 나도 사랑스럽게 웃으며 자신의 남자가 뭐든 자기 멋대로 하게 내버려둔다. 마음대로 해, 날 무시해도 괜찮아, 나는 쿨한 여자니까" 하고 말이다. 어느 누가 이렇게 될 수 있단 말인가? '쿨한 여자, 쿨한 남자'라는 미사여구로 자신의 감정에 정직하지 못하는 것은 얼마나 비인간적인가?

사랑에는 누구도 쿨해지지 못한다. 그것은 자기 존재에 대한 것이기 때문이다. 하나의 사람으로서 사랑받는가, 존중받는가, 신뢰받는가 하는 것은 자신의 존재에 대한 긍정의 시작이기 때문이다. 한 사람에 대해 사랑하는가, 존중하는가, 신뢰하는가 하는 것은 인간 자체의 존재에 대한 긍정이기 때문이다. 그러니 사랑이 깨질 때에는 결코 쿨해질 수가 없는 것이다. 세상에서 압박하는 쿨함에 구애받지 말고 상처받을 때는 깊이 상처받아라. 사랑은 무엇으로도 잡을 수 없음을 인정하는 것만이 우리가 할 수 있는 유일한 쿨함일 것이다.

사랑한 만큼 사랑이 깨지는 상처는 깊다.
완벽하게 상처받아라.
사랑의 아픔 앞에 쿨해지려 들지 마라!

친구와 동지 사이에서, 사랑 + 존경 + 신뢰

"사랑보다 먼, 우정보다 더 가까운……" 내가 좋아하는 피노키오의 노래 「사랑과 우정 사이」의 가사다. "연인도 아닌, 그렇게 친구도 아닌, 어색한 사이가 싫어져, 나는 떠나네……." 심정이 이해되지 않는가? 이건 연애할 때 얘기다. 본격적인 남녀관계로 넘어가지지 않는 그 애매모호한 사이가 어색해져서 떠난다는 것이다. 그럼 본격적인 남녀관계가 된 남녀는 연인일까? '연인(戀人)'의 '연(戀)'이 사모한다, 그리워한다는 뜻이니 더 이상 연인이라 보기 어려울지도 모른다. 내 손에 안 잡혀야, 내 곁에 없어야, 멀리 있어야, 떠날지도 몰라야 더 그리워지고 사모(思慕)하게 되니 말이다. '같이 있어도 그립다'라는, 가슴 아프기도 하고 외롭기도 하고 아름답기도 한 감정이 있는데, 그런 연모의 감정을 가까운 사람에게 느낄 수 있다는 건 불행이기도 하고 축복이기도 할 것이다.

그럼 남녀관계에 있는 남녀는 애인일까? '애인(愛人)'은 사랑하는 사람을 일컫는 말이니 당연히 애인이라 할 수 있을 것이다. 비록 설레고 두근두근거리고 감추고도 싶고 드러내고도 싶은 야릇한 느낌은 줄어들었을지 몰라도, 남녀의 사랑에도 여러 종류가 있으니 이 남자, 이 여자를 분명 애인이라 칭할 수 있을 것이다.

그렇다면 남녀는 친구일까? 물론이다. '친구(親舊)'란 오래 가깝게 지내온 사람을 칭하는 말이니 남녀관계에 있는 남녀는 친구가 분명하다. 물론 어릴 적 친구, 학창 시절 친구 정도로 길게 알아온 건 아닐지라도 상대적으로 긴 기간일뿐더러 같이 있는 시간을 세어보면 여느 친구보다도 훨씬 더 긴 시간을 보냈을 것이다. 친구랑은 재미있는 일을 같이 벌이고, 같이 놀고, 서로 믿을 수 있고, 얘기를 털어놓고, 고민까지도 나누는 사이니 만약 남녀가 친구처럼 느끼지 못한다면 그 남녀관계는 오래가기 어려울지도 모른다.

그렇다면 남녀는 동지일까? '동지(同志)'란 말을 쓰다니 무슨 독립운동이라도 하는 겐가 싶을지 모르겠지만 동지란 '뜻을 같이하는 사이'를 일컫는다. 뜻을 같이하지 않고 남녀관계를 지속하기 쉽지 않다는 점에서 남녀는 분명 동지다. 살림을 꾸리고 서로의 커리어를 독려해주고 아이를 같이 키우고 노후를 같이 준비한다는 기본 사항 외에도 서로 결이 맞고 뜻이 맞는 그 어떤 무엇이 남녀관계를 지속시킨다.

그렇다면 남녀는 동료일까? '동료(同僚)'란 같이 일을 하는 관계를 말하니, 프로젝트를 하고 팀장을 하고 팀원을 해야 집, 살림, 가족이라는 프로젝트가 돌아갈 수 있다는 점에서 동료가 분명하다. 재정을 같이 분담하고 공유 재산을 관리할 뿐 아니라 혹시 같이 사업을 하거나 투자를 하는 상황에까지 이르면 더욱 동료라는 관계가 두드러질 것이다. 이해관계를 같이할 뿐 아니라 서로의 역할 분담이 있어야 든든해지는 관계인 것이다.

사실은 결혼한 남녀관계에서 흔히 쓰이는 '부부(夫婦)'라는 말이 가장 애매한 표현이다. '한 남자, 한 여자'라는 뜻이니 너무도 중성적인 표현이다. 그나마 '부부'가 되면 '아내 있는 남자, 남편 있는 여자'를 뜻하게 되니 그제야 완성되는 표현이라고 할까?

당신은 당신의 남녀관계를 어떠한 관계로 정의하는가? 평온한 시기에는 별로 이런 의문을 하지 않는다. 하지만 남녀관계가 흔들릴 때 우리는 어떤 관계인가에 대해서 묻고 또 묻고, 되묻고 또 되묻게 된다. 아마도 '명사(名辭)'로 똑 떨어뜨릴 수가 없어서 고민을 하게 될 것이다. "그래, 연인은 아니야, 우리가 그리워하는 게 뭐 있어? 더 이상 애인도 아니야, 우리 사랑이 깨졌잖아? 그럼 친구일까? 그런 감정이 남아 있기는 하지만 친구만으로 남녀가 같이할 수는 없잖아? 그렇다면 동지일까? 우리가 같이하는 게 집하고 아이 말고는 뭐가 있어? 그렇다면 동료일까? 우리 매일 따로따로 일하는데 무슨 동료 감정이 있지?" 이런 말들을 속으로 되뇔지도 모른다. 그러고는 "더 이상 부부라고 불리는 게 무슨 의미가 있지?"라는 의문을 하게 될지도 모른다.

남녀관계에 있던 남녀가 결별을 선택하고자 할 때 고민하는 것은 '사랑과 우정 사이'가 아니라 '친구와 동지 사이' 아닐까 싶다. 애틋한 연모는 지났고, 뜨거운 애정도 지났고, 미적지근한 감정이 있을 뿐이지만, 여전히 친구로서의 감정은 서로에게 향하고 있고 동지로서 서로 얽혀 있는 것들이 눈에 밟히게 되는 것이다.

하지만 우리가 흔들릴 때 과연 우리의 관계를 어떤 '명사'로

정의할 수 있을까? 그렇게 하면 상투적인 분석이나 상투적인 결론이 나게 될지도 모른다. 남녀의 관계가 상투적인 이름으로 불리게 될 때 사실 더 이상 고유의 의미를 갖기 어렵게 된다. 우리 누구도 이 남자, 이 여자를 완벽하게 알 수 없듯이 이 남자와의 관계, 이 여자와의 관계를 어떤 명사로 정의하기 어렵다. 한번 이 남자, 이 여자와 같이하는 수많은 순간으로 그 관계를 묘사해보라. 수없이 떠올랐다가 가라앉는 감정들로 이 남자, 이 여자와의 관계를 그려보라. 어떤 순간들이 떠오르는가? 그리고 그 순간들에서 어떤 느낌이 떠오르는가? 애착과 연민과 따뜻함과 차가움과 믿음과 존경이 어떻게 얽히는가? '현실 속의 사랑하기'란 사랑과 존경과 신뢰가 서로 얽히는 관계다. '사랑＋존경＋신뢰'라는 등식처럼 사랑과 존경과 신뢰가 서로 시너지를 내는 관계가 되면 가장 이상적이다. 현실 속에서는 그 관계 역시 진화하기도 한다. 당신의 관계에는 어떤 역학이 작용하는가?

＋ **사랑 〉신뢰 〉존경** 　남녀의 사랑이 최우선 순위인 단계

＋ **신뢰 〉사랑 〉존경** 　믿을 수 있음이 가장 편안해지는 단계

＋ **존경 〉신뢰 〉사랑** 　한 인간에 대한 존중으로 감싸 안는 단계

＋ **신뢰 〉존경 〉사랑** 　믿을 수 있다는 사실이 존경스러운 단계

＋ **존경 〉사랑 〉신뢰** 　인간성에 대한 존경심이 우선되는 단계

＋ **사랑 〉존경 〉신뢰** 　완벽하게 믿지는 못하지만 그 모자람조차

사랑하는 단계

+ **사랑** × **존경** × **신뢰** 가장 이상적인 시너지가 이뤄지는 단계

사람마다 중요하다고 생각하는 가치가 다를뿐더러 인생의 단계에서 역시 우선순위가 되는 가치가 달라지는 것은 지극히 자연스럽다. 당신의 가치관이 현재 어디에 있는지를 고민하라. 당신의 가치관이 달라질 수 있음도 의식하라. 마찬가지로 당신의 짝이 무엇을 소중하게 생각하는지 파악하라. 지금 현재 서로에 대한 존경과 신뢰와 사랑의 염(念)이 어떠한 것인지도 음미해보라.

사랑하지만 존경할 수 없고 더욱이 믿을 수 없으면 어떻게 할 것인가? 존경은 하지만 신뢰할 수 없고 사랑의 마음이 들지 않으면 어떻게 할 것인가? 신뢰는 하지만 당신을 존경하지 않으면 사랑의 마음이 들 수 있는가? 사랑하고 싶지만 인간적으로 존중할 수 없으면 사랑이 유지될 수 있는가? 아무리 흔들려도 여전히 믿을 수 있고 존경할 수 있는 사람인가? 하지만 흔들리는 이 사랑의 마음은 왜일까? 자신의 속을 세심하게 살펴보라. 남녀관계는 그 안에 여러 관계들을 품고 있음을 잊지 마라.

친구인가, 동지인가?
남녀관계의 남녀가 헤어짐을 고민할 때
최종적으로 마주치는 의문이다.

어떤 선택을 해도
'오케이'다

관계가 흔들릴 때, 흔들림으로 파국이 예감될 때, 어떠한 선택을 하느냐는 온전히 당신의 몫이다. 나는 그 선택을 하지 않더라도 당신은 그 선택을 할 수 있다. 우리는 그 선택을 하지 않더라도 다른 사람들은 그 선택을 할 수 있다. 어떤 선택을 하더라도 오케이다.

우리는 결별을 말릴 이유도 없고 결별을 권유할 이유도 없다. 우리는 결별할 만한 사유인지 아닌지에 대하여 개인적인 판단을 할 수는 있지만 판결을 내릴 수는 없다. 우리는 이혼 법정에 선 판사가 아니다. 이혼에 대한 두려움과 거부감이 컸던 시절에는 법정이 이혼 여부를 판단하고 결정해주기도 했지만, 작금의 이혼 법정이란 이혼 여부 자체보다는 양육권, 재산 분할 등 이혼에 따른 분쟁을 조정하는 것이 주 역할이다. 이혼을 조정하는 과정에서 전문 상담을 통해 조율하는 등 당사자의 자발적 선택을 유도하기도 한다. 합의 이혼이 훨씬 더 많아지는 현상도 이런 세태를 반영한다.

그럼에도 불구하고 이혼에 대한 우리 사회의 '똘레랑스(tolerance, 관용도)'는 여전히 낮은 편이다. '화려한 돌싱'이라 부르기도 하고, 이혼에 대해 편안하게 이야기하고, 재혼율도 높아지고 있지만 여전히 현실 속에서는 만만찮은 어려움이 있다. 어린 아이를 키우는 입장에서는 당장 시간을 배분하고 비용을 분담하는 일부터 쉽지 않고, 주변에서 안쓰러워하고 어색해하고 불편해하는 시선을 견뎌야 하는 문제도 있다. 새로운 삶의 양식을 만들고 적응하는 것도 쉬운 일은 아니다.

내가 어렸을 적에 치를 떨었던 한 친척집의 남녀관계를 목격하면서 나는 그 집 아내의 모습에 엄청난 모욕감을 느꼈고, "저렇게는 절대 안 살 거야!" 하며 이를 악물기도 했다. 그런데 크고 난 후에 왜 그렇게 살고 있을 수밖에 없는지 이해하고 나서는 생각이 훨씬 더 복잡해졌다. 불행하게도 또한 당연하게도, '생활'과 '평판'이라는 두 가지 현실적 조건은 사람들의 선택을 옥죈다. 생존의 기본이 되는 경제력을 갖고 있지 못한 경우에 무슨 방도로 살아갈 것인가? 요즘은 여성뿐 아니라 남성의 경제력도 문제가 되기도 한다.

주변 사람들이 하는 말, "이혼 당하지 않고 사는 것만도 다행이지"라는 말을 들을 때면 모욕감이 더 들었다. '아니 이혼의 사유를 누가 제공했는데? 아니 이혼을 당해야 할 사람이 누군데?' 하면서 속을 끓였다. 남녀관계가 흔들릴 때 그동안은 의식하지 못하고 살아왔던 남녀관계의 파워 역학이 본격적으로 등장하고 모욕과 굴욕의 장면이 생긴다는 것을 알게 되기도 했다. 하지만 이윽고 '이혼은 당하는 게 아니라 하는 것'이라는 생각이 확고해졌다. 원인을 누가 제공했든, 더 이상 같이하지 않기를 선택하는 주체는 바로 당신이다. 이것이 '남녀관계 결정권'에 대한 근본적인 존중이다.

남녀관계의 흔들림은 당연한 과정이다. 흔들리지 않는 관계란 없다. 남녀관계에 위기는 온다. 라이프 사이클에 따라 흔들림의 양태도 달라진다. 다만, 그 위기에서 비겁하지는 말자. 비겁하지 않다는 것은 어떤 선택을 해야 한다, 하지 말아야 한다는 뜻이 아니라 어떤 선택을 하더라도 자신이 결정한다는 뜻이다. 어떤 선택을 하든 그 선택은 당신의 권한이자 당신의 책임이다. 그 선택에 당당하라. 아픈 것이 나쁜 것만이 아니다. 아픔은 당신의 멘탈을 키워준다. 상처는 결함이 아니라 치유의 증거다. 상처는 인생의 근육을 키워준다. '현실 속의 사랑하기'에 대해 당신의 선택 의지는 삶을 살아가는 에너지가 된다.

어떤 선택을 하든 오케이다.

나는 그 선택을 안 하더라도,

당신은 그 선택을 할 수 있다.

당신의 선택 의지에 박수를 보낸다.

6장

'멜로'는 짧고
'로코'는 길다

로망을
잃지 않는 법

사랑이
또 온다고 해줘!

"사랑이 또 온다고 해줘!" 작가 노희경이 펼치는 사랑 변주곡의 서막을 알렸던 드라마 「거짓말」에서 내게 가장 인상적이었던 장면은 주인공 배종옥이 남자와 헤어진 후 토했던 이 절규였다. 자동차에 기대 이 말을 내뱉은 후 미끄러지듯 주저앉아 펑펑 울던 배종옥이 참 좋았다. 토닥토닥해주고 싶었다. "그래, 그렇게 보내는 거야. 그래, 그렇게 아픈 거야. 그래, 사랑은 또 와!" 사랑은 참 이상하게도 찾아온다. 아니 그동안 매일매일 만나며 수없이 기회가 있었는데도 깨닫지 못하다가 이리 복잡한 상황이 되자 왜 사랑인 줄 알게 되는 건가?

"사랑이 어떻게 변하니?" 남자의 입에서 이 말이 나오게 한 허준호 감독의 영화 「봄날은 간다」에서는 여자가 왜 단호하게 헤어지자고 했는지 아무 설명이 없어서 좋았다. 처음으로 사랑의 기쁨에 흠뻑 젖어봤던 그 남자, 영문도 모르고 채였던 그 남자, 아파하며 방황하는 그 순박한 남자를 토닥토닥해주고 싶었다. 이제쯤 그 남자는 알았을 거다. 사랑은 끊임없이 변한다는 것을.

사랑은 끊임없이 변하지만 꼭 다시 또 온다. 나는 이렇게 믿는다. 아픈 이야기, 슬픈 이야기, 허무한 이야기, 상처 깊은 이야기, 추악한 이야기, 배신의 이야기를 수없이 마주쳤지만 여전히 이렇게 믿는다. 어떠한 아픈 체험을 했든 사랑에 불감(不感)이 되지는 않으면 좋겠다. 지리멸렬하게 보이던 삶에 찬란한 빛을 비춰주는 것이 사랑이다. 지루하던 삶에 갑자기 리듬감을 불어 넣어주는 것이 사랑이다. 보잘 것 없어 보이던 삶에 소중한 그 무엇을 되살리게 해주는 것이 사랑이다. 평범해 보이던 삶에 비범한 순간을 자아내는 것이 사랑이다. 쓸쓸한 삶에 따뜻한 에너지를 다시 채워주는 것이 사랑이다. 초라하기만 했던 나를 환히 빛나게 만드는 것이 사랑이다.

다만, 사랑은 일사불란하지 않다. 사랑은 끊임없이 움직인다. 사랑은 변화한다. 사랑은 진화한다. 사랑은 자란다. 사랑은 아프다. 사랑은 괴롭다. 사랑은 고통스럽다. 사랑을 기다리는 자체가 사랑이다.

이 책을 통해 사랑과 남녀관계에 대한 믿음과 회의를 동시에 견지하면서 여러 가지 사랑법을 들여다봤지만 그 어느 것도 하나의 결론은 아니다. 현실에서 사랑하기라는 작업은 진행형이자 또한 개인의 선택에 의해 전개되는 작업이기 때문이다. 다만 확실하게 단언할 수 있는 것이라면, '사랑에 대한 로망은 결코 끝나지 않는다'는 것 아닐까? 이 마지막 장에서 사랑 로망에 대해 예찬해보자. 그리고 그 로망을 어떻게 잃지 않을 수 있을까 생각해보자.

+ 나는 사랑을 믿는다.

+ 나는 '사랑하기'라는 동사형을 선호한다.

+ 나는 '현실 속에서 사랑하기'를 중요하게 여긴다.

+ 나는 남녀관계가 지속 가능하다고 생각한다.

+ 나는 남녀관계에도 훈련이 필요하다고 믿는다.

+ 나는 결혼을 해도 안 해도 좋다고 생각한다.

+ 나는 이혼을 해도 안 해도 오케이라고 생각한다.

+ 나는 어떤 이유든 한쪽이 아니라고 하면 관계는 끝난다고 생각한다.

+ 나는 어떤 사유든 한쪽이 받아들이기만 하면 오케이라고 생각한다.

+ 나는 어떠한 결별에도 인간에 대한 예의를 갖출 수 있다고 믿는다.

+ 나는 어떠한 사랑 이야기도 가능하다고 생각한다.

+ 나는 온갖 사랑 이야기에 열려 있고 싶다.

+ 나는 사랑하기가 얼마나 어려운지 알고 있다.

+ 나는 현실 속에서 사랑하기란 얼마나 더 어려운지 알고
  있다.

그럼에도 불구하고,

+ 나는 죽을 때까지 사랑에 대한 관심을 그치지 않을 것이다.

+ '사랑하기'라는 행동을 멈추지 않을 것이다.

+ 사랑을 통해 성장할 것이다.

+ '사랑에 대한 로망'은 결코 끝나지 않을 것이다.

도대체 우리는 언제까지 이 사랑이라는 것에 연연할까? 답은
하나, 우리 숨이 끊어질 때까지다. 물론 이때의 사랑이란 꼭 남녀
간의 사랑만은 아니고 사람 본연의 사랑하고 싶은 욕구, 사랑받
고 싶어 하는 욕구를 다 포함하는 것이지만, 남녀 간의 사랑에 대
한 기대가 과연 사라질까?

인생을 한 번밖에 못 산다는 것은 참으로 아쉬운 일이다. 만
약 여러 가지 인생을 한 인생에 버무려 넣을 수 있다면 얼마나 흥
미로울까? 그 여러 인생이란 여러 종류의 직업이나 다양한 라이
프스타일, 여러 지역에서 살아보는 삶 같은 것이 될 수도 있지만
핵심이라면 역시 어떤 사랑을 하고 사느냐에 따라 달라지는 인생
일 것이다. 한 사람과 오래 사랑을 이어가는 삶이 될 수도 있고,

여러 사랑들을 넘나들며 사는 삶일 수도 있고, 한 번도 뜨겁게 사랑하지 못하는 삶이 될 수도 있고, 수많은 사랑에 열정적으로 빠지는 삶이 될지도 모른다.

많은 사람들이 여러 종류의 사랑들을 꿈꾸지만, 당장 이 하나의 사랑조차 제대로 거두지 못하고 산다. 당장 이 사람, 이 순간에 집중하는 무슨 묘수가 없을까? '시간'이라는 소재를 다룬 영화 중에는 이런 주제를 다룬 영화들이 많다. 영화 「사랑의 블랙홀」에서 기상캐스터인 주인공은 매일 되풀이되는 일상을 지겨워하는 캐릭터다. 그런데 크리스마스 시즌에 한 작은 도시의 전설인 날다람쥐 이야기를 취재하러 갔다가 하룻밤을 자고 나면 똑같은 하루가 반복되는 이상한 상황에 빠진다. 처음에는 황당하고 지겨워서 어쩔 줄 모르던 주인공은 사람들과의 하루를 지내고 또 지내면서 매일매일 성장한다. 사람들이 살아가는 이야기를 알게 되고 그들의 관계와 실패와 바람을 알면서 인생에 대한 새로운 경험을 하게 되는 것이다. 뉴스처럼 피상적인 얘기를 짧게 하고 지나가는 것이 아니라 일상에서 부비고 보듬으며 삶의 이야기를 알아가면서 사람답게 사는 법을 배운다. 그가 자신의 사랑을 깨닫고 드디어 사랑을 고백하고 나서야 이 블랙홀은 풀린다.

우리는 일상을 얼마나 피상적으로 살고 있을까? 얼마나 많은 귀중한 순간들을 놓치며 사는 것일까? 만약 우리가 오늘 하루를 다시 살 수 있다면, 또다시 살 수 있다면 살아가는 깊이는 크게 달라질지도 모른다. 감각의 깊이, 생각의 깊이, 느낌의 깊이, 체험의 깊이, 사랑의 깊이에 크게 차이가 생길 것이다. 시간 여행 능력을 가진 한 남자의 사랑 이야기를 그린 영화 「어바웃 타임」은 바로 이 점을 강조한다. 처음에는 실수를 만회하기 위해 시간 여행 능력을 쓰던 주인공은 하루를 다시 한 번 깊이 음미하기 위하여 시간 여행을 하게 되다가, 어느 수준 이상이 되자 더 이상 시간 여행을 필요로 하지 않게 된다. 평범한 일상 속에 담긴 느낌의 순간들을 얼마나 소중하게 사용하느냐가 중요함을 깨닫고 그렇게 살게 되었기 때문이다. 우리가 바라는 경지 아니겠는가? 사랑은 곳곳에, 순간순간에 있다.

홍콩의 영화감독 왕가위의 독특한 감성이 배어나오는 그의 영화들 속의 인물들은 하나같이 길거리 또는 이웃에서 볼 수 있을 것 같은 사람들이다. 「아비정전」 「중경삼림」 「타락천사」 「화양연화」로 이어지는 불후의 영화들은 도시의 뒷골목, 편의점, 패스트푸드점, 노점상, 남루한 아파트에서 일어나는 일상의 모습들을 기가 막히게 담는다. 1분을 영원처럼 기억하는 여자, 실연하고 통조림만 따 먹는 남자, 패스트푸드점에서 사랑을 논하는 꽃미남, 손끝조차 닿을 새라 옆으로 몸을 비켜 다니는 비좁은 골목길의 두 남녀 등. 사랑에 대한 갈망은 우리 일상의 곳곳에 담겨 있다. 왕가위의 영화를 보면 '사랑하고 싶다, 이루어지지 않아도 좋다, 사랑을 그리워하고 싶다'는 감정이 물밀듯이 밀려든다.

사랑은 끝나지 않는 주제이고,
사랑하기란 끝나지 않을 과제다.
어떤 드라마를 쓸지는 온전히 당신의 몫이다.

「와호장룡」「색, 계」와 같은 불후의 영화에서 엇갈리는 운명적 사랑을 그린 이안 감독의 진정한 감성을 느끼고 싶다면 그의 초기작 「음식남녀」「아이스 스톰」을 봐야 한다. '딸 바보' 아빠의 요리를 통한 전통적 사랑관과 빠르게 변화하는 딸들의 사랑관을 잘 버무린 경쾌한 영화 「음식남녀」는 일상 속에서의 사랑을 다시금 믿게 만든다. 그런가 하면 권태와 나태에 찌든 미국 교외의 쇼윈도 커플들의 퇴폐적이고 위선적 생활을 그린 「아이스 스톰」은 놀라운 감성으로 타락한 사람들도 깊이 갈구하는 사랑의 욕구를 그려낸다. 그의 영화를 보면 '사랑하고 싶다, 숨어 있는 사랑을 끄집어내고 싶다, 사랑을 표현하면서 살고 싶다'는 감정이 솟아난다.

사랑에 대한 불멸의 프랑스 영화 「남과 여」는 한 화면에 두 개의 사랑을 너무도 아름답게 포개놓았다. 남편과의 사별을 겪은 여자와 아내의 자살을 겪은 남자의 만남이 이렇게 근사할 수 있는가? 해변에서 각자의 아이들과 함께 놀던 석양 무렵에 떨어지던 기다란 그림자들, 차 유리창을 두드리는 빗방울의 무늬, 열차가 역에 닿아갈수록 점증되는 기대의 표정, 스치듯 부딪히는 남과 여의 모습으로 끝나는 장면 등 이 영화의 영상은 비단 나뿐만이 아니라 많은 사람들의 사랑에 대한 로망을 키웠을 것이다. 여자가 첫 남편과 지냈던 그 아름답고 찬란했던 순간들은 기억만으로 영원하다. 하지만 현실 속에서 사랑은 다시 또 온다.

어떻게 사랑하고 싶어지지 않는가? 어떻게 사랑에 대한 로망을 버릴 수 있는가? 어떻게 그 설렘과 떨림을 느끼고 싶어지지 않겠는가? 한 남자와 한 여자의 사랑을 축복하라!

또 오는 사랑, 또 올 사랑,

또다시 남자 여자는 만난다.

사랑을 또 시작하라.

사랑에 대한 로망은 끝나지 않는다.

시와 노래와 소설과 영화로 사랑하라

우리가 사랑 이야기를 담은 예술을 찾는 것은 각박한 현실, 지루한 일상, 지리멸렬한 사랑, 지겨운 반복으로부터 잠시라도 벗어나고자 하는 소망 때문일 것이다. '내가 갖지 못했던 사랑, 내가 느끼지 못했던 감정, 내가 이루지 못한 로망이여, 다시 한 번!' 이런 심정이 작용하는 것이다. 물론 지금 느끼는 사랑, 지금 맺고 있는 남녀관계에 대해서 신선한 자극을 받고 싶다는 소망도 작동한다.

이야기가 없는 사람이란 세상에 없다. 이야기를 함으로써 또 이야기를 만들어냄으로써 사람은 다시 살고, 새롭게 살고, 의미

있게 살고, 또 영원히 살 수 있다. "모든 슬픔은, 이야기할 수만 있다면, 견뎌낼 수 있다." 요리의 치유와 예술의 치유를 비유한 『바베트의 만찬』의 작가이자 영화 「아웃 오브 아프리카」의 원작자이자 실제 주인공인 덴마크 작가 아이작 디네센의 말은 참으로 좋다. 살아가는 것의 힘듦, 사람의 헛됨, 사랑의 괴로움 등 인생의 모든 슬픔은, 이야기하는 것만으로도 풀어지고 아물고 채워지고 아름다워지고 뜻이 깊어진다.

어릴 적 나는 현실 속에서 실망하고 또 갈망했던 사랑 이야기들을 소설과 영화를 통해 채웠다. 그 이야기들 속에서 사랑에 대한 로망을 키웠고, 현실 속에서 그 로망이 깨지기도 하고 어긋나기도 하지만 다시 또 사랑 이야기들을 찾게 된다. 아쉬운 로망을 채우기 위해서일까, 새로운 로망을 불러일으키기 위해서일까? 여하튼 사랑 이야기는 듣고 또 들어도, 보고 또 봐도, 읽고 또 읽어도 흥미롭다. 내가 그 사랑의 주인공이 될 수 있을까, 내가 제대로 사랑하고 있는 것일까 하는 자극을 받고, 나도 근사한 사랑 이야기를 지어낼 수 있지 않을까 하는 상상도 하게 만드는 것이 사랑 이야기다.

사랑 이야기는 대체 어떻게 탄생하는 것일까? 위대한 사랑 이야기를 쓴 사람들은 그들이 했던 사랑 이야기를 써낸 것이 아니라 그들이 이루지 못한 사랑 이야기를 썼을 가능성이 높을 것이다. 순수한 사랑 이야기를 쓴 사람은 사악한 관계를 경험했을

지도 모르고, 아름다운 사랑 이야기를 쓴 사람은 추악한 관계를 경험했을지도 모르고, 모험 가득한 사랑 이야기를 쓴 사람은 평생 모험 한 번 못해봤을지도 모르고, 치명적인 유혹을 그린 사람은 평생 유혹당하기만을 꿈꾸던 사람일지도 모른다. 우리는 영화나 소설을 볼 때, 그 작가나 감독이나 배우들을 캐릭터와 동일시하곤 하지만 그렇지 않을 가능성이 더 높은 것도 같다.

상상해보자. 소설가 제인 오스틴의 작품들은 '연애의 교본'처럼 받아들여지고 「제인 오스틴 북클럽」이라는 영화까지 있을 정도다. 하지만 『오만과 편견』을 비롯해서 '밀당'의 연애를 유쾌하게 그려냈던 소설가 제인 오스틴은 과연 그런 연애를 해봤던 걸까? 혹시 '모태 싱글' 또는 '영원한 싱글'로 평생 살면서 연애에 대해 가졌던 판타지를 글로 표현했던 건 아닐까? 그런데도 어떻게 그렇게 우리의 설렘을 잘 알까? 리메이크 된 영화 「오만과 편견」을 보면서 미스터 다아시가 사랑을 고백하는 장면을 보고 내 심장이 다시 조여올 정도였으니, 제인 오스틴의 힘은 대단하다.

어둡고 기괴하고 불행한 사랑의 격정을 그린 『폭풍의 언덕』을 쓴 에밀리 브론테는 어떤 생을 살았던 걸까? 마치 안개가 자욱이 끼었다가 훤히 걷히는 느낌을 주는 순수하면서도 헌신적인 사랑을 그린 『제인 에어』를 쓴 샬롯 브론테는 과연 현실에서 로체스터 백작과 같은 남자와 어떤 로망을 가져봤던 걸까? 이 두 자매가 평생을 싱글로 보내면서도 각기 위대한 사랑 이야기를 썼던 것은 그들의 혈통 때문이었을까, 시대적 상황 때문이었을까, 그들의 참을 수 없는 사랑 에너지 때문이었을까?

그런가 하면 밀란 쿤데라의 『참을 수 없는 존재의 가벼움』에서는 작가의 페르소나가 어떤 캐릭터에서 드러났을까? 집착과 쿨함과 거리감과 통속성을 오가는 두 명의 남자와 두 명의 여자들이 보여주는 사랑의 심리에 작가의 직접 경험이 녹아났던 걸까, 아니면 시대의 정신과 인간의 심리를 정교하게 직조하는 작가의 재능에 힘입었던 걸까? 궁금하다.

셰익스피어는 작가로서 참으로 능수능란한 것이, 어떻게 한 작가가 '배신의 코드, 질투의 코드, 순수의 코드, 로맨틱 코미디의 코드'를 안은 사랑 이야기를 다 써냈을까? 놀라운 기량임에 분명하다. 요즘의 드라마 작가보다도 더 많은 이야기를 써낸 셰익스피어의 실제 사랑은 어떠했을까? 무대에 올리는 감성만큼이나 풍부한 감성으로 현실 속에서 사랑했을까? 흥미로운 사실은 거의 기록이 없다는 것이다.

그들의 현실 속 사랑이 어떠했든 간에 위대한 사랑 이야기를 만들어낸 작가들에게 감사하자. 그들의 이야기를 통해서 우리의 감성은 풍부해지고 우리의 연애 세포는 자라고 우리의 로망을 키워낼 수 있으니 말이다. 어떠한 사랑 이야기라도 좋다. 사랑 이야기를 담은 예술을 곁에 두어라. 시시때때로 접하라. 소설을 못 읽겠다는 사람은 영화도 좋다. 영화란 마치 첫눈에 반해버리는 사랑 같다는 점이 아쉽기는 하지만 아예 안 보는 것보다는 훨씬 더 낫다. 글이 좋은 것은 시간을 두고 빠져들어간다는 점에서 사랑에 빠지는 것과 비슷하기 때문이다. 당신은 어떤 사랑 이야기에 매혹되는가, 당신의 상대는 어떠한 사랑 이야기에 끌리나? 가끔은 각기 좋아하는 것을 서로 바꿔보라. 사랑의 취향을 맞춰보기에 좋은 놀이가 될지도 모른다.

사랑에 대한 시와 노래는 어떠한가? 마치 연애편지처럼 들리지 않는가? 시와 노래가 연정을 전하는 효과적인 도구로 시작되었으니 그렇지 않을 수가 없다. 만약 자신의 표현력이 도저히 마음에 들지 않는다면 시와 노래를 선택하는 것도 좋다. 특히 노래를 좋아하는 우리 문화를 보면 정이 넘쳐나는 건 분명하다. 그렇게 넘치는 정을 넘치는 사랑으로 바꿔낼 수 있으면 얼마나 좋겠는가? 우리 대중가요에 사랑 타령이 그리도 많은데 그 사랑 타령을 현실 속의 사랑으로 바꿀 수 있다면 얼마나 좋겠는가?

세상에는 정말 기막힌 사랑 노래들이 많다. "그대 앞에만 서면 나는 왜 작아지는가. 그대 등 뒤에 서면 내 눈은 젖어드는데"라는 가수 김수희의 노래 「애모」의 이 구절에서 애가 끓지 않는 사람은 없을 것이다. 사랑하는 사람 앞에서 작아지는 자신을 느껴보지 않은 남자, 여자라면 사랑할 자질이 없는지도 모른다. 한번은 가수 이현우의 「헤어진 다음날」 노래를 내가 바로 알아듣지 못했다가 싱글 후배한테 욕을 먹은 적이 있다. "선배는 경험이 없어서 그래"라고 말이다. '진정 나를 사랑하긴 했었느냐?'고 절규하는 심정을 내가 진짜 이해하기는 하는 걸까? 나는 나답지 않다는 소리를 곧잘 들으면서 나훈아의 「사랑」을 좋아한다. "이 세상에 하나밖에 둘도 없는 내 여인아. 보고 또 보고, 또 쳐다봐도, 싫지 않은 내 사랑아" 대목을 좋아한다. '보고 또 봐도' 대목에 이르면 내가 그 대상이 되기를 원하는 건지, 그런 대상을 내가 원하는 건지 잘 모르겠지만, 여하튼 좋다. 윤미래가 부르는 「행복한 나를」을 줄곧 틀어놓으며, 이 사랑이 마지막 사랑이 되기를 바라는 마음을 느껴보곤 하기도 한다.

당신의 사랑 노래의 레퍼토리를 읊어보라. 당신의 심금을 울린 시 한 구절을 읊어보라. 당신의 마음을 사로잡았던 대사 한 구절을 떠올려보라, 당신의 심장을 조였던 사랑의 장면을 다시 떠올려보라. 사랑은 끝나지 않는다. 사랑에 대한 로망을 잃지 마라. 시와 노래와 영화와 소설로 다시 사랑을 느껴보라.

위대한 사랑 이야기를 쓰는 사람은

이루어진 사랑이 아니라,

사랑에 대한 로망을 쓰는 것이다.

그 로망이 우리를 다시 두근거리게 만든다.

인생의 '에피소드'들, 위험하지 않으면 유혹이 아니다

'에피소드'라는 말은 여러 분야에서 여러 의미로 쓰이고 있다. 그중에서도 정신증세에서 쓰는 경우는 의미심장하다. 어떤 증상이 발현하는 상황, 그러니까 '발작'이 일어나는 것을 '에피소드'라 부른다. 어떠한 상황에서 어떠한 종류의 발작이 일어나느냐를 잘 관리하면 가벼운 에피소드로 넘어갈 수 있지만, 잘 관리하지 않으면 자칫 중대한 사건으로 비화될지도 모르는 것이 에피소드다.

우리 인생에서도 마찬가지다. 수없는 에피소드들이 일어난다. "응, 그냥 지나가는 에피소드야!" 하고 넘어갈 수도 있지만, 때로는 그 에피소드가 위태로운 사건의 발단이 될지도 모른다. 모든 에피소드는 위험하다. 흔들리게 만들고 더 흔들리게 만드는 유혹의 단서를 안고 있기 때문이다. 모든 유혹은 위험하다. 위험하지 않으면 유혹이 아니다. 인간은 위험을 모르고 위험 속으로 들어간다. 아니, 위험을 알면서도 여전히 부나비처럼 위험에 뛰어들기도 한다.

남녀관계를 흔드는 원인들은 수없이 많지만 가장 큰 흔들림은 '사랑' 때문에 빚어진다. 과연 '사랑'이 원인이냐, 실은 '관능적 욕망' 때문이 아니냐고 할지도 모르겠다. 이른바 '불륜'이라는 것은 남녀관계의 근본 약속인 '검은 머리가 파뿌리가 될 때까지 너만을 사랑한다'는 약속을 어긴다는 뜻이지만, 이때 사랑을 어떻게 정의할 것인가는 쉽지 않은 문제다. 수없이 불륜을 저지르고도 육체적 불륜일 뿐 자신은 배우자를 사랑한다고 하는 사람이 있지 않나, 정신적인 불륜도 불륜이라고 주장하는 사람도 있고 정신적 불륜이 더 큰 불륜이라고 하는 사람도 있으니 말이다. 사실 '불륜'이라는 말 자체가 이상하기는 하다. 천륜(天倫)을 어기는 것도 아니고 인륜(人倫)을 어기는 것도 아닌데, 왜 남녀의 약속을 깨는 것에 '불륜(不倫)'이라는 말까지 쓰게 됐을까?

연애 시절에 생기는 에피소드들은 말 그대로 에피소드다. 때로는 즐겁고, 때로는 괴롭고, 때로는 흥분되고, 때로는 속상하고, 때로는 질투를 야기하고, 때로는 '밀당'의 소재가 된다. 세상에는 셀 수 없이 수많은 남녀들이 있으니 언제 어디서 유혹적인 에피소드가 생길지 모른다. 기존의 사랑을 깨고 새로운 사랑으로 발전시키든, 오히려 기존의 사랑을 더 강하게 만들든, 연애 기간 중에는 온갖 에피소드를 적극적으로 소화해내야 하는 상황에 수시로 놓이게 된다. 그런 유혹들을 견뎌내고 드디어 같이하기를 결정하는 커플이 장할 정도다.

그렇다면 본격적인 남녀관계를 약속한 이후에 다가오는 에피소드는 어떻게 대할 것인가? '그런 거 없다, 없어야 한다, 그럴 수가 없다'라고 당위론을 주장하는 사람들은 그 수많은 이혼들과 그 수많은 불륜들을 어떻게 설명할 것인가? 다른 사람들에게 생기는 것일 뿐 자신과는 무관하다고 생각할까? 현실은 분명 다르다.

「매디슨 카운티의 다리」라는 영화가 공전의 히트를 쳤던 것을 기억하는가? 중년 여인의 낭만적 불륜을 그린 영화다. '사랑이여, 다시 한 번!' '한 번만이라도 불같은 사랑을!'을 바라는 여성들의 심리를 고스란히 담아서였던가, 그런 강렬한 에피소드에도 불구하고 아내의 자리를 떠나지 않은, 또는 떠나지 못한 여자의 심경에 공감했던 것인가? 나는 이 소설과 영화가 그렇게 히트를 쳤다는 것이 놀라웠다. '로맨스에 대한 로망'은 그리 강력한 것일까?

그렇다면 중년 남성을 덮친 치명적 유혹을 그린 영화 「데미지」를 보고는 얼마나 많은 남녀들이 공감할까? 아들의 애인에게 인생 처음으로 원초적 끌림을 느끼는 중년 남자를 배우 제레미 아이언스가 너무도 설득력 있게 연기했다. 안정적인 커리어, 아름답고 사랑스럽고 충직한 아내, 다정다감한 가정, 자유로운 영혼의 아들, 귀여운 사춘기 딸, 사회적 성공과 존경을 한 몸에 가진 반듯한 남자가 어떻게 그런 패륜에 빠질 수 있을까? 문제작이긴 했지만 그리 히트작이 되지 못했던 것은 이 영화가 로맨스로 끝나지 않고 참극으로 끝났기 때문일지 모르겠다.

잠시의 바람기가 얼마나 위험한 결말로 치달을 수 있는지 경고하는 영화들은 꽤 많다. 남자의 바람기에 집착하는 여자의 질투에 온 가정이 풍비박산 나는 「위험한 정사」는 바람피우는 모든 남자를 겁먹게 했다는 농담을 유행시켰을 정도였다. 관계를 끝내려는 여자에게 집착하는 내연남을 저지하려다 실수로 남자를 죽인 여자를 그린 「언페이스풀」에서는 평온했던 부부가 지옥으로 떨어진다.

우리 영화 중에서 불륜의 파국을 서늘하게 그린 영화 중 베스트는 단연 「해피엔드」다. 폭력 장면 하나 없이도 관객을 오싹하게 만들었다. 해맑은 표정의 전도연이 욕망에 들끓는 아내 역을 맡아서 더 현실감이 두드러졌던 듯싶다. '아내 역할'을 기대하지는 못하더라도 '엄마 역할'만은 해달라는 남편의 최소한의 소망이 뒤틀어지는 순간 영화는 고요한 파국으로 달려간다. 연애소설을 즐겨봤던 남편이 추리소설로 책을 바꾸던 장면이 심상찮았다.

잘나가는 40대 커리어우먼과 스무 살 청년의 불륜을 그린 드라마 「밀회」의 파국은 제대로 파국으로 치달았기 때문에 오히려 안도하게 만들었다. '피아노'가 둘을 잇는 강렬한 매개체이자 여주인공이 이루지 못한 꿈의 상징으로 등장해서 설득력이 높았는데, 여주인공이 감방에 갇혀서 작은 창으로 하늘을 바라보는 이 드라마의 마지막 장면은 의미심장했다. 연하남과의 열애가 중요한 게 아니라 여자가 스스로 덫을 끊어내고 탈출할 수 있었다는 것이 중요한 드라마였다. 만약 이 여자에게 이 에피소드가 일어나지 않았더라면 어떠한 인생이 되었겠는가?

294

인생에서 어떤 에피소드를 맞닥뜨리게 될지는 어느 누구도 예측할 수 없다. 그 에피소드 때문에 어떤 흔들림이 생길지는 누구도 모른다. 그 에피소드가 어떤 자극을 가져올지, 어떤 깨달음을 만들어줄지, 그리고 어떤 파국을 가져올지 누구도 모른다. 그 파국조차 인생에서 어떤 의미를 갖게 될지는 그 누구도 모른다.

당신은 어떤 태도를 취하겠는가? 첫째, 에피소드 자체를 부정한다. 둘째, 에피소드 가능성 자체를 아예 차단시켜버린다. 셋째, 에피소드를 피해 다닌다. 넷째, 에피소드의 가능성을 인정한다. 다섯째, 에피소드를 열어둔다. 여섯째, 에피소드에 적극적으로 뛰어든다. 일곱째, 에피소드에서 그 무엇을 배워간다. 여덟째, 에피소드는 인생의 한 부분이라고 인정한다. 현실 속에서는 이보다 훨씬 더 넓은 스펙트럼이 존재할 것이다.

싱글들에게만 유혹의 에피소드가 일어나리라는 법은 없다. 커플들에게도 수많은 유혹의 에피소드가 일어날 것이다. 사실은 에피소드 자체가 아니라 에피소드를 만날 때 어떠한 마음, 어떠한 상태에 있느냐가 우리의 태도를 만들어갈지도 모른다. '설레고 싶다, 두근거리고 싶다, 쿵쾅쿵쾅한 가슴을 느끼고 싶다, 나를 원하는 사람의 눈빛을 느끼고 싶다, 나를 간절히 원하는 사람의 손길을 느끼고 싶다, 나를 보고 싶어 하는 사람이 있음을 느끼고 싶다, 나의 존재감을 확인하고 싶다, 사랑에 빠지고 싶다'라는 욕구는 누구에게나 항상 자기 안에 있는 욕구이기 때문이다.

인생의 에피소드들은 우리를 시험에 들게 한다. 유혹에 빠지느냐 아니냐의 시험만이 아니라 우리가 지금 제대로 사랑하고 있느냐 아니냐, 우리가 사랑하고 싶고 사랑받고 싶다는 마음을 제대로 충족시키고 살고 있느냐 아니냐, 나의 짝에게 얼마나 사랑을 표현하고 살고 있느냐 아니냐를 시험하는 것이다. 인생의 에피소드들은 위험한 것만이 아니다. 남녀관계라는 롱 프로젝트 속에서 질투와 각성과 새로운 시작의 계기를 만들어주기도 한다. 질투란 사랑을 지속하게 하는 강력한 힘이기도 한 것이다.

유혹이 없다면 인생은 얼마나 재미가 없겠는가? 에피소드가 없다면 인생은 얼마나 지루하겠는가? 위험이 없다면 인생은 얼마나 지루하겠는가? 당신 인생에 일어날 수많은 에피소드들을 조심스럽게, 신중하게, 또 슬기롭게 관리하기를 바란다. 지레 겁 먹지 마라. 에피소드들을 많이 겪을수록, 지혜롭게 헤쳐나갈수록 당신의 인생은 풍부해질 것이다.

위험하지 않으면 유혹이 아니다.
잘 넘기면 에피소드로 끝나고
잘 못 넘기면 사달이 난다.

기이한 사랑이란 없다

사랑은 기적이다. 별별 상황에서 다 사랑이 생긴다. 전쟁의 포화 속에서, 내일 죽을지도 모르는 상황 속에서, 불치병이 걸린 상황에서도, 하늘이 무너질 것 같은 위기 상황 속에서도 사랑은 싹튼다. 세상 사람들이 다 반대하더라도, 난관을 안고도, 문제를 안고도 사랑은 피어오른다. 전혀 어울릴 것 같지 않은 사람들도, 너무도 차이가 커 보이는 사람들도, 너무도 다르게 보이는 사람들도 사랑을 맺고 또 이어간다. 사랑에 대한 진실 중 하나는 사랑의 이유, 변수, 상태, 형태, 관계에 기이함이란 없다는 것이다.

'이 사람인가?' 하면서 짝 고르기를 고민할 때, 관계를 이어 갈 때, 관계가 흔들릴 때, 관계를 끝낼 때, 또 새로운 관계를 고민할 때에 우리는 여전히 궁금하다. 우리의 사랑이 맞는 건가, 이 사람은 왜 나를 사랑하는가, 나는 왜 이 사람에 대해 이런 감정을 갖는 건가? 우리가 궁금해하는 것은, 인생의 다른 모든 사안들에 대해서 갖는 의문처럼 '맞는 건가, 바른 건가, 적절한 것인가, 현명한 것인가, 바람직한 것인가' 하는 의문들이다. '이상적인가, 세상의 기준에 맞는 것인가' 같은 의문이 깔려 있는 것은 물론이다. '다른 사람들은 이런 문제가 없는 것 같은데 우리만 문제가 있는 건가, 더 근사한 사랑이 있는 것 같은데 이것이 전부인가' 같은 의문도 따라온다.

그런데 사랑에 대해서만큼은 정말 정답이 없다. 내가 어떻게 살든 나의 삶이 온전히 고유의 색깔을 갖고 있는 단 하나의 삶이 듯, 우리가 어떠한 사랑을 하든 우리의 사랑은 온전히 우리의 색깔을 갖고 있는 단 하나의 사랑이다. 그러니 이 사랑이 뭔가 틀린 게 아닌가, 남들과 같아져야 하는 게 아닌가, 영화처럼 되어야 하는 게 아닌가, 소설처럼 되어야 하는 게 아닌가 하는 '모범적(?)인 생각'은 떨쳐내자. 우리 식으로 우리가 하는 사랑의 기이함에 대해서 감사하자. 무엇보다도 우리만의 사랑법에 대해서 무한하게 상상해보자.

왜 남들과 똑같이 사랑하려 드는가? 당신의 끌림, 설렘, 몰입, 열정, 꿈, 고통, 상처, 판타지에 대해서는 무한한 상상이 가능하다. 마찬가지로 어떠한 남녀관계에도 기이함이란 없다. 만약 그 관계 속의 남녀가 행복하다면, 충분히 즐기고 있다면, 근사한 뜻을 찾고 있다면 어떠한 사랑도 가능하다.

사회적 잣대로 주어지는 사랑 시험을 치르려 들지 마라. 사랑의 공식, 사랑의 방정식이라고 세상에서 얘기하는 것을 배우려 들지 말고 뛰어넘어라. 남들이 사랑하는 식으로 사랑하려고 들지 마라. 당신만의 방식을 상상해내고, 당신만의 로망을 키워내고, 당신만의 스타일을 만들어내라. 교감이 되면, 공감이 되면 충분한 것이다. 현실 속의 우리는 우리가 하는 상상에 의해 영향을 받고, 견제를 받기도 하고, 면역성이 높아지기도 한다. 사랑에 대해서 온갖 기이한 상상을 하는 능력을 키울수록 현실 사랑의 지평도 함께 넓어질 수 있을 것이다.

참으로 사랑이란 이상하고 기묘하다. 그 아름답고 총명한 다이애나 왕세자비가 찰스 왕세자와 깨지는 것을 보면서 우리는 안타까워했지만 당사자들이 겪는 화학 반응을 우리가 어떻게 알 수 있겠는가? 너무도 근사한 남자와 너무도 아름다운 여자가 만나서 서로에게 상처를 주고 끝나는 것은 대체 웬일일까? 그 섹시한 마릴린 먼로와 그 '뇌섹남(뇌가 섹시한 남자)' 작가 아서 밀러는 어쩌다 서로 끌렸을까?

어린 소녀가 이국의 남자와 성에 눈 뜨는 소설인 『연인』의 작가, 마르그리트 뒤라스의 말년의 사랑은 모든 여성의 로망이 될 만도 하다. 60대 여자와 20대 남자의 사랑도 기이하게 보이지만 그 사랑이 15년을 유지하고 35살 남자의 품에 안겨 눈을 감는 80대 여자의 사랑이라니 얼마나 기묘하고도 아름다운가? 역사상 가장 쿨하고 섹시한 사립탐정인 필립 말로우를 창조한 레이먼드 챈들러가 뒤늦게 소설가로 데뷔한 것도 신기했지만 그가 18살 연상의 아내와 살아왔다는 사실에 깜짝 놀란 적이 있다. 그 독립적이고 방황하는 누아르풍의 탐정 필립 말로우를 작가의 분신이라고 생각했던 내가 얼마나 고정관념에 사로잡혀 있었던가? 작가 단테와 괴테가 위대한 것은 『신곡』『파우스트』라는 가장 인간적이고 너무도 인간적인, 위대한 작품을 썼다는 사실뿐 아니라 죽을 때까지 사랑의 감정을 잃지 않았다는 것일 게다. 그는 어떻게 『젊은 베르테르의 슬픔』에 담았던 열정을 늙도록 잃지 않았을까? 기이하고 또 존경스러운 인간이다.

가장 존경받는 미국의 퍼스트레이디인 엘레노어 루스벨트와 프랭클린 루스벨트 대통령과의 동지적 관계는 어떻게 유지되었던가? 흥미로운 것은 댄디 스타일의 루스벨트 대통령이 엘레노어에게 대시해서 결혼에 골인했다는 사실이다. 그런데 결혼 후에는 비서와 불륜의 관계를 가졌고 부인은 그것을 용납하면서 관계를 유지했다니, 전혀 안 맞을 것 같은 이 커플이 파트너십을 유지하는 데에는 어떤 비법이 작동했던가?

그야말로 당대 최고의 선남선녀 커플로 보이던 케네디 대통령과 영부인 재클린은 스타를 뛰어넘는 최고의 스타였지만, 오늘날 우리는 의문하게 된다. 만약 케네디 대통령이 암살당하지 않았더라면 그 관계는 과연 계속 이어졌을까? 쇼윈도 커플로서의 정치인 부부의 관계는 얼마나 지속될 수 있을까? 하지만 반세기가 지나서 오바마 대통령과 퍼스트레이디 미셸의 평등하고도 자유로운 관계를 목격하고 있자면, 더구나 공적으로 '내 인생의 사랑(love of my life)'이라는 발언을 일삼는 대통령을 보고 있자면 참으로 세상에는 진기한 사랑의 인연이 있다는 것을 다시 믿고 싶기도 하다.

남녀는 여하튼 신기하다. 어쩌다 저렇게 만나서 살고 있는가 싶기도 하고, 만인의 사랑을 받는 스타 커플들은 뭐가 다를까 싶기도 하고, 저렇게 근사한 커플이 왜 깨지나 싶기도 하고, 대체 왜 같이 사나 하는 커플들도 있는가 하면, 도대체 어떤 관계기에 그 관계가 저리 오래갈까 싶기도 하고, 어떻게 저렇게 사랑의 감정을 유지하고 있을까 싶기도 하다. 나의 남녀관계, 나의 사랑은 어떤 신기함을 안고 있을까?

중요한 것은 나의 사랑이다. 남들이 사랑하는 것처럼 사랑하려고 하지 말자. 남들이 보여주는 관계처럼 되려고 하지 말자. 이 남녀, 그 남녀, 저 남녀의 속사정은 누구도 모른다. 그들이 어떻게 섹스, 스킨십, 돈, 살림, 말, 지혜, 시간, 공간을 나누고 섞으며 사는지, 어떤 기이한 방식으로 자신들의 관계 방정식을 짜났는지, 어떤 위기에 봉착했는지, 어떤 파국 상황을 맞았는지, 어떻게 관계를 유지하고 있는지 누구도 모른다.

사랑하는 자체가 기적이다. 사랑하는 상대가 있다는 자체가 기적이다. 부단히 노력해야 하는 사랑의 존재가 있다는 자체가 기적이다. 부디 창조적으로 사랑하라. 부디 무한한 상상력으로 당신만의 기이한 사랑을 하라!

사랑은 기적이다.

사랑에 기이함이란 없다

창조적으로 사랑하라!

여자 없는 남자들 · 남자 없는 여자들, 여자 친구 · 남자 친구

청춘의 상실, 중년의 상실, 노년의 상실 등 상실이 주는 아픔 속에서도 일상의 삶은 좋아하는 음악과 커피와 영화와 책들 사이로 이어진다. 이런 나른한 인생을 기막힌 화법으로 써내려가는 작가 무라카미 하루키의 최근작의 제목이 『여자 없는 남자들』이다. 사별을 했거나, 결별을 했거나, 배신을 했거나 여하튼 이 남자들의 삶에 더 이상 여자는 없다. 하루키의 소설 속 캐릭터들이 대개 '잃어버린 그 무엇'에 무심해 보이면서도 그 무엇을 찾는 현재진행형의 삶을 보여주는 반면, 이 소설에서는 그런 무심한 연연함조차 없다.

정말 어느 시점이 되면, 어떤 사건을 겪으면 자연스럽게 '여자 없는 남자의 삶'이 자연스럽게 되어버리는 걸까? 여성의 입으로 '남자 없는 여자들'이라는 소재로 직접적으로 쓴 글을 본 적은 없지만 분명 남자 없는 여자들의 삶도 있을 것이다. 가끔 의문이 들지 않는가? 지금은 남녀관계 때문에 속을 끓이고 있지만 더 이상 그럴 필요가 없어지는 때가 오지 않을까? 상상은 여기저기로 오간다. 섹스 욕구가 없다면 여자도 필요 없고 남자도 필요 없어질까? 살림에 자립할 수 있으면 여자도 필요 없어지고 남자도 필요 없어질까? 자신의 창조 작업에 몰입하면 여자도 필요 없어지고 남자도 필요 없어질까? 신의 사랑을 담뿍 받고 있다고 여기면, 신의 사랑을 세상에 나눠주고 있다고 여기면 남녀의 사랑이 필요 없어질까?

내 주위의 한 30대 싱글 여자는 이렇게 얘기한다. "도시에 살면 남자가 필요할 일이 없어요. 가끔씩 와서 도와주는 후배나 친구만 있으면 충분해요." 한 30대 솔로 남자는 이렇게 얘기한다. "부담스러워요. 피곤해져요. 여자 만난다는 게. 주변에서 자꾸 결혼 얘기하는 게." 한 40대 돌싱 여자는 이렇게 얘기한다. "한 남자, 한 여자에서 벗어나면 세계가 넓어져요. 온 세상에 연애 에너지가 진동하지요." 한 40대 기러기 남편은 이렇게 얘기한다. "외롭지만, 외롭지만도 않아요." 한 50대 솔로 여자는 이렇게 얘기한다. "누구랑 한집에서 산다는 게 상상이 안 돼요. 남자 후배들 고민 들어주는 재미가 있죠." 한 50대 돌싱 남자는 이렇게 얘기한다. "신경 쓰지 않고 산다는 게 이런 거구나 싶어요. 매일매일 새로운 발견을 하지요." 다들 여자 없는 남자들, 남자 없는 여자들이지만 잘 살아간다. '잘'이라는 표현은 적합지 않다. 각자가 다 자기 스타일로 삶을 살아가는 것이다. 그런데 이들의 삶에 정말 여자, 남자가 없을까?

불후의 로맨틱 코미디 영화 「해리가 샐리를 만났을 때」에서 샐리가 친구처럼 지내는 해리에게 했던 한 대사가 참 인상적이었다. "헤어진 그 남자가 그리운 게 아녜요. 남자의 개념이 그리워요

(I don't miss him, I miss the idea of him)." 그 남자가 아니라 그 남자가 표상했던 남자의 존재감을 그리워한다는 뜻이다.

사실 대부분의 우리는 이런 상태일 것이다. 특정한 어떤 남자, 특정한 어떤 여자가 아니라 '남자가 표상하는 그 어떤 존재감, 여자가 표상하는 그 어떤 존재감'을 그리워하는 것이다. 실제로 여자가 없건 남자가 없건 이 어떤 존재감에 대한 그리움 자체가 없어진다는 뜻은 아닐 것이다. 각자에게 이 어떤 존재감이 구체적으로 어떤 뜻이건 간에 이 그리움 자체가 없는 '여자 없는 남자, 남자 없는 여자'가 있을까? 여자 없는 남자, 남자 없는 여자가 되는 것 자체는 괜찮다. 다만 여자의 존재감에 대한 그리움조차 없는 남자, 남자의 존재감에 대한 그리움조차 없는 여자가 되지는 않았으면 좋겠다. 이것이 삶의 생명력을 잃지 않는 상태 아닐까?

이 책을 마무리하는 즈음에서 나는 남녀관계로서의 남녀뿐 아니라 친구로서의 남녀가 꼭 필요하다는 말을 하고 싶다. 영화 「해리가 샐리를 만났을 때」에서 해리와 샐리를 엮어준 줄기찬 테마는 '여자와 남자는 친구가 될 수 있는가' 하는 것이었다. 남녀는 절대로 친구가 될 수 없다고 주장하는 남자와 친구가 될 수 있다고 주장하는 여자, 이 둘은 결국 10여 년이 흐른 후 친구가 아니라 남녀가 되었지만, 누가 이 둘을 친구가 아니라고 얘기할 수 있는가? 게다가 이 둘이 친구가 아니었더라면 남녀관계로 발전될 수 있었을까?

　남자에게는 여자 친구가 절대적으로 필요하고, 여자에게는 남자 친구가 절대적으로 필요하다. 평생 그러하다. '여친, 남친'이라는 말은 '남녀관계를 전제로 한 친구'를 뜻하니, 여기서는 '꼭 남녀관계를 전제로 하지 않는다는 뜻에서 여자 친구, 남자 친구'로 표현해보자. 혹시나 친구하다가 보면 자칫 연애로 발전되고 남녀관계가 발생할 수 있다고? 무슨 상관인가? 그렇다면 더 좋은 것 아닌가? 적어도 나쁠 것은 없지 않은가?

　남자의 여자 친구, 여자의 남자 친구가 필요한 이유를 적어도 세 가지는 꼽을 수 있다.

　첫째, 자신의 남자, 자신의 여자에게 하지 못하는 말을 털어놓고 의견을 구할 수 있다. 남녀관계를 맺고 있는 사이도 서로 모르는 부분, 서로 말하지 못하는 부분은 꼭 있기 마련이다. 그렇게 서로에게 못 하는 말을 남자 친구, 여자 친구에게 털어놓고 의견을 구하면 아주 적절한 의견을 내줄 때가 많다. "응, 그건 니가 남자의 세계를 몰라서 그래." "응, 그건 니가 여자의 심리를 몰라서 그래." 하며 조목조목 가르쳐주는 남자 친구, 여자 친구의 존재는 아주 요긴하다.

　둘째, 여자는 남자의 세계에 대해서, 남자는 여자의 세계에 대해서 알아갈 기회가 커진다. 여자는 여자들끼리, 남자들 남자들끼리 통하는 문화가 있다. '다른 문화'일 뿐이다. 그렇게 다른 문화에 대해서 남편이나 아내가 직접 얘기하면 때로는 변명이나 핑계처럼 들리지만, 남자 친구·여자 친구가 얘기해주면 나를 위한 충언으로 들린다. 친구를 통하는 과정을 통해 서로의 세계에 대해서 알아갈 수 있는 기회가 커지는 것이다.

셋째, 우리는 이성에게 얘기할 때 성적 긴장감이나 다른 문화와 가치관 때문에 불편해할 수 있지만, 친구에게 얘기할 때는 훨씬 더 자유스럽고 자연스럽게 느낄 수 있다. 아주 신기한 현상이다. 남편이 아니어도 이렇게 편하게 얘기할 수 있는 남자 친구가 있다는 것, 아내가 아니어도 이렇게 편하게 얘기할 수 있는 여자 친구가 있다는 자체에 대해서 고맙고 또 자부심을 느끼게 되는 심리도 작용할 것이다.

어떤 이유든 간에 여자의 남자 친구, 남자의 여자 친구의 존재는 인생을 훨씬 더 풍부하게 만든다. 남녀관계뿐 아니라 인생 전반에 대한 당신의 체험의 폭, 생각의 깊이, 느낌의 깊이를 다르게 만들어준다. 혹시 남자 친구와 여자 친구의 존재가 또 다른 종류의 에피소드를 만들 위험이 있지 않느냐고? 그런 우려 때문에 인생의 가능성을 좁히지 마라. 오히려 남자 친구, 여자 친구의 존재는 잘못된 환상을 줄여주고 자칫 생길 수도 있는 감정의 폭발을 막아주는 효과가 있다. 남자라면 평생 여자 친구를 가까이 하라. 여자라면 평생 남자 친구를 가까이 하라.

여자 없는 남자의 삶,

남자 없는 여자의 삶.

물론 그것도 나쁘지 않다.

그래도 평생 필요한 것은 남자 친구, 여자 친구다.

'멜로'는 짧고
'로코'는 길다

사랑에 대한 로망에는 종류도 많다. '내 생애 단 한 번만이라도 그대를' 같은 운명파도 있고, '그 사람이 나란 걸 아나요?' 하는 속앓이 사랑도 있고, '그 사람만 보여요, 나한테만 보여요' 하는 외골수 사랑도 있을 것이다. 어떤 경우에나 우리는 해보지 못한 것, 갖지 못한 것, 이루지 못한 것에 대해서 로망을 키운다. 로망이라는 자체가 그런 속성이 있는 것이다. 아련하게 그리워하건, 간절하게 소망하건, 비통하게 갈구하건 로망이란 눈에 보이지 않는 것에 대한 욕망이다. 로망이 지나치게 강하면 자칫 현실에서의 사랑을 방해할 수도 있다. 현실 판단에 대한 눈을 가리는 것이다. 로망이 강렬하게 작용하면 상대를 자신의 잣대로 판단하거나 상대의 감정을 자신의 감정으로 해석하며 감정이입하게 만들기도 한다.

하지만 사랑이란 눈에 콩깍지가 씌지 않으면 성립되지 못하니 로망은 절대적으로 필요하다. 사랑에 대한 로망이 없는 사람에게는 사랑 자체가 싹트기 어렵다. 사랑할 상대가 나타나서 사랑에 빠지는 게 아니라 사랑에 빠질 만한 어떤 상태에 있기 때문에 사랑에 빠지는 것이다. 그래서 우리는 자신의 사랑에 대한 로망을 의식할 필요가 있다. 나는 어떤 로망을 갖고 있나? 왜 나는 이런 로망을 갖고 있는가? 내가 가지지 못한 것이라서? 내가 한번도 해보지 못한 것이기에? 한번 실패했기에? 대체 어떤 영향을 받았기에 나는 이러한 로망에서 벗어나지 못하는가?

세대에 따라서 사랑에 대한 로망도 꽤 다를지도 모르겠다. 내가 어릴 적에는 '사랑은 비장해야 하는 것'으로 생각했다. 워낙 운명적인 사랑이 많이 묘사되던 시절이었기 때문일 것이다. 전쟁 중의 사랑, 혁명 중의 사랑, 위기 속의 사랑 등 어쩌면 그렇게도 사랑은 운명적으로 보였던가? 여주인공 라라의 모습이 각별히 인상적이었던 『닥터 지바고』에서 라라가 세 남자와 엮이는 기구한 운명을 보면서, 과연 내게도 그런 운명적인 사랑이 있을 수 있을까 의문하곤 했다. 지금도 '사랑만이 내 운명'이라고 하는 로망은 여전하다. 무엇을 통해서? 죽음을 넘어서? 불치병을 넘어서? 젊을 시절에 찾아온 치매를 넘어서? 기억상실증을 극복하는 사랑으로? 우리를 갈라놓은 비정한 세상을 넘어서?

‘사랑은 나를 구원해주는 것’이라는 로망은 아마도 수많은 동화와 전설 덕분에 생겼을 것이다. 신데렐라 판타지, 온달 장군의 전설의 위력은 놀랍도록 크다. 백마 탄 왕자, 왕관 쓴 공주가 그 놀라운 사랑으로 초라하고 보잘 것 없는 나를 구원해줄 것이라는 환상은 지금도 줄기차게 수많은 사랑 이야기의 주제가 되고 있으니 말이다. 남자와 여자는 서로에게 궁극적인 구원이 될 수 있으니 이 로망은 앞으로도 지속될 것임에 틀림없거니와 이 로망에 대해서 시니컬해져야 할 이유도 없다. 나에게도 역시 사랑은 구원이었고 결혼은 탈출구였다. 나의 삶을 내가 살아낼 수 있다는, 나의 삶을 내가 꾸려갈 수 있다는 구원이었던 것이다. 구원의 의미가 어떠한 것이든 간에, ‘사랑이 우리를 구원할 거야!’라는 로망은 결코 버릴 수 없는 것이다.

‘우여곡절을 넘어서야 사랑이다’는 생각은 수많은 멜로극 덕분에 생긴 이미지일 것이다. 집안의 반대를 무릅쓰고, 신분의 차이를 넘어서, 나이 차이를 넘어서, 국적 차이를 넘어서, 동성동본의 문제를 넘어서 등 장애물을 넘는 사랑 이야기는 지금도 곧잘 드라마 주제가 된다. 최근에는 출생의 비밀에 얽힌 사연, 어릴 적 사고에 얽힌 악연, 가족 관계 때문에 얽힌 구원 등 별별 주제가 다 등장한다. 이런 드라마들을 보면 나는 의문이 든다. “저런 장애물들은 당장의 사랑에 대한 갈망을 더 세게 만들어줄 뿐인데, 남녀의 진짜 속사정은 그 장애물을 넘어 사랑이 맺어진 이후인데, 사람들은 왜 맺어지는 이야기에 이토록 열광할까?"라고 혼잣말을 하게 된다. 정도의 차이일 뿐 이 세상에 우여곡절이 없는 사랑이란 없다. 그런데 우여곡절의 정도가 심해야 비로소 사랑의 진정성이 증명되기라도 한다는 말인가? 이런 점에서 통속적인 멜로드라마에 대해서 그리 흔쾌해지지 못하는 것이 나의 심리다.

그나마 사랑이 경쾌하게 다가오게 된 것은 '로맨틱 코미디'가 등장한 덕분 아닐까 싶다. '사랑은 밀고 당기는 유쾌한 게임'이라는 일상적 로망이 전면에 등장한 것이다. 로맨틱 코미디는 영화로 표현하기 딱이다. 글로는 영화의 그 통통 튀는 빠른 호흡을 담아내기 힘들다. 그러고 보면 문학은 운명과 구원과 비장함과 슬픔을 다루는 데 훨씬 더 능숙하다. 행복해지는 사랑보다는 불행해지는 운명의 사랑, 사랑의 기쁨보다 사랑의 슬픔으로 사랑의 큰 의미를 그리는 것이다. 문학에서는 두 사람의 사랑을 흔드는 그 어떤 운명적인 상황을 배경으로 하는 경우가 많다. 역사적 사건, 사회적 격동기, 문화적 충돌과 같은 상황이 그것들이다. 이런 큰 회오리 속에서 사랑은 더욱 특별한 의미를 지니게 된다.

반면 로맨틱 코미디에서는 소소한 일상이 배경이 된다. 가족, 친구, 집, 직장, 쇼핑, 식당, 카페, 공원, 여행 공간, 스마트폰, SNS에서 벌어지는 자질구레한 일상의 사건이 생생하게 등장한다. 평범하게 보이는 일상에 드라마틱한 긴장감을 불러일으키는 것이 남녀의 로맨스다. 우연한 만남, 오해를 일으키는 사건, 소설 제목처럼 '오만과 편견'의 작용, 티격태격 말다툼, 성적 긴장감, 오해를 풀어주는 계기, 서로와 인생에 대한 새로운 발견, 남녀의 감정의 확인으로 이어지는 일련의 전개가 웃음과 함께 버무려진다. 가슴이 조여들지만 아픈 조임이 아니라 맛깔스런 조임이다. 로맨스는 주 메뉴고 웃음은 양념이다. 로맨틱 코미디는 이른바 적령기 싱글 남녀의 사랑만이 아니라 청춘의 사랑, 사춘기의 사랑, 아이들의 사랑, 부부 사랑의 재발견, 돌싱의 로맨스, 실버 로맨스까지 다 다룬다. 보통의 남녀뿐 아니라 한 나라의 수상도 한 나라의 대통령도 로맨틱 코미디 하기를 마다하지 않는다. 로맨스는 어디서나 일어나는 것이다.

로맨틱 코미디가 대세인 요즘 시대에 자라나는 젊은 세대는 아마도 '사랑은 솜사탕이다, 사랑은 발렌타인데이다, 사랑은 초콜릿이다, 사랑은 아이스크림이다' 같은 로망을 어릴 때부터 키울 것이다. 사랑은 즐겁기만 한 거고 사랑은 웃음 만발이고 사랑은 놀이라는 로망에 푹 젖을지도 모르겠다. 이런 현상이 꼭 좋기만 한 것은 아닐 것이다. 사랑은 결코 달콤하지만은 않고 쓰라리고 애달프고 씁쓸하고 처절하고 비열하고 초라하고 무섭고 전쟁 같기도 한 것임을 깨닫기도 해야 하니 말이다. 어떤 순서가 좋을까? 달콤함에 젖다가 씁쓸함을 아는 것이 좋을까, 씁쓸함을 깨달은 후에 새삼 달콤함을 알게 되는 게 좋을까? 잘 모르겠다.

지금의 나는 '로코'를 좋아한다. 로맨스 분위기에 설레고, 남자 여자가 티격태격 기 싸움을 하는 게 재미있고, 우연히 또 필연적으로 가까워지는 이야기가 좋고, 인생의 무게를 가볍게 해주는 웃음을 자아내주어 좋다. 사랑에 대한 로망을 거쳐온 편력을 보자면, 나는 '비장한 운명의 사랑, 구원의 사랑, 우여곡절을 넘은 사랑'의 단계를 지나온 후에 새삼 사랑의 유쾌함에 맛을 들인 셈이다. 독자들은 어떤 사랑 이야기를 좋아하는가? 운명적인 사랑을 그리는 이야기인가? 센티멘털한 감상을 불러일으키는 멜로드라마인가? 슬프고도 아픈 사랑을 담은 이야기인가? 아니면 설레게 만드는 로맨틱 코미디인가? 어떤 사랑 이야기를 좋아해도 상관없다. 실상 사랑은 이 모든 이야기들을 다 담고 있다.

다만 '멜로'는 짧고 '로코'는 길다. 내가 이 말을 하는 이유는 단순하다. 우리는 어떤 경우에나 웃을 수 있어야 하고 또한 우리의 일상은 계속되는 것이기 때문이다. 일상에서의 웃음을 잃지 않게 해주는 것이 사랑의 긴장감이다. 평범한 일상에 기운을 불어넣어주는 것이 사랑의 에너지다. 인생의 어느 시점에 어떠한 운명과 어떠한 우여곡절을 담은 사랑을 겪었던 간에, 우리가 다시 돌아와 삶을 살아가는 시간은 일상의 시간이고 우리의 삶을 담아내는 공간은 일상의 공간이다. 일상의 시간과 일상의 공간에서 일상의 남자와 여자가 로맨틱 코미디를 만드는 역량을 기르는 것은 우리 인생에서 부단히 노력해야 하는 과제인 것이다.

그에게 그녀가 있어, 그녀에게 그가 있어 그들의 사랑은 가득 차 있을 것이고, 그들의 사랑을 위해서 그와 그녀는 힘겹게 노력하고 있을 것이다. 지금 내가 그러하듯이, 우리가 그렇게 하고 있듯이 말이다. 사랑을 하기란 참으로 힘들다. 사랑은 끊임없는 노력이 필요하다. 그러니 사랑을 도와줘라. 사랑하기를 도와줘라. 사랑에 대한 로망을 잊지 마라. 지금 이 순간, 사랑에 대한 로망을 불러 일으켜줘라.

우리의 인생은
사랑을 주제로 펼쳐지는 한 편의 드라마다.
어떤 드라마를 쓸지는
온전히 당신의 몫이다.

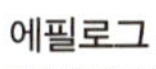

사랑으로 성장하라

책을 쓰고 나니 '내 인생 속에서 이렇게 사랑에 대한 생각을 많이 했나?' 싶다. 마냥 일만 하는 것 같은 인생 속에서도 '사랑은 언제나 거기에 있었구나!' 하는 생각도 든다. '인간관계 중에서도 남녀관계에 대한 고민과 모색이 가장 컸구나!'라는 생각도 든다. 독자들도 한번 돌아보라. 분명히 그럴 것이다.

이 책을 쓰고 있는 중에 가까운 사람들의 결혼 소식을 네 번 들었다. 한 사람은 막 40대로 접어든 남자다. 결코 결혼할 것 같지 않아 보이던 남자, 본질적 삶에 대한 열망과 진흙탕 같은 현실에 대한 냉소가 섞여 있는 것 같아 보이던 이 성숙한 남자의 남녀관계는 어떻게 펼쳐질까?

한 사람은 재혼을 결심한 50대에 접어든 여자다. 오래 연애를 해왔는데 드디어 결합을 결심한 것이다. 결별의 과정을 상대적으로 슬기롭게 넘겨왔지만, 그동안 돌부리에 걸리고 세파에 부딪치면서 아이들과의 좋은 관계와 자신의 독립을 끊임없이 모색했던 이 여자가 더욱 단단해진 모습으로 새로운 남녀관계를 이어가기를 바란다.

한 사람은 그야말로 자유분방해서 '영원한 싱글'처럼 보였던 30대 후반의 여자다. 느닷없이 결혼식 메시지를 보내왔다. 누군가 자기를 감당해주기를, 누군가 자기를 잡아주기를 바라는 소망을 갖고 있던 느낌이었는데, 이제 그런 남자를 만난 것일까? 그 자유분방함만큼이나 쿨하고도 핫한 남녀관계를 보여주지 않을까 기대한다.

한 사람은 드디어 결혼 결심을 한 딸이다. 서른 전까지는 결혼하지 않겠다는 요즘 세대답게 이제야 결심을 한 모양이다. 꽤 오랫동안 진행되어온 연애의 역사를 우리 커플도 옆에서 봐왔다. 앞으로 전개될 이 둘의 모습을 지켜볼 생각에 미소를 짓게 된다. 우리 커플에게 컨설팅도 자주 해주던 딸이 정작 자신의 관계는 얼마나 근사하게 풀어갈까?

이 네 커플들도 이 세상의 모든 남녀들처럼 티격태격하고, 갈팡질팡하고, 좌충우돌하고, 걸려 넘어지고, 수없이 흔들릴 것임에 틀림없다. 부디 차이와 갈등과 싸움과 흔들림이라는 현실 자체를 잘 풀어내고 또 즐기기를 바란다. 그런 과정을 통해 둘은 함께 훌쩍 커갈 것이다. 서로를 더 잘 발견하게 될 것이다. 자신을 더 잘 알게 될 것이다. 무엇보다도 같이한다는 것의 뜻을 알게 될 것이다. 힘을 키울 것이다. 서로의 부족함을 채워줄 것이다. 삶의 가지가지 순간을 온몸으로 느낄 것이다. '살아 있어 좋다, 같이해서 좋다'는 그 순간들을 만들어갈 것이다.

사랑으로 성장하라! 사랑의 기운은 우리를 부쩍 자라게 해준다. 사랑의 순간은 기적과 같은 끌림으로 시작되지만 절대적인 노력으로 이루는 사랑의 지속 역시 기적이다. 처음 빠졌던 사랑의 순간에 느꼈던 그 기쁨을 잊지 마라. 사랑을 지속하기 위해 들이는 노력에 인색하지 마라. 인생의 다른 그 어떤 것과 마찬가지로, 사랑에도 훈련이 필요하다. 사랑의 훈련을 통해 사람은 훌쩍 큰다. 사랑에 대한 로망을 잃지 마라. 온갖 괴로움과 고통 속에서도 사랑은 여전히 기적이다. 사랑하라, 당신의 현실 속에서!

인생 3부작을 마무리하며

내 인생에서 써내야 한다고 생각했던 세 가지 주제, '공부, 일 그리고 사랑'에 대해서 드디어 써냈다. '인생 3부작'이라 해도 좋다.

『왜 공부하는가』에서는 인생에서 가장 뜨겁게 물어야 할 질문이 공부라고 했다. '어떻게'보다 '왜'가 항상 더 중요하다. 우리를 움직이게 해주고, 우리의 심장을 뛰게 해주고, 우리를 생생하게 살아 있게 만드는 것이 '왜'라는 의문이다. 공부란 평생 '왜'를 지니게 해주는 고마운 행위다. 공부가 그친 삶은 생생함이 사라진 삶이다.

『한 번은 독해져라』에서는 '일'하면서 부딪히는 열 가지 괴로움을 다스리는 법을 풀어봤다. 독해진다는 것은 결국 '자신에게 충실해진다'는 뜻이다. 갖가지 유혹을 떨쳐내고, 진정 자신과 마주하면서 스스로 독해져보라. 자신을 관찰하고, 사람들을 관찰하고, 때로는 고해성사를 하며 괴로움을 다스리는 자신의 패턴을 만들어가라.

이번 책,『사랑에 독해져라』는 진흙탕 같은 현실 속에서 어떻게 사랑을 포기하지 않는가를 다룬다. 인생에서 사람과의 관계가 가장 힘들고, 그중에서도 남녀관계가 가장 힘들다. 현실 속 사랑하기에 대해서 자신의 철학, 개념, 태도, 목표론, 방법론, 전략, 전술이 절대적으로 필요함을 잊지 마라. 사랑은 환상이지만 사랑하기는 현실이다. 비록 현실에 흔들리고 아파하고 의문하고 의심하고 불안하게 될지라도 자신의 사랑에 더 현명해지고 더 단단해지기를 바란다. 부디 사랑에도 독해져보라!

수많은 메일과 편지와 댓글과 SNS 멘션과 블로그를 통해서 관심을 표해주신 독자들께 감사드린다. 책들을 통해 나의 에너지를 전한 만큼이나, 독자들의 깨달음과 적극적 질문과 응원으로부터 나 역시 큰 에너지를 받았다.

어차피 자신의 인생이다. 스스로, 공부하고, 일하고, 사랑하라! 스스로 자신의 철학, 개념, 태도, 목표론, 방법론, 전략, 전술을 세우고 성장하라! 나 자신의, 바로 지금, 이 생을 위해서!

일러스트 **김선정** (http://www.underani.com)
대학에서 서양화를 공부했고, 애니메이션 「마리이야기」 「오늘이」 「천년여우 여우비」 등의 배경을 맡아 작업했으며, 『시민의 정부 시민의 경제』 『한 번은 독해져라』 『솔로 계급의 경제학』 『여섯 날의 크리스마스』 『해나가 있던 자리』 등의 일러스트를 그렸다. 현재 어린이책을 그리며 일러스트레이터로 활동 중이다.

현실에 흔들리는 남녀관계를 위한 김진애 박사의 사랑 훈련법

사랑에 독해져라

초판 1쇄 발행 2015년 7월 15일
초판 2쇄 발행 2015년 7월 20일

지은이 김진애
펴낸이 김선식

경영총괄 김은영
마케팅총괄 최창규
기획·편집 한보라 **크로스교정** 박지아 **책임마케터** 박현미
콘텐츠개발1팀장 류혜정 **콘텐츠개발1팀** 한보라, 박지아, 봉선미
마케팅본부 이주화, 이상혁, 최혜령, 박현미, 반여진, 이소연
경영관리팀 송현주, 권송이, 윤이경, 임해랑
외부스태프 표지디자인 가필드 **본문디자인** 김성엽

펴낸곳 다산북스 **출판등록** 2005년 12월 23일 제313-2005-00277호
주소 경기도 파주시 회동길 37-14 3, 4층
전화 02-702-1724(기획편집) 02-6217-1726(마케팅) 02-704-1724(경영관리)
팩스 02-703-2219 **이메일** dasanbooks@dasanbooks.com
홈페이지 www.dasanbooks.com **블로그** blog.naver.com/dasan_books
종이 한솔피엔에스 **출력·제본** 갑우 **후가공** 이지앤비 특허 제10-1081185호

ISBN 979-11-306-0584-5 (13320)

© 김진애, 2015

• 책값은 뒤표지에 있습니다.
• 파본은 구입하신 서점에서 교환해드립니다.
• 이 책은 저작권법에 의하여 보호를 받는 저작물이므로 무단 전재와 복제를 금합니다.
• 이 도서의 국립중앙도서관 출판시도서목록(CIP)은 서지정보유통지원시스템 홈페이지(http://seoji.nl.go.kr)와 국가자료공동목록시스템(http://www.nl.go.kr/kolisnet)에서 이용하실 수 있습니다. (CIP제어번호 : CIP2015017869)

다산북스(DASANBOOKS)는 독자 여러분의 책에 관한 아이디어와 원고 투고를 기쁜 마음으로 기다리고 있습니다. 책 출간을 원하는 아이디어가 있으신 분은 이메일 dasanbooks@dasanbooks.com 또는 다산북스 홈페이지 '투고원고'란으로 간단한 개요와 취지, 연락처 등을 보내주세요. 머뭇거리지 말고 문을 두드리세요.